Le guide de la microfinance

Microcrédit et épargne pour le développement

Éditions d'Organisation
Groupe Eyrolles
61, bd Saint-Germain
75240 Paris cedex 05

www.editions-organisation.com
www.editions-eyrolles.com

© Groupe Eyrolles, 2006, 2009
ISBN : 978-2-212-54475-6

Sébastien Boyé,

Jérémy Hajdenberg,

Christine Poursat

Avec la collaboration de David Munnich et Alix Pinel

Le guide de la microfinance

Microcrédit et épargne
pour le développement

Préface de Maria Nowak

Deuxième édition

**Éditions
d'Organisation**

Remerciements

Pour leur relecture attentive et critique, nous remercions chaleureusement Pierre Carpentier, Anne-Claude Creusot, Pierre Daubert, Cécile Lapenu, Carine Lauru Missoffe, Elodie Nocquet, Xavier Reille et William Pariente.

Nous remercions également la direction d'AMRET de nous avoir autorisés à utiliser l'exemple de cette institution de microfinance dans l'ensemble du livre.

Nous remercions nos proches pour leur patience et leurs encouragements toujours renouvelés.

Sommaire

Troisième partie

Les acteurs du secteur de la microfinance

Préface

Lorsque Jérémy Hajdenberg m'a demandé d'écrire la préface de ce livre, je n'ai pas hésité une seconde. Il avait travaillé à l'Association pour le droit à l'initiative économique (ADIE) qui a introduit le micro-crédit en France, et son intérêt, comme celui de ses coauteurs, Sébastien Boyé et Christine Poursat, pour la microfinance m'a paru très emblématique d'une nouvelle génération d'économistes et de managers, pour qui le profit n'est pas le seul moteur de l'économie. L'histoire se déroule en phases et je suis convaincue que depuis la disparition du communisme, le capitalisme doit et va trouver en son sein des mécanismes de contre-pouvoir indispensables au bon fonctionnement de l'économie de marché. La crise que nous vivons montre, une fois de plus, que la finance doit être un outil de développement au service de tous les acteurs économiques, et non pas une bulle de spéculations opaques au service de quelques uns. La microfinance, qui se développe depuis une trentaine d'années, marque une claire avancée dans ce sens. Elle s'adresse à un marché nouveau et potentiellement rentable – 3 milliards d'habitants de la planète qui n'ont pas accès aux services financiers –, tout en se situant dans la mouvance d'investissement socialement responsable et d'économie solidaire, dont l'objectif est le développement durable, en même temps que la rentabilité financière.

Les grandes innovations se diffusent toujours par une pédagogie d'exemple. Tout en donnant une vision globale du développement de la microfinance dans le monde, ce livre présente une multitude d'opérations menées à travers tous les continents qui prouvent l'universalité du concept et sa capacité d'adaptation aux contextes locaux. C'est à partir de cette connaissance concrète du terrain que le livre décrit les mécanismes des institutions de microfinance et définit leurs enjeux majeurs, ainsi que le rôle des partenaires extérieurs : État, financeurs, experts.

Il existe peu de livres sur la microfinance en français et *Le guide de la microfinance* contribue à combler un vide relatif, au grand profit des pays du Sud francophones, et plus particulièrement de l'Afrique. Le microcrédit, qui s'est étendu rapidement dans certains pays parmi lesquels le Maroc, le Mali, le Sénégal ou le Bénin, a plus de peine à se développer dans d'autres. Il suffit parfois d'une étincelle pour allumer le feu et provoquer l'engagement d'un entrepreneur social qui relèvera le défi. C'est le succès que je souhaite à ce livre, destiné autant aux opérateurs qui souhaitent améliorer leurs pratiques qu'à de nouveaux entrants dans le secteur ou à ceux qui veulent simplement s'informer sur un domaine nouveau à la frontière de l'économique et du social. En contribuant à casser cette barrière mentale, l'ouvrage de Sébastien Boyé, Jérémy Hajdenberg et Christine Poursat contribue à la lutte contre l'exclusion financière, qui n'est pas seulement la conséquence mais aussi la cause de la pauvreté et de l'exclusion sociale.

MARIA NOWAK
Présidente de l'ADIE
(Association pour le droit à l'initiative économique)
Présidente du REM (Réseau européen de microfinance)

Quelques témoignages

Violeta Nocum[1] habite dans l'agglomération de Manille aux Philippines, dans une petite maison qu'elle a pu acheter grâce aux menues économies réalisées alors qu'elle était employée de maison à Taïwan. Séparée de son mari, elle a six enfants qui ont tous un travail. De retour à Manille en 1996, elle a décidé de lancer une petite épicerie de quartier (« Sari Sari Store »), comme il en existe beaucoup aux Philippines. N'ayant pas de capital disponible, elle a eu recours par trois fois à des prêteurs informels. Mais devant le montant exorbitant des intérêts demandés, elle a cherché d'autres pistes de financement et a entendu parler d'un programme de microfinance local, UPLiFT Philippines.

Après avoir démarré son activité grâce à un premier prêt de 50 euros, Violeta en est aujourd'hui à son... 8e prêt d'UPLiFT, d'un montant de 150 euros. Elle a un chiffre d'affaires de 40 euros par jour, et un profit d'environ 8 euros par jour. L'an dernier, grâce à l'épargne progressivement accumulée sur le compte épargne que lui a ouvert l'IMF, elle a pu acquérir un compteur électrique lui permettant enfin d'être connectée au réseau d'électricité.

---

1. Témoignage rapporté par l'ONG Entrepreneurs du Monde (EDM).

Fatima Serwoni[1] habite le village de Namunsi en Ouganda et tient un petit magasin où elle vend de l'alimentation et des produits ménagers. Elle a développé son affaire grâce à une série de prêts de FOC-CAS, une IMF locale.

Depuis qu'elle est devenue cliente, son revenu hebdomadaire a augmenté de 80 % et a permis de payer les frais de scolarité de ses quatre enfants. Avec son dernier prêt, Fatima a acheté un terminal de téléphonie mobile qu'elle a installé dans sa boutique, et qui permet à ses clients de téléphoner ; elle facture les appels à la minute. Sans se laisser décourager par l'absence d'électricité dans son village, Fatima utilise une batterie de voiture pour recharger son téléphone. La cabine téléphonique publique la plus proche étant à quatre kilomètres, les habitants du village sont heureux d'avoir pour la première fois un accès facile à un téléphone bon marché. Fatima est satisfaite de sa nouvelle activité, qui attire des clients dans sa boutique et génère des profits qu'elle partage avec sa famille.

 **Fortunata Maria de Aliaga**[2] vend des fleurs à un coin de rue de La Paz, en Bolivie, depuis des années. Quand ses enfants étaient jeunes, elle travaillait dur pour leur permettre d'aller à l'école – une chance qu'elle n'a jamais eue. Parfois, elle avait à peine assez d'argent pour faire tourner son commerce.

Puis, il y a 15 ans, Fortunata a entendu parler de BancoSol, une banque du réseau ACCION International. Avec trois autres femmes, elle a obtenu un prêt qui lui a permis d'acheter des fleurs en gros, à un prix bien inférieur. Ses remboursements étant constants, elle a obtenu ensuite des prêts individuels de montants plus importants. Aujourd'hui, Fortunata est fière de pouvoir dire qu'elle a fait bon usage de son épargne : *« Mes trois enfants ont fini leur scolarité, déclare-t-elle, et il m'est même resté de l'argent pour arranger ma maison ! »*

---

1. Témoignage issu du site Internet de l'Année internationale du microcrédit de l'ONU : (http://www.yearofmicrocredit.org/pages/whyayear/whyayear_whatclientssay.asp).
2. *Idem.*

 **Moïse Lontchi**[1] est camerounais. Arrivé à Yaoundé en 1998, il trouve un travail dans une boulangerie comme apprenti pâtissier. Deux mois après son arrivée, il est chargé d'effectuer des livraisons. Il se rend compte alors qu'en livrant un pain à 20 centimes d'euro, il gagne 2 centimes de commission. Ce jour-là, il livre 500 pains et gagne 10 euros dans la journée. En comparant cela aux 2 euros par jour de son salaire d'apprenti pâtissier, il décide rapidement de se reconvertir. La boulangerie ne faisant pas crédit aux livreurs, il démarre ses activités en faisant appel à un usurier. Le taux d'intérêt exorbitant qu'il doit payer (plus de 2,5 % par jour !) rend néanmoins difficile le décollage de son activité.

Il est orienté vers l'IMF ACEP Cameroun par un de ses cousins qui en est déjà client. Moïse obtient d'ACEP un premier crédit d'un montant de 450 euros, qui lui permet de rembourser son prêt à l'usurier et d'augmenter son volume d'activité. Aujourd'hui Moïse a fait venir deux de ses frères à Yaoundé pour l'aider dans ses activités. Il vient d'obtenir d'ACEP Cameroun un crédit d'un montant de près de 4 000 euros pour lui permettre d'acheter une camionnette d'occasion, afin de faciliter ses livraisons.

 **Pin Phi**[2] est âgée de 40 ans. Elle est mère de quatre enfants et habite un petit village situé dans la province de Kandal au Cambodge. À la suite de grosses difficultés au sein de leur affaire de charpenterie, Pin Phi et son époux ont décidé de changer de métier et de se lancer dans la production de riz et de sucre de palme. Cette transition n'a pas été facile. Tributaires des conditions climatiques et d'un système d'irrigation déficient, Pin Phi et son mari n'ont réussi à produire que 900 kg de riz sur leur terrain d'un hectare la première année. La production de sucre de canne a été de même très insuffisante, principalement à cause du manque d'équipements adéquats. Pour développer leur production, il était indispensable de trouver de quoi acheter des engrais et fabriquer des échelles pour grimper aux palmiers. Or, ils n'avaient pas les moyens d'emprunter aux taux d'intérêt qui leur étaient proposés, supérieurs à 10 % par mois.

---

1.   Source : direction d'ACEP Cameroun.
2.   Source : AMRET

© Groupe Eyrolles

Heureusement, l'une des sœurs de Pin Phi lui a proposé de se joindre à un groupe de cinq autres personnes afin d'obtenir un prêt de l'IMF AMRET. Elle a d'abord emprunté 30 000 riels (6 euros) pour acheter des sacs d'engrais et des bambous pour fabriquer les échelles. Le résultat ne s'est pas fait attendre. Sur son hectare de terrain, elle a récolté 1 800 kg de riz, soit deux fois plus que l'année précédente. Sa production de sucre de palme est passée à 8 kg par jour. Après 11 cycles de prêts, elle vient de recevoir 250 000 KHR (51 euros) d'AMRET. Cette somme va lui permettre d'engraisser deux cochons, de développer sa production de sucre de palme. Elle espère accroître ses revenus. Aujourd'hui, elle possède deux motos, deux vaches, deux cochons et une parcelle de terrain supplémentaire. Elle aide l'un de ses fils à financer ses études universitaires. Son désir est aujourd'hui de gagner l'argent nécessaire pour construire une nouvelle maison pour sa famille.

Introduction

Comment se constituer une épargne, même modeste, si l'on ne dispose d'aucun lieu sûr où déposer son argent ? Comment investir dans une petite affaire si l'on n'a accès à aucune source de financement ? Comment prendre en main son propre développement si l'on ne dispose d'aucune option raisonnable pour gérer le peu de revenu que l'on a ?

Dans les pays en développement, ces questions se posent aujourd'hui à une large majorité de la population, qui n'a pas accès aux banques. Il existe un fossé entre l'essentiel de la population – les paysans, les familles des milieux pauvres et populaires des villes, les petits entrepreneurs du secteur informel – et les établissements financiers du secteur formel. Les banques les voient comme des clients peu rentables et extrêmement risqués. En retour, ceux-ci sont conscients que les banques, trop formelles, trop distantes, trop prudentes, sont inadaptées à leurs besoins. La seule solution pour gérer son argent est de se tourner vers des acteurs financiers informels, dont les taux d'intérêt sont souvent exorbitants et les services inadaptés.

Pour des centaines de millions d'individus, cette situation se traduit par une exclusion économique et sociale. La microfinance se donne justement pour objectif d'y remédier.

On peut définir la microfinance comme l'ensemble des services qui sont proposés à des individus n'ayant pas accès aux institutions financières classiques. Par extension, le terme de « microfinance » désigne l'ensemble des activités mises en œuvre pour apporter ces services.

En une trentaine d'années seulement, la microfinance a atteint une échelle remarquable : **plus de 150 millions de personnes « non bancables » dans le monde ont aujourd'hui accès à des services financiers comme l'épargne ou le microcrédit.** Dans un grand nombre de pays, des institutions spécialisées, dites institutions de microfinance (ou IMF), ont été créées pour offrir durablement ces services – il y aurait plus de 10 000 IMF dans le monde à ce jour. La microfinance est devenue en quelques années un véritable secteur économique, doté d'acteurs professionnels, d'institutions pérennes, mobilisant financeurs publics et privés, États, organisations non gouvernementales et, depuis peu, investisseurs et partenaires privés.

Deux idées révolutionnaires

La microfinance a fait la preuve de deux idées « révolutionnaires » :

1. **On peut concevoir des services financiers de proximité adaptés à des populations exclues du système financier formel, et qui ont un véritable impact sur leur développement économique et social ;**
2. **Les organisations qui offrent ces services peuvent être viables.**

Ces idées se déclinent en quelques constats simples :

▶ **L'accès à des services financiers de base (épargne et crédit principalement) est essentiel.** Être exclu de ces services, pour un individu, est un véritable frein au développement et à l'autonomie.

▶ **La capacité d'entreprendre est infiniment plus répandue, de par le monde, qu'on ne l'imagine.** Chez des hommes et des femmes de milieux pauvres ou populaires, même les moins instruits, il existe une incroyable capacité à développer de petites activités d'une étonnante diversité (vendeurs ambulants, artisans, petites échoppes, coiffeurs, livreurs…). Cette capacité à devenir un entrepreneur individuel, alternative nécessaire au travail salarié et à toutes les formes d'assistanat, ne demande qu'à s'épanouir dès qu'un petit capital de départ peut être obtenu.

▶ Au-delà des entrepreneurs individuels, l'économie des pays du Sud est également forte de **l'existence de véritables petites entreprises** souvent informelles qui, malgré leur dynamisme, sont délaissées par les banques. Pourtant, avec un accès à des financements, elles peuvent faire la preuve de leur réel dynamisme.

▶ Contrairement à une idée tenace, **les pauvres peuvent épargner, emprunter et rembourser des crédits.** Ils sont capables de gérer leur argent et le démontrent chaque jour. Ils remboursent même mieux que les riches, pour peu qu'on leur propose des crédits adaptés et que l'on sache substituer aux garanties physiques des méthodes novatrices, s'appuyant en particulier sur les mécanismes de solidarité pré-existants ;

▶ Les familles et les entrepreneurs exclus des banques ont la capacité de payer des taux d'intérêt élevés. Une institution peut dès lors proposer des services dont les taux sont certes bien inférieurs à ceux des prêteurs informels mais **qui peuvent suffire à couvrir ses coûts**. La microfinance est à cette condition une solution durable.

La microfinance est une idée révolutionnaire à un autre titre : elle dépasse les clivages idéologiques et politiques habituels. En s'appuyant sur l'initiative individuelle, sur la volonté des gens de gérer leur argent, d'entreprendre une activité et d'assumer le remboursement de leurs prêts, la microfinance prend le contre-pied de l'État providence, auquel certains reprochent d'enfermer les plus démunis dans une logique d'assistanat. Mais la microfinance démontre aussi que le marché n'apporte pas toutes les solutions. En effet, le lancement d'institutions de microfinance ne peut presque jamais se faire sans des donations publiques et sans la bienveillance des autorités. **La microfinance, à son échelle, est une réponse pragmatique à l'opposition apparente entre solidarité collective et sens de l'initiative individuelle.** Il n'est donc pas surprenant que des théoriciens et des hommes politiques de tous bords soutiennent son développement.

La microfinance et son histoire

Comment cette idée « révolutionnaire » a-t-elle pu convaincre et essaimer, en trente années, pour permettre l'existence d'un véritable nouveau « secteur » financier, présent dans une majorité de pays ?

Les prémices

En 1849, un bourgmestre prussien, F.W. Raiffeisen, fonde en Rhénanie la première société coopérative d'épargne et de crédit, une institution qui offre des services d'épargne aux populations ouvrières pauvres et exclues des banques classiques. Progressivement, en s'appuyant sur l'épargne collectée, elle octroie des crédits à ses clients. Ces organisations sont dites

« mutualistes » car elles mutualisent l'épargne de leurs membres pour la prêter à d'autres membres. De nombreuses institutions se développent sur cette base en Europe et en Amérique du Nord, puis, à partir de 1950, dans les pays du Sud, notamment en Afrique. Mais elles restent à cette époque essentiellement focalisées sur l'épargne, avec des produits de crédit souvent limités.

Dans les années soixante et soixante-dix, après les indépendances, les gouvernements de nombreux pays en développement prennent conscience de la nécessité de fournir aux paysans un accès au crédit. Des banques publiques de financement agricole sont alors créées dans nombre de pays du Sud, offrant aux paysans des crédits aux taux d'intérêts subventionnés. Mais ces initiatives connaissent rapidement de grandes difficultés, pour trois types de raisons. D'une part, leur gestion est soumise à de fortes pressions politiques et électoralistes. D'autre part elles sont souvent mal gérées et enregistrent de forts taux d'impayés. Enfin, les taux d'intérêt appliqués par ces banques sont trop faibles pour pouvoir les rentabiliser. Après quelques années, une large part de ces banques de développement publiques a donc disparu… et le problème de l'accès aux services financiers pour les exclus des banques est resté entier.

Les pionniers de la microfinance (1975-1992)

C'est face à ce constat que dans la deuxième moitié des années soixante-dix, les premières expériences de microfinance « moderne » apparaissent en Amérique latine et en Asie. À partir de 1975, l'exemple de la Grameen Bank, au Bangladesh, marque les esprits. La Grameen démontre non seulement que les pauvres peuvent efficacement gérer et rembourser des crédits, mais qu'ils peuvent payer des intérêts élevés, et que l'institution peut donc couvrir ses propres coûts.

À partir de cet exemple, des méthodologies de crédit spécifiques sont mises au point, adaptées à une population que ni les banques commerciales, ni les banques agricoles n'avaient pu toucher durablement. En particulier, la Grameen a popularisé le « crédit solidaire », un crédit à un groupe d'individus dont chaque membre est solidaire du remboursement de tous les autres.

À ce stade, l'équilibre financier n'est généralement pas un objectif central des programmes de microfinance ; il paraît encore difficile d'imaginer qu'une IMF puisse fonctionner sans les donations de bailleurs de fonds publics (gouvernements de pays donateurs, institutions financières internationales) ou privés (fondations).

À la fin des années quatre-vingt, les initiatives se multiplient. Le secteur devient de moins en moins confidentiel. En Amérique latine notamment, des institutions accordant des crédits en milieu urbain commencent à couvrir leurs coûts sans subventions. En 1992, PRODEM, ONG bolivienne créée en 1986, décide de « filialiser » ses activités de microcrédit sous forme de banque en créant Banco Solidario SA (BancoSol). C'est le début de l'émergence d'une « industrie de la microfinance ».

Une période de mutation (1992-2000)

Les années 1990 marquent une période de profond changement pour le secteur de la microfinance. Les exemples comme BancoSol font évoluer fondamentalement la perspective du secteur. La viabilité financière, c'est-à-dire la capacité à couvrir ses charges par ses revenus, devient l'enjeu central de la plupart des programmes de microfinance. De ce fait, beaucoup d'IMF ont pour stratégie de standardiser leurs produits et d'augmenter rapidement le nombre de clients, pour réaliser des économies d'échelle. L'attention tend à ne pas être portée en priorité sur les produits et les clients, mais sur les institutions elles-mêmes. L'incontestable succès commercial des IMF est souvent considéré comme une preuve suffisante qu'elles répondent à un véritable besoin.

Avec l'avènement des premières IMF rentables, se créent les premiers acteurs spécialisés dans le financement d'institutions de microfinance. Ces structures, privées ou publiques, proposent des prêts aux IMF, qui les reprêtent à leurs clients.

Reconnaissance médiatique et afflux de capitaux privés (depuis 2000)

La fin des années quatre-vingt-dix a vu aussi apparaître les premières difficultés. La croissance extrêmement rapide des institutions, poussées par une recherche de l'équilibre financier, s'est soldée dans certains cas par des échecs retentissants. La fragilité des IMF et la nécessité de les renforcer apparaissent clairement.

Jusqu'alors, la satisfaction des clients passait pour acquise ; les IMF prennent peu à peu conscience que leurs clients sont parfois insatisfaits de leurs services. Des outils sont élaborés et diffusés pour analyser les besoins de la clientèle. Les produits proposés se diversifient pour s'adapter aux demandes de différentes natures. De nouveaux produits sont développés : transferts de fonds, micro-assurance, crédit habitat par exemple.

Avec l'année du Microcrédit en 2005 et surtout le prix Nobel de la paix obtenu par M. Yunus en 2006, la microfinance obtient une vraie consécration. La notoriété du secteur s'étend et permet un nouvel engagement des politiques et financeurs en sa faveur.

Cette notoriété, ainsi que l'émergence d'un nombre croissant d'IMF rentables ayant besoin de capitaux pour se développer, attire de plus en plus d'acteurs privés vers le secteur. De nombreux fonds de financement spécialisés, qui lèvent de l'argent au Nord pour l'investir au Sud dans des IMF, se créent. Le secteur de la microfinance s'intègre de façon croissante au secteur financier classique.

Cet afflux d'argent privé permet d'alimenter une croissance très rapide, notamment en Europe Centrale et en Amérique Latine, mais crée aussi des tensions entre la mission sociale des IMF et la nécessité de rémunérer ces capitaux privés qui viennent s'investir dans le secteur. En 2007, l'introduction en bourse de Compartamos, la principale IMF mexicaine, a permis aux fondateurs de l'institution de s'enrichir de façon spectaculaire. Cet événement a cristallisé le débat sur les dérives d'une vision trop « commerciale » de la microfinance. C'est en partie pour cette raison que la mesure des performances sociales des IMF est aujourd'hui au cœur des problématiques du secteur.

Enfin, l'éclatement en 2008 de la crise financière a des conséquences déjà perceptibles en 2009 pour le secteur de la microfinance. En premier lieu, le ralentissement économique mondial touche les clients de la microfinance et se répercute sur les IMF par une demande moins forte et des problèmes croissants de remboursement. D'autre part, certaines IMF sont touchées par la crise générale de liquidité : les capitaux privés se font plus rares dans le secteur et l'accès à des financements extérieurs devient plus onéreux et moins aisé. Il est encore trop tôt pour mesurer l'impact exact que cette crise aura sur la microfinance – il faut cependant souligner qu'elle a déjà fait preuve à plusieurs occasions, et notamment pendant la crise asiatique de la fin des années 90, d'une forte capacité de résistance aux crises financières, supérieure à celle des institutions financières classiques.

Des résultats remarquables...

La portée atteinte aujourd'hui par la microfinance, avec plus de 150 millions de clients dans le monde, est en soi une réussite impressionnante, d'autant plus que tous les membres des familles concernées, soit des centaines de millions de personnes, en bénéficient.

Au-delà de cet aspect quantitatif, la microfinance a su obtenir, en moins de trente années, des acquis remarquables sur plusieurs plans :

▶ **L'impact positif** de la microfinance sur le niveau de pauvreté de ses clients est tout d'abord un constat globalement partagé. De nombreux programmes de microfinance revendiquent un fort impact sur le développement ; des études rigoureuses sont venues étayer et documenter ce que les praticiens avaient déjà constaté sur le terrain : l'accès aux services de microfinance contribue à une amélioration réelle de la situation des clients. Cet impact se mesure en termes économiques (augmentation des revenus, de l'épargne) mais aussi en termes sociaux, et se traduit enfin par un renforcement de l'autonomie des personnes – leur capacité à maîtriser leur propre existence dans leur famille, leur communauté, leur milieu.

▶ L'acquisition de **savoir-faire éprouvés**. Trois décennies de travail ont permis de définir des pratiques qui fonctionnent bien, pour certains types de clientèle, dans certains contextes. Relayés par des organisations spécialisées en microfinance, ces savoir-faire ont permis de rapidement démultiplier le nombre d'institutions et de clients, en croissance constante.

▶ La mise au point et la transmission de ces savoir-faire n'ont été possibles que grâce à la **professionnalisation** de l'ensemble des acteurs du secteur. Sur tous les continents, il existe aujourd'hui de vrais spécialistes, capables de maîtriser des aspects aussi bien opérationnels qu'institutionnels. Cette professionnalisation concerne les IMF, mais aussi les intervenants qui les appuient : ONG, bureaux d'étude, financeurs, autorités de tutelle…

▶ En raison de cette professionnalisation, la microfinance est aujourd'hui considérée comme un **chaînon à part entière du secteur financier**. Dans un nombre croissant de pays, les cadres légaux et réglementaires ont été adaptés, pour tenir compte de ce nouveau secteur, et les gouvernements intègrent la microfinance à leurs plans d'action – par exemple, dans les programmes de lutte contre la pauvreté.

▶ La démonstration faite par de nombreuses IMF de leur **viabilité** est un autre acquis du secteur. Ces structures ont su trouver leur équilibre sur le plan financier, mais aussi se doter d'une organisation efficace et d'un cadre institutionnel stable, avec des formes juridiques variées. Elles n'ont aujourd'hui besoin d'aucune subvention pour continuer à servir la population spécifique qu'elles visent. Dans des pays comme le Cambodge, le Sénégal, l'Ouganda, la Bolivie, le Bangladesh, où la pérennisation du moindre projet de développement, voire de la moindre entreprise privée, est une gageure, cette performance mérite d'être soulignée.

...Mais aussi des limites

Signe de la maturité grandissante du secteur, plusieurs limites de la microfinance sont en revanche apparues à peu près simultanément. La médiatisation de la microfinance a contribué à mettre l'accent sur ce revers de la médaille :

▶ La microfinance ne peut à elle seule apporter une réponse à la question du développement. La mise en place de services de microfinance a un effet plus grand lorsqu'elle est complémentaire de la croissance économique, de politiques sociales adéquates – accès aux soins, à l'éducation – du progrès des libertés publiques et individuelles. À l'échelle internationale, l'essor de la microfinance n'enlève rien à l'importance de questions clés du développement, comme celle de l'équité des règles du commerce mondial.

▶ Par ailleurs, la microfinance est parfois présentée comme un outil de lutte contre l'extrême pauvreté. Pourtant, si elle touche souvent des populations situées juste en dessous du seuil de pauvreté, la microfinance n'est généralement pas destinée aux « plus pauvres des pauvres », qui ont des besoins plus urgents que l'accès aux services financiers ou nécessitent des services d'accompagnement en plus du crédit. Ils peuvent cependant bénéficier de la microfinance par ricochet, par exemple grâce aux opportunités d'emploi créées par des micro-entreprises recevant des microcrédits.

▶ De façon plus large, **certaines populations restent à l'écart de la microfinance**. Il s'agit non seulement des plus pauvres, mais aussi d'habitants de zones isolées, d'entreprises nécessitant des produits financiers spécifiques… Trois types de clientèle, en particulier, sont souvent « exclus » du secteur : les populations rurales en premier lieu – si certaines IMF ont connu des succès remarquables en milieu rural, la plupart des IMF sont concentrées sur le marché des petits entrepreneurs urbains. En zone rurale, la faible densité de population rend difficile la rentabilisation des services, de même que l'existence de risques communs à tous les emprunteurs comme le risque climatique. Les petites et moyennes entreprises sont également peu servies, car la plupart des IMF proposent des prêts à court terme permettant de financer la trésorerie, mais non les besoins en investissement de ces entreprises. Enfin, il existe une catégorie de la population urbaine, moins entreprenante et plus risquée que celle des micro-entrepreneurs actuellement servie, qui n'a pas encore accès aux services financiers de base.

De nouveaux défis

De nouveaux défis apparaissent aujourd'hui.

▶ Le premier d'entre eux consiste à veiller à ce que les intérêts des clients reçoivent toujours l'attention nécessaire. Cette vigilance, forme de « **protection des consommateurs** », est devenue nécessaire face à l'apparition, dans certains pays, de cas de surendettement de clients. La concurrence entre IMF, devenue forte dans certaines régions, peut les conduire à accorder trop vite de nouveaux prêts à des clients déjà endettés. L'attention de tous les acteurs est nécessaire pour limiter cette dérive.

▶ Un deuxième défi consiste à **consolider les IMF existantes**. Les quelques centaines d'IMF qui ont atteint l'équilibre financier sont encore fragiles. Surtout, elles ne sont qu'une minorité parmi les quelques milliers d'IMF dans le monde. Beaucoup d'institutions desservant des publics encore peu touchés par la microfinance ont toujours besoin d'appuis financiers et techniques subventionnés pour devenir à terme des organisations pérennes. Pour cela, il faut généralement de nombreuses années.

▸ Dépasser les frontières actuelles de la microfinance pour en **étendre la portée** reste un vrai défi. On estime à au moins cinq cents ou six cents millions le nombre de clients potentiels de la microfinance dans le monde – certains parlent même d'un milliard. C'est cinq à dix fois plus que le nombre actuel de clients servis. Le nombre de clients de la microfinance reste faible en Afrique et en Amérique latine en comparaison de l'Asie, continent qui regroupe 85 % des clients de la microfinance. Pour atteindre les centaines de millions d'individus délaissés jusqu'ici, on s'accorde à dire qu'il sera nécessaire d'innover : expérimenter de nouveaux modèles et de nouveaux savoir-faire. Les efforts actuels de développement de nouveaux produits doivent être approfondis – produits d'épargne plus flexibles, crédits à plus long terme, micro-assurance, transferts de fonds… L'ensemble de ces améliorations permettra non seulement de servir de nouvelles catégories de population, mais aussi de fidéliser la clientèle existante.

▸ Ces efforts doivent avoir pour perspective **l'intégration de la microfinance au secteur financier** au sens large. Il ne s'agit pas de créer un système financier pour les pauvres ou pour les petites entreprises, distinct de celui du reste du pays. Il s'agit au contraire de favoriser les liens entre les deux, afin qu'il existe un *continuum* de solutions proposées à tout individu ou toute entreprise ayant besoin d'accéder à des services financiers. Les formes variées de collaboration entre banques commerciales, acteurs privés et IMF, apparues ces dernières années, attestent du réalisme de cette perspective.

▸ L'intérêt pour la microfinance d'acteurs nouveaux, privés notamment, est une immense opportunité, mais elle soulève deux types de défis :

– D'une part, l'afflux de capitaux privés peut **remettre en cause à moyen ou long terme la mission sociale de la microfinance**. L'introduction en bourse de l'IMF Compartamos, en 2007 au Mexique, a symbolisé cette entrée dans une « nouvelle ère » de la microfinance, et déclenché une vague de débats au sein du secteur.

La polémique portait sur les profits records de l'IMF – résultant du maintien de taux d'intérêt élevés – et les bénéfices engrangés à cette occasion par des investisseurs privés. La question qui s'est posée alors était la suivante : la microfinance a-t-elle encore une « âme », autrement dit une utilité sociale, au-delà de ses performances financières ? Les IMF s'adressent en majorité à une clientèle vulnérable : comment protéger cette dernière de dérives possibles – taux d'intérêt abusifs, surendettement ?

– D'autre part, l'arrivée de ces capitaux privés et l'intégration croissante de la microfinance au secteur financier classique, rend celle-ci a priori beaucoup plus vulnérable en cas de crise. La crise financière de 2008 a déjà eu pour conséquence de réduire cet afflux de capitaux privé. Elle sera un révélateur du degré de fragilité d'un secteur de plus en plus intégré au secteur financier classique.

▶ Enfin, la microfinance va devoir gérer les conséquences de sa récente notoriété. Deux risques sont à éviter. D'une part, les exemples spectaculaires comme l'introduction en bourse de Compartamos ou les situations de concurrence exacerbées dans certains pays nourrissent un discours de plus en plus relayé médiatiquement sur les limites de la microfinance ou sa dérive commerciale. Pour éviter un amalgame malheureux, le secteur doit faire preuve de beaucoup de pédagogie sur l'importance encore capitale de la mission sociale de la microfinance pour la grande majorité de ses acteurs. À cet égard, les IMF vont devoir être en mesure de façon croissante de mesurer et « prouver » leurs performances sociales. D'autre part, la notoriété de la microfinance a créé un intérêt croissant de la part de la sphère politique, sensible à la capacité des IMF à toucher un grand nombre d'électeurs potentiels. On a vu ainsi dans certains pays (Nicaragua et Bénin notamment) des discours populistes émerger contre les IMF et leurs pratiques, et dans certains cas des tentatives de prise de contrôle du secteur de la microfinance.

Dans tous les cas, ces défis à relever vont nécessiter des efforts d'innovation réels – pour mieux analyser l'utilité sociale des IMF, pour développer de nouvelles approches plus adaptées aux « exclus » de la microfinance, etc. Ces innovations, ainsi que le passage à une échelle plus importante, devront être appuyés financièrement, y compris par le recours à des subventions – et non par les seuls prêts ou outils financiers du marché. Une meilleure coordination et affectation de ces ressources sera nécessaire, pour éviter que les mêmes financeurs se concurrencent auprès d'une poignée d'IMF leaders, dans quelques pays seulement, au contexte plus favorable. Faute de soutien financier effectif et bien ciblé, les efforts consentis jusqu'ici risqueraient d'être gâchés ; et l'extraordinaire potentiel de développement que recèle la microfinance ne serait pas exploité. La microfinance a su prouver qu'elle constitue une solution durable : il est essentiel à présent que la mobilisation de tous en sa faveur soit réaffirmée.

Les objectifs de ce livre

Ce livre ne prétend pas apporter de réponses toutes faites à chacun de ces défis. Il a pour objet de présenter les enjeux et acquis de la microfinance aujourd'hui et d'expliquer, en pratique, « comment ça marche ». C'est un guide concret pour tous ceux qui souhaitent rejoindre un jour ce secteur – étudiants, professionnels – mais aussi pour ceux qui, simplement, veulent comprendre les principes et le fonctionnement des services de microfinance.

▶ **Dans sa première partie, ce livre explique le « pourquoi » de la microfinance** : il démontre que pour tous – familles ou entrepreneurs, pauvres ou riches –, l'accès à des services financiers est une nécessité, et qu'une part écrasante de la population mondiale en est exclue. En décrivant les principaux services offerts par les IMF, et les impacts de ces services, il montre en quoi la microfinance peut répondre efficacement à cette demande ;

▶ **La deuxième partie propose d'analyser, de façon pragmatique, comment fonctionne la microfinance** : qu'est-ce qu'une institution de microfinance ? Comment les IMF sont-elles structurées ? Quelles sont leurs ressources ? Quels sont les outils et indicateurs disponibles pour les piloter, les évaluer ? Sont-elles viables, et à quelles conditions ? Comment peuvent-elles concilier leurs trois objectifs majeurs : toucher un grand nombre d'individus, avoir un réel impact social et être pérennes ? Où en est aujourd'hui la microfinance, dans les grandes régions du monde en développement ?

▶ **La troisième et dernière partie offre enfin un panorama des acteurs de la microfinance** ; elle décrit qui sont ces acteurs, leur histoire, leur rôle actuel, leurs perspectives. Dans un secteur en évolution rapide, elle donne quelques clés pour comprendre les grands changements en cours : nouveaux modes d'intervention, implication croissante des acteurs privés, risques d'un retrait prématuré des bailleurs de fonds.

Puisse ce livre contribuer à clarifier et approfondir les efforts de tous ceux qui travaillent au développement d'outils financiers simples, durables et utiles au plus grand nombre.

Nota bene

Le succès de la microfinance dans plusieurs pays en développement a été si spectaculaire que des initiatives s'en inspirant ont vu le jour dans certains pays industrialisés. La microfinance y est en général utilisée comme un outil d'insertion pour des populations en situation d'exclusion, et d'exclusion bancaire en particulier. On a vu également d'importantes institutions de microfinance se développer dans d'anciens pays du bloc soviétique pour accompagner l'émergence d'entrepreneurs dans ces pays dits « en transition » vers l'économie de marché. Dans les deux cas, ces initiatives ont donné lieu à des réussites remarquables, aussi bien au niveau des micro-entrepreneurs que des IMF (comme l'ADIE en France, les programmes d'ACCION aux États-Unis, ceux de ProCredit en Europe de l'Est, et bien d'autres encore).

Si les principes de la microfinance sont les mêmes dans ces pays que dans les pays en développement, le besoin en est moins massif, et, surtout, les conditions de mise en œuvre y sont très différentes. Pour ces raisons, il serait difficile de les traiter ensemble.

Ce livre se concentrera uniquement sur les enjeux et la pratique de la microfinance dans les pays en développement.

Présentation d'AMRET

AMRET, un exemple à suivre dans ce livre

AMRET est une institution financière qui accorde des prêts de faible montant (90 euros en moyenne) à plus de 220 000 personnes en milieu rural, dans dix provinces du centre et sud du Cambodge.

À l'origine d'AMRET, il y a une « expérimentation » de microcrédit menée par une ONG française, le GRET (Groupe de recherche et d'échanges technologiques), à partir de 1991. AMRET a connu une croissance très forte : 3 100 clients actifs en 1992, près de 40 000 fin 1998, près de 75 000 fin 2001, plus de 220 000 fin 2008.

Après avoir été appuyée pendant ses phases de création et de développement par des subventions de plusieurs bailleurs de fonds internationaux, et l'appui technique du GRET, comme un « projet » de développement, AMRET est à présent une institution autonome, gérée par une équipe cambodgienne, reconnue par les autorités du pays.

AMRET est à ce jour une réussite reconnue en microfinance : cet exemple servira de « fil rouge » tout au long de ce livre, pour illustrer concrètement les questionnements et enjeux de la microfinance[1].

---

1. Les références à AMRET dans ce livre s'appuient notamment sur deux sources : Pierre Daubert, *Une aventure en microfinance : AMRET au Cambodge,* Karthala, 2007 ; et le site Internet de l'institution (http://www. amret.com.kh).

Première partie

La microfinance, réponse à des besoins essentiels

Chapitre 1

Une immense demande insatisfaite

L'objet des *services financiers* est de transférer un pouvoir d'achat dans le temps. Il peut s'agir de transférer vers l'avenir un pouvoir d'achat déjà existant (en *épargnant* aujourd'hui une somme que je dépenserai demain) ou, à l'inverse, d'avancer à aujourd'hui un pouvoir d'achat que j'aurai demain (en *empruntant* aujourd'hui et en remboursant à l'avenir).

L'accès à des services financiers est un levier essentiel pour les particuliers comme pour les entreprises :

▶ Les particuliers y ont recours pour se constituer une épargne de précaution ou pour lisser leur consommation (la rendre plus stable dans le temps) ;

▶ Pour les entreprises, l'enjeu est d'investir dans des activités économiques à développer.

On peut dire d'un service financier qu'il est *formel* si :

▶ Il est accordé par une institution financière légalement reconnue et régulée par les autorités publiques (en général une banque) ;

▶ Il est matérialisé par un contrat écrit.

Dans les pays industrialisés, pour une majorité de la population, avoir accès à des services financiers simples (un compte courant, un compte d'épargne, un chéquier…) est devenu tout à fait naturel. Dans le même temps, il existe malheureusement une importante population en situation « d'exclusion bancaire », définie comme « *un degré d'entrave dans ses pratiques bancaires et financières qui ne lui permet plus de mener une vie sociale normale dans la société »*[1]. Aussi choquante que soit cette situation, elle est différente par nature de celle des pays en développement (PED).

Dans les PED, c'est l'immense majorité de la population qui est exclue du secteur financier formel. Cette proportion est évaluée à plus de 80 % des familles et des entreprises[2] **de ces pays.** On estime que globalement, plus d'un milliard de personnes pauvres dans le monde n'ont pas accès à des services financiers de base pour gérer leur argent et développer des activités. C'est l'un des facteurs qui maintient ces familles dans la pauvreté et limite la capacité des entrepreneurs à créer des richesses.

L'objet de ce chapitre est :

▶ De montrer que *tout ménage* a besoin de recourir à des services financiers et d'expliquer pourquoi dans les PED, les services financiers informels ne répondent que très partiellement à cette demande ;

▶ De montrer que *les entreprises* ont besoin d'accéder au crédit productif pour leurs investissements, quels que soient leur taille et leur degré de formalisation ;

▶ D'exposer les raisons pour lesquelles *l'offre des banques* commerciales est inadéquate pour la grande majorité.

Les pratiques financières informelles

Le contexte : brefs rappels sur la population des pays en développement

Si les conditions de vie des populations dans les PED ne sont pas toujours aussi misérables que dans les clichés, elles restent fortement précaires. Dans de nombreux pays, la majorité de la population vit encore dans les campagnes et subsiste grâce à l'agriculture vivrière, parfois cou-

---

1. Jean-Michel Servet et Isabelle Guérin, *Exclusion et liens financiers. Rapport du Centre Walras 2002*, Economica ; Georges Gloukoviezoff, *L'exclusion bancaire et financière des particuliers*, Observatoire national de la pauvreté et de l'exclusion sociale, 2004.

2. Dominique Gentil et al., *Microfinance. Orientations méthodologiques*, Commission européenne, 2000 (2ᵉ édition).

plée aux cultures de rente (café, cacao, etc.). La pauvreté des campagnes et le fort taux d'accroissement naturel de la population se traduisent par une croissance rapide d'agglomérations immenses et congestionnées, où la majorité de la population vit dans des bidonvilles. À la campagne comme à la ville, l'accès aux services de soins et d'éducation est limité et réservé à une frange aisée. Seule une minorité de la population est salariée, la majorité vivant des revenus de son exploitation agricole ou d'activités informelles. Le plus grand nombre est dépourvu de protection sociale, d'assurance ou de système de retraite.

La majorité de la population ne dispose que d'un patrimoine très limité et de revenus très faibles. *« Une personne sur cinq dans le monde (plus d'un milliard d'individus) continue de survivre avec moins d'un dollar par jour, un niveau de pauvreté si abject qu'il menace la capacité de survie. Un milliard et demi de personnes vivent avec un à deux dollars par jour. Plus de 40 % de la population mondiale forme, de fait, une classe défavorisée planétaire, confrontée quotidiennement à la réalité ou à la menace de la pauvreté la plus extrême. »*[1]

Épargner, emprunter : des enjeux majeurs pour tous

Avancer l'idée que tous les ménages, même les ménages pauvres, peuvent emprunter, et surtout épargner, peut paraître paradoxal. Comment pourrait-on mettre de l'argent de côté si l'on a à peine assez de revenus pour satisfaire ses besoins essentiels ?

Cette idée découle pourtant de la simple observation des modes de vie des familles dans différents contextes de PED. **Toutes les familles, même les plus pauvres, ont besoin, à différents moments de leur existence, de débourser des sommes d'argent qui dépassent les petits montants qu'elles gardent disponibles pour vivre au quotidien.** Ces occasions de dépenses importantes sont de deux types :

▶ Des événements de la vie personnelle ou familiale, qu'ils soient liés au cycle de vie des individus (mariage, naissance d'un enfant, enterrement, festivals…) ou à des situations d'urgence (maladie, perte d'emploi, vol, incendie…) ;

1. PNUD, *Rapport mondial sur le développement humain 2005* (http://hdr.undp.org/en/reports/global/hdr2005/).

▶ Des opportunités d'investissement dans une activité économique.
Ces opportunités sont extrêmement variées, comme, par exemple,
l'acquisition d'un stock de marchandises pour le vendre au marché,
l'investissement dans un équipement pour exercer une activité arti-
sanale ou encore, en milieu rural, l'achat de semences et d'engrais.
Ce type de dépenses, qui sont en réalité des investissements productifs, fera l'objet d'une description particulière p. 41.

Pour réaliser ces dépenses exceptionnelles, il faut bien, à un moment
ou un autre, mettre de côté de l'argent issu des revenus d'une activité
professionnelle (aussi modeste soit-elle), et donc le prélever sur les
dépenses quotidiennes – c'est-à-dire, *épargner*. De plus, en l'absence de
système de retraite, certains ménages épargnent en vue de leurs vieux
jours, sous des formes variées.

La question n'est donc pas de savoir si les ménages des PED sont capables d'épargner : le simple fait qu'ils aient à engager ponctuellement
des dépenses inhabituelles prouve qu'ils le font. Dès lors, le sujet qui
nous intéresse ici est celui des mécanismes financiers qui leur permettent de gérer cette épargne.

Trois façons d'épargner avec le secteur informel[1]

S'il est vrai que tous les ménages épargnent, il faut souligner qu'ils
n'épargnent pas tous en numéraire : de nombreux ménages, en particulier dans les campagnes, épargnent en nature (petit bétail, or, argent,
stock alimentaire…).

Pour ceux qui épargnent en numéraire, on observe, parmi les populations non servies par les banques, trois mécanismes de gestion de
l'argent : l'épargne *a priori*, l'épargne *a posteriori* et l'épargne continue.

---

1. L'ensemble de cette section s'appuie sur les analyses développées par Stuart Rutherford : *Com-*
    ment les pauvres gèrent leur argent, GRET/Karthala, 2002.

L'épargne a priori

Cette option consiste tout simplement à mettre peu à peu de côté, *avant* une dépense, des petites sommes qui la rendront possible à l'avenir. Cela pose trois défis majeurs :

▶ Avoir un lieu sûr où déposer son épargne ;

▶ Avoir suffisamment d'autodiscipline pour se priver de dépenser immédiatement son argent ;

▶ Résister aux sollicitations des amis et de la « famille ». Dans des contextes culturels où le partage des ressources est la norme (comme c'est souvent le cas en Afrique), ces sollicitations constituent une pression contre laquelle il est difficile de lutter.

Il existe un mécanisme qui permet d'apporter des solutions à ces trois difficultés : rémunérer une personne pour qu'elle accepte de collecter l'épargne que l'on souhaite lui confier. Ce mécanisme peut paraître surprenant, car nous avons l'habitude, dans les pays industrialisés, que notre épargne soit rémunérée – et non de payer quelqu'un pour la garder ! Mais dans le contexte des PED, les collecteurs d'épargne ont une valeur ajoutée reconnue et leurs clients sont prêts à payer pour cela. Ce mécanisme est notamment répandu en Afrique de l'Ouest et en Asie du Sud.

La collectrice d'épargne

Stuart Rutherford rapporte un exemple issu du bidonville de Vijaya-wada, au sud-est de l'Inde : celui de Jyothi, jeune femme qu'il décrit comme une « collectrice ambulante de dépôts ». Jyothi remet à chaque client une feuille composée de 220 cases, chaque case correspondant à un jour. Elle visite chaque client quotidiennement et indique, dans la case du jour, qu'il lui a versé la somme fixe dont ils sont convenus – par exemple, 5 roupies. Après 220 jours, elle remet au client son épargne totale, moins 20 jours d'épargne qui sont sa rémunération. Le client a donc payé l'équivalent d'un taux d'intérêt de 30 % par an[1] pour déposer son épargne auprès de Jyothi.

---

1. Le client a en moyenne une épargne disponible de 550 roupies (220 multipliés par 5 et divisés par 2), et pour cela payé la somme de 100 roupies. Ceci correspond à un taux d'intérêt de 100/550 = 18 % sur 220 jours, soit 30 % sur un an.

Ce mécanisme d'épargne, outre son coût élevé, fait courir à l'épargnant le risque de ne jamais revoir son argent en cas de faillite du collecteur ou s'il disparaît avec ses deniers. Ces deux cas de figure fréquents expliquent la méfiance des populations vis-à-vis des collecteurs informels d'épargne.

L'épargne a posteriori

Cette option consiste à se faire prêter la somme utile d'abord, puis à utiliser les montants d'épargne pour rembourser progressivement le prêt *ensuite*. Ce type de prêt peut être considéré comme une avance sur une épargne future. Dans ce cas, la difficulté n'est plus de trouver un lieu sûr où déposer son argent, mais d'obtenir le prêt initial.

Une première solution consiste à se tourner vers ses proches pour solliciter un prêt. Mais le montant du prêt sera limité par les disponibilités du prêteur, qui appartient le plus souvent au même milieu social. De plus, ce type de recours crée souvent des obligations sociales très fortes. Aux Philippines, par exemple, la notion de dette (*utang*), bien au-delà de la somme à rembourser, renvoie au fait d'être « généralement redevable » vis-à-vis de quelqu'un. Il est parfois préférable d'emprunter à une personne moins proche, avec qui le rapport restera uniquement commercial.

Une solution plus générale consiste à se tourner vers des *acteurs financiers informels* : des individus ou organisations qui proposent des services financiers à des particuliers ou des entreprises, sans être légalement enregistrés et souvent sans matérialiser cette transaction par un contrat écrit.

La collectrice de dépôts, Jyothi, entre dans cette catégorie des acteurs financiers informels. Nous rencontrons maintenant un second type d'acteur financier informel, encore plus fréquent : *le prêteur informel*. Dans cette catégorie très large, on trouve aussi bien l'usurier professionnel qui collecte à domicile que le paysan aisé qui prête en nature à des paysans plus pauvres, ou encore le commerçant du village qui prête contre un dépôt d'or en garantie. Une des différences fondamentales entre leur activité et celle de Jyothi, c'est qu'ils prennent le risque de non-remboursement du prêt.

Le prêteur informel

Stuart Rutherford rapporte l'exemple d'un prêteur informel travaillant dans le même bidonville que Jyothi. Il prête des sommes de l'ordre de 1 000 roupies à des petits commerçants, sans exiger de garantie physique. Il prélève d'emblée 150 roupies qui correspondent aux intérêts du prêt. Puis il passe chaque semaine, pendant dix semaines, collecter sur place un remboursement de 100 roupies. Au total, l'opération a un taux d'intérêt de 180 % par an[1]. Ce taux nous paraît incroyable, mais ce qui l'est en réalité, c'est le fait que ses clients soient d'accord pour le payer – preuve de leur besoin en services financiers et de leur absence d'alternative.

Le taux d'intérêt est bien supérieur à celui de la collectrice de dépôts. Mais il est vrai que contrairement à elle, le prêteur a avancé le montant de la transaction, supportant donc le risque de non-remboursement.

Si la pratique de l'épargne *a posteriori* est particulièrement développée en Asie du Sud, les prêteurs informels jouent un rôle dans toutes les sociétés, même celles où l'accès au crédit formel est moins restreint. Les emprunteurs trouvent auprès d'eux des solutions chères, mais qui ont le mérite d'exister en cas de besoins immédiats de liquidités. Leurs taux d'intérêt sont élevés parce qu'ils font face eux-mêmes à des coûts importants : coût de leur propre capital parfois emprunté, coût de suivi de leurs prêts, pertes sur les prêts non remboursés. De plus, dans les pays en développement, les prêteurs informels bénéficient parfois d'une situation de monopole leur permettant de facturer des taux extrêmement élevés. De fait, ces taux font partie des facteurs qui maintiennent les pauvres dans le cercle vicieux de l'endettement. Une concurrence entre prêteurs et la mise en place de services financiers organisés à plus grande échelle peut permettre de réduire ces taux : c'est ce que nous verrons avec les services de microfinance.

---

1. En effet, pendant dix semaines, le client a un prêt moyen disponible de 425 roupies, sur lesquels il paye un intérêt de 150 roupies, soit 35 % sur 10 semaines. Sur un rythme annuel, en divisant 35 % par 10 et en multipliant par 52 semaines, on obtient un taux d'intérêt de 180 %.

L'épargne continue

L'expression d'épargne *continue* décrit des mécanismes permettant d'épargner avant *et* après le moment où l'on a accès à une somme importante d'argent, en s'assurant du moins d'y avoir accès *à un moment donné*. Ce mécanisme est notamment très pratiqué en Afrique au sein des *tontines*, groupes d'individus qui se rassemblent dans le but de s'aider mutuellement à épargner, souvent en continu.

> ## Les tontines[1]
>
> Le principe des *tontines mutuelles,* ou *tournantes*, est que des individus se réunissent à intervalles réguliers, généralement une fois par semaine. Chacun dépose alors dans la caisse commune une épargne de montant identique – par exemple, l'équivalent d'un euro. Chaque semaine, l'un d'eux, selon un ordre établi, a le droit de disposer de la totalité de la somme épargnée. Si l'on suppose que les membres du groupe sont au nombre de 15, chacun épargne chaque semaine un euro et une fois toutes les 15 semaines, dispose de 15 euros. L'ordre des tours peut être fixé par un responsable, par un accord commun, par tirage au sort ou souvent aux enchères. Ce système ne comporte pas de rémunération de l'épargne ni de paiement d'un taux d'intérêt – sauf dans le cas des enchères, où le plus offrant paye une prime pour disposer de l'argent en premier.

Les tontines et autres systèmes « spontanés » sont très répandus et connaissent de nombreuses variantes. Dans certaines régions comme l'Afrique de l'Ouest, ce système est surtout pratiqué par les femmes. Leur popularité atteste de la nécessité pour les ménages pauvres d'avoir accès à des services financiers.

Cependant, le système des tontines souffre de nombreuses faiblesses qui limitent son efficacité :

▸ Les montants qu'il est possible d'emprunter par ce biais sont souvent limités ;

▸ La gestion peut s'avérer difficile et causer des erreurs ou des dissensions entre les membres ;

---

1. *BIM Espace Finance*, n° 86, 10 octobre 2000 (http://microfinancement.cirad.fr/fr/news/bim/Bim-2000/BIM-10-10-00.pdf).

▶ Pour un membre donné, l'argent n'est pas nécessairement disponible pour un emprunt au moment où il en a besoin, mais seulement lorsque c'est son tour ;

▶ Les risques de fraude sont réels, par exemple le risque de voir l'un des membres disparaître juste après avoir reçu la totalité de la caisse commune.

Emprunter ou épargner, deux facettes d'une même gestion de l'argent

Les trois mécanismes finissent par être similaires, du fait de la répétition dans le temps des cycles d'épargne-crédit – à ceci près que le risque n'est pas porté par les mêmes acteurs. Après quelques cycles, la question de savoir si l'épargne quotidienne sert à rembourser un prêt passé ou à anticiper une dépense future importe peu – dans tous les cas, un ménage alterne une phase d'accumulation de petits flux d'épargne et une dépense ponctuelle importante. L'épargne et l'emprunt sont deux facettes d'une même gestion du budget de la famille.

Les trois modes d'épargne (*a priori*, *a posteriori* ou *en continu*) se retrouvent et coexistent dans de très nombreux contextes mais selon les pays ou les régions, c'est plutôt tel ou tel mode qui domine.

Le besoin d'investissement

Nous avons vu que les ménages, pour répondre à des besoins variés (événements de la vie familiale, situations d'urgence, opportunités d'investissement), ont recours, si nécessaire, à des services financiers informels. L'un de ces services financiers est le crédit. Lorsque l'objectif du ménage est d'investir ce crédit dans une activité économique, le microcrédit en question est appelé microcrédit productif. À quels types d'entreprises ces microcrédits sont-ils destinés ?

Les entreprises dans les pays en développement

Dans les PED, les grandes entreprises sont généralement peu nombreuses. Elles peuvent être publiques (ou issues d'entreprises publiques privatisées) ou privées (comme les filiales des multinationales). Elles couvrent souvent le champ des biens et services nécessitant d'importantes infrastructures (eau, électricité, télécommunication…). Chacune emploie plusieurs centaines ou plusieurs milliers d'employés. Mais leurs salariés ne représentent au total qu'une faible part de la population active.

En effet, l'économie des PED est marquée par la prééminence du *secteur informel*, qui représente, selon l'Organisation internationale du travail, la majorité des emplois en Afrique et en Asie, et plus de la moitié des créations d'emploi en Amérique latine[1]. Dans certains pays, le secteur informel représente 80 à 90 % des emplois.

Il regroupe les entreprises qui n'ont pas d'existence légale (ou ont un statut non clairement défini) et ne payent pas d'impôt (ou du moins ne payent pas tous les impôts auxquels elles sont censées être soumises).

Distinguer strictement le secteur formel du secteur informel, est trop schématique : il y a en fait des degrés de formalisation. On observe logiquement qu'une entreprise de très petite taille tend à rester totalement « clandestine ». Si elle vient à grandir, sa visibilité croissante et son besoin de rassurer ses différents partenaires l'amèneront à adopter un statut légal adéquat. Si elle atteint une taille significative, elle engagera les démarches d'inscriptions auprès de différents organismes comme des chambres de commerce.

Sans s'arrêter à la distinction formel-informel, et hormis les grandes entreprises, peu nombreuses, on l'a vu, on peut distinguer trois grands types d'unités de production intervenant dans les PED, selon leur taille et leur degré de sophistication :

▶ Les activités individuelles, que l'on peut à peine qualifier d'entreprises et que l'on nomme en général *activités génératrices de revenus* ;

▶ Les *très petites entreprises,* parmi lesquelles on peut distinguer :

  – la *micro-entreprise* (l'entrepreneur et quelques personnes autour de lui),

  – la *petite entreprise* (une dizaine d'employés),

▶ Les *moyennes entreprises*, dont le nombre d'employés est de l'ordre de plusieurs dizaines.

Le tableau ci-après résume les caractéristiques de ces trois catégories et propose quelques exemples.

---

1. Source BIT (http://www.ilo.org/public/english/employment/skills/informal/who.htm).

Typologie des entreprises dans les PED[1]

Activités génératrices de revenus	Très Petites Entreprises		Moyenne entreprise
	Micro-entreprise	Petite entreprise	
Promoteur			
Attitude liée à l'acquisition de revenus de subsistance ou complément de revenus	Acquisition de revenus dans une activité spécialisée	Attitude entrepreneuriale dès la création	Attitude entrepreneuriale, vision à moyen et long terme
Pas de compétences particulières	Compétences techniques simples	Certaines formes d'expertise	Capacités technique et de gestion
Auto-emploi	Auto emploi + parfois famille ou apprentis	Patron + famille + apprentis + salariés	Patron + personnel
Activité			
Micro-service ou commerce de détail. Activité complémentaire, temporaire ou saisonnière	Une activité principale, petite taille, parfois saisonnière	Activité bien définie et exercée à plein temps	Activité spécialisée, parfois diversifiée, exercée à titre de profession habituelle
Environnement / intégration			
Absence de statut, mais paye parfois des taxes commerciales	Statut non clairement défini, mais paye souvent des taxes (patentes, etc…)	Début de légalisation, souvent enregistrée (entreprise individuelle), paiement d'impôts	Enregistrée (chambre de commerce, etc…), parfois en société
Exemples			
Vendeuse de fruits et légumes les jours de marché	Petit étal permanent de vente de légumes, avec l'aide d'un membre de la famille	Épicerie de quartier avec des heures d'ouverture constantes, des produits diversifiés, quelques apprentis en appui	Magasin ou groupe de magasins, équipés et organisés, avec des employés stables et un stock conséquent et varié
Mécanicien travaillant seul, en dépannage dans le voisinage	Petit atelier mécanique à l'équipement rudimentaire avec un ou deux apprentis	Atelier diversifié et organisé, reconnu dans le quartier, avec une petite équipe de salariés et apprentis	Garage installé et disposant d'équipement moderne, de salariés formés et d'une visibilité commerciale large
Fabricant d'objets en bois vendus de manière intermittente à des particuliers	Équipe de deux ou trois artisans unissant leurs efforts pour diversifier et régulariser la production	Atelier structuré avec des artisans formant des apprentis à une production d'objets divers, et visant une diffusion plus large	Entreprise de production d'objets artisanaux variés, vendus à des grossistes ou sur catalogue, employant plusieurs dizaines d'ouvriers et apprentis

1. L'ensemble de cette section s'appuie sur plusieurs articles de Michel Botzung, pour certains non publiés. Voir notamment Michel Botzung, « Dispositifs d'appui et financement de la petite entreprise », *Revue Tiers-Monde* (145), 1996, p. 135-151.

Les activités génératrices de revenus informelles sont le moyen de subsistance de tous les individus qui ne peuvent accéder à l'emploi salarié. Il s'agit le plus souvent de services de proximité, de commerce et d'artisanat. On estime qu'en Afrique, elles représentent 70 à 80 % des unités économiques non agricoles. Elles viennent combler tous les vides que les entreprises plus structurées ne desservent pas et ont en ce sens une réelle utilité. Cependant, du fait de leur peu de moyens humains, financiers et technologiques, leur potentiel de développement est limité.

Les petites et moyennes entreprises, formelles ou non, jouent un rôle majeur dans *l'avancement économique et social* **dans les PED** sur au moins deux plans :

▶ Leur création d'emplois et l'intégration sociale, notamment pour les jeunes qu'elles contribuent à former grâce au système d'apprentissage traditionnel ;

▶ Leur contribution à la croissance économique nationale et locale. Dans les pays sahéliens, on estime le concours du secteur informel dans sa globalité entre 30 et 50 % du PIB. Les petites entreprises assurent la production de services et de biens locaux à moindre coût. Dans certains secteurs (bâtiment, agroalimentaire), elles ont un vrai potentiel de développement, parfois en sous-traitance de plus grandes entreprises.

Le crédit, élément essentiel au développement de toute activité économique

Quels que soient son statut (formel ou informel) ou sa dimension, une entreprise fait face à deux types de *besoins financiers* pour pouvoir grandir :

▶ Des besoins *d'investissement* dans des moyens de production (comme des machines ou des équipements) ;

▶ Des besoins de *fonds de roulement* car elle doit souvent produire *avant* de vendre, et donc avancer de l'argent avant d'en gagner.

Pour répondre à ses besoins financiers, une entreprise recherche des *ressources financières* (ou *financements*) – c'est-à-dire des moyens financiers qui puissent être injectés dans son activité afin de générer des bénéfices dans le futur. Ces ressources financières sont de deux types :

▶ Des *fonds propres*, fonds investis par le (ou les) propriétaire(s) de l'entreprise ;

▶ Des *crédits*, sommes avancées par des prêteurs externes et qu'il faudra rembourser.

La capacité à apporter des fonds pour financer ses propres projets étant toujours limitée, la possibilité de recourir à l'emprunt est essentielle pour toute entreprise qui souhaite se développer. En empruntant aujourd'hui pour investir dans un projet, elle se donne les moyens de réaliser demain des bénéfices grâce auxquels elle paiera les intérêts et remboursera le principal de son emprunt. Si le taux de rentabilité de son projet est supérieur au taux d'intérêt de son prêt, il restera, après remboursement du crédit, un enrichissement net pour les propriétaires de l'entreprise.

Ce raisonnement financier de base vaut bien évidemment autant dans les PED que dans les pays industrialisés. Ce qui constitue l'apport de la microfinance, c'est de prouver que des entreprises de toute taille, de l'activité génératrice de revenus informelle à la moyenne entreprise éventuellement formalisée, peuvent se développer si on leur donne accès à des crédits productifs. Cela est vrai, y compris dans le cas de modestes activités génératrices de revenus dont les promoteurs et les promotrices sont des individus ayant reçu peu de formation, mais habitués à se débrouiller, et qui savent faire fructifier, dans leurs affaires, les petites sommes rendues disponibles.

La demande de microcrédit productif au Bangladesh

L'un des ardents avocats de l'idée que même les pauvres peuvent améliorer leur sort grâce au microcrédit est Muhamad Yunus, fondateur au Bangladesh de la Grameen Bank, célèbre institution de microfinance au rôle pionnier[1], et Prix Nobel de la Paix en 2006.

Professeur d'économie à l'université de Chittagong, Muhamad Yunus eut l'idée, en 1974, de permettre à des femmes des villages pauvres voisins de son université de se développer en leur prêtant des petites sommes

---

1. Muhamad Yunus, *Vers un monde sans pauvreté*, Jean-Claude Lattès, 1997.

d'argent afin qu'elles investissent dans des moyens de production. Cette expérience première aboutit à la création de la Grameen Bank.

Muhamad Yunus raconte par exemple sa rencontre, au village de Jobra, avec Sufia Begum, une jeune femme âgée de 20 ans, dont l'activité consistait à fabriquer des tabourets en bambou. Chaque jour, pour acheter le stock de bambou nécessaire à sa production, n'ayant aucun argent devant elle, elle était contrainte d'emprunter à des prêteurs pratiquant des taux usuraires. En fin de journée, elle devait leur revendre les tabourets en bambou afin de rembourser son prêt. Le taux d'intérêt de 10 % par semaine ne lui laissait qu'une marge minuscule. Pourtant, si elle avait pu emprunter à un taux inférieur, son bénéfice aurait augmenté et peut-être aurait-elle pu échapper à la spirale de la pauvreté dans laquelle elle était enfermée. Le montant du prêt en question aurait peut-être été d'un montant dérisoire selon les standards occidentaux mais, pour elle, il aurait constitué un vrai coup de pouce.

Le même raisonnement pourrait s'appliquer à des femmes battant le riz, à de petits négociants, à ceux et celles qui fabriquent des paniers, des tapis de jute, des nattes pour dormir... Souvent, il ne leur manque qu'un petit capital de départ pour devenir indépendants de leurs employeurs ou de leurs prêteurs et améliorer ainsi sensiblement leur situation.

Au-delà du cas rapporté par Muhamad Yunus (encadré ci-dessus), on peut envisager quelques exemples concrets nécessitant un microcrédit productif, reprenant les exemples du tableau sur les catégories de PME :

▶ Une personne qui souhaite démarrer une simple activité de vente de légumes sur les marchés a besoin d'acquérir un premier stock. Il ne s'agit pas à proprement parler d'investissement, mais de fonds de roulement. La mise à disposition d'un microcrédit peut permettre le lancement de cette activité. Pour des personnes qui exercent déjà cette activité à une très petite échelle, le manque de trésorerie oblige à acheter le stock en très petites quantités, donc à des prix élevés, et en se déplaçant plusieurs fois dans la semaine. Le crédit permet de regrouper les achats et de rendre l'activité plus rentable ;

▶ Un mécanicien souhaitant faire grandir son atelier doit pour cela acquérir des machines et des outils – ce sont de véritables investissements. Il fait également face à un accroissement de son besoin en fonds de roulement, par exemple pour l'achat de pièces de rechange qu'il ne vendra que quelque temps plus tard. Comment franchir cette étape en l'absence de financement ? Un microcrédit pourrait être la solution ;

▶ Le même raisonnement peut s'appliquer à un artisan qui souhaite accroître la taille de son atelier : il lui faut pour cela des équipements, des matières premières… et son potentiel pourra se réaliser s'il a accès aux financements le permettant.

Pourquoi les banques ne servent-elles pas cette demande ?

Nous venons de voir que tous les ménages d'une part, toutes les entreprises d'autre part, ont besoin de services financiers. Pourtant, les observateurs s'accordent aujourd'hui sur le constat suivant, illustré par le graphique ci-dessous : dans les PED, plus de 80 % de la population en moyenne (et parfois 100 % en zone rurale) ne trouvent pas de réponse auprès d'une banque commerciale.

▶ Parmi les particuliers, seules la classe aisée (très limitée) et une partie de la classe moyenne, beaucoup moins importante en pourcentage de la population que dans les pays industrialisés, même si elle commence à se développer dans les PED les plus avancés, trouvent auprès des banques une réponse à leurs besoins de services financiers ;

▶ Parmi les entreprises, seules les grandes entreprises et une partie des moyennes entreprises trouvent auprès des banques une réponse à leurs besoins de crédits productifs.

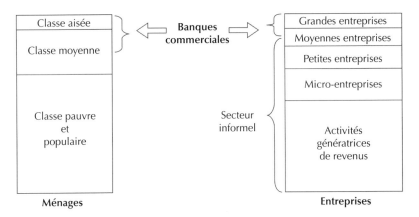

L'absence de services financiers
en République démocratique du Congo (RDC)[1]

La RDC, deuxième pays par la surface en Afrique subsaharienne, émerge de plus de 15 années de guerre et de crises économiques.

L'offre bancaire y est extrêmement limitée, en proportion du dynamisme et du potentiel économique du pays (depuis 2004, le taux d'expansion de l'économie est supérieur à 6 %).

Les douze banques commerciales actives dans le pays n'offrent pas de service de banque de détail à la population – leurs prêts ne sont accessibles qu'au secteur étatique et à quelques grandes entreprises, principalement en dollars US, et à court terme (moins de six mois). Le système bancaire est dans son ensemble sous-capitalisé et financièrement très fragile.

On estimait en 2007 à 60 000 le nombre de comptes bancaires dans le pays (incluant les comptes entreprises), pour une population évaluée à 62 millions : le pourcentage de Congolais ayant ouvert un compte bancaire n'est donc, au plus, que de 0,01 %. À titre de comparaison, ce pourcentage dépasse les 90% en France ou en Allemagne, pour les seuls particuliers.

Dans un tel contexte, la microfinance tout juste émergente connaît une croissance fulgurante : à fin 2007, la Banque centrale estimait que la microfinance desservait 157 000 clients, contre 57 000 seulement à fin 2006 ! ProCredit Bank, leader du secteur créé en 2005, représente déjà un tiers des comptes bancaires du pays.

Il ne s'agit pas de porter un jugement moral sur ce constat, mais de comprendre les raisons *objectives* qui séparent les banques de la majorité des particuliers et des entreprises dans les PED :

▶ **Les conditions géographiques** : dans de nombreuses zones rurales, on ne trouve tout simplement pas de banque commerciale. La difficulté d'accès, la faible densité et le niveau d'activité peu élevé dissuadent les banques d'y ouvrir une agence. En zone urbaine, certains quartiers populaires sont également délaissés par les banques car

1. Jennifer Isern, Tiphaine Crenn, Laurent Lhériau, Roger Masamba, *Diagnostic du cadre réglementaire et politique sur l'accès aux services financiers en République démocratique du Congo (RDC)*, avril 2007 : http://www.lamicrofinance.org/content/article/detail/20325.

elles n'y voient pas de potentiel pour les activités qu'elles ont l'habitude de financer. Dans 50 *favelas* de São Paolo (Brésil) où vivent deux millions d'habitants, on ne compte qu'une agence bancaire pour 100 000 habitants (40 fois moins qu'en France) ;

▶ **Les coûts de transaction** sont trop élevés pour des prêts de montants aussi petits que ceux dont a besoin la majorité des particuliers et des entreprises. Par *coûts de transaction*, on désigne l'ensemble des frais que la banque et le client doivent engager entre le moment où la demande de service financier est formulée et le moment où l'opération est réalisée, hors coûts financiers comme le taux d'intérêt. Si des coûts de transaction existent pour tous les types de services financiers, ils sont particulièrement importants dans le cas de l'octroi d'un prêt :

   – Du côté de la banque, les coûts de transaction incluent les frais occasionnés par l'ouverture d'un dossier, l'étude du risque, le temps consacré à des entretiens avec l'emprunteur... Ces coûts sont en grande partie des coûts fixes, c'est-à-dire que leur montant n'est pas lié au montant du prêt. Or un petit prêt ne générera que des revenus d'intérêt modestes. Les petits prêts ne sont donc pas rentables pour une banque dont les procédures sont prévues pour des prêts de montants plus importants ;

   – Du côté du client, les coûts de transaction incluent la préparation des documents nécessaires pour une instruction de son prêt – documents souvent inexistants dans une économie informelle – les frais de dossier qui lui sont facturés, le coût des déplacements à la banque, souvent éloignée et, enfin, le coût d'opportunité du temps passé à demander son prêt et à attendre la réponse de la banque, un temps qu'il aurait pu employer à des activités rentables.

▶ **Les garanties** : les banques exigent des garanties matérielles pour accorder un prêt. Or la majorité des familles et des petites entreprises ne peuvent en présenter. Même dans le cas où des particuliers seraient propriétaires de terrains qu'ils souhaiteraient apporter en garantie, l'absence de titres de propriété des terres dans de nombreux pays en développement (ou leur caractère purement symbolique) rend les banques extrêmement méfiantes. La difficulté, en l'absence d'un système judiciaire efficace, d'obtenir la saisie d'un bien apporté en garantie en cas de défaut de remboursement renforce encore cette méfiance.

▶ **Enfin, la distance est trop grande entre la mentalité des familles et des entrepreneurs, d'une part, et le formalisme des banques, de l'autre.** La différence culturelle entre des individus habitués aux solutions simples et immédiates et des institutions pour lesquelles le respect des procédures est la règle d'or conduit à une méfiance réciproque. Que l'on songe simplement au fait que bien des micro-entrepreneurs sont illettrés : cela ne les empêche pas de se débrouiller en affaires, mais à coup sûr les rend incapables de traiter avec une banque… En définitive, la banque n'envisage même pas les micro-entrepreneurs du secteur informel comme des clients potentiels ; réciproquement, ces derniers, dans la banque, voient tout sauf un partenaire efficace pour leurs affaires.

À l'issue de ce premier chapitre, le constat est clair :

▶ Nous avons, d'un côté, un besoin massif de la part de centaines de millions de familles et d'entrepreneurs d'accéder à des services financiers ;

▶ De l'autre, un secteur financier formel dont l'offre n'est pas du tout adaptée à cette demande ;

▶ Et, enfin, un secteur financier informel qui a le mérite d'exister et de répondre à certains besoins, mais dont les limites sont évidentes.

Chapitre 2

Des services
adaptés à cette demande

Le développement de la microfinance a permis de mettre au point des produits financiers adaptés aux personnes exclues des services bancaires classiques.

Des organisations spécialisées dans la mise en place de ces services ont été créées : les institutions de microfinance (IMF). Elles ont d'abord adapté avec succès des produits simples, assez standards, d'épargne et de crédit. L'arrivée à maturité du secteur et la volonté de fidéliser des clients souvent plus exigeants poussent aujourd'hui les IMF à innover davantage et à diversifier leurs services (assurance, transferts de fonds).

L'objectif de ce chapitre est de faire un tour d'horizon de ces différents services et produits développés depuis trente ans par les praticiens de la microfinance et de montrer pourquoi et comment ils sont adaptés à la demande des clients[1].

---

1. Une partie de ce chapitre s'appuie sur l'ouvrage de Joana Ledgerwood, *Manuel de microfinance*, Éditions Banque Mondiale, 1998.

Le crédit solidaire

La Grameen Bank

La création de la Grameen Bank au Bangladesh en 1976 est souvent considérée comme l'acte fondateur de la microfinance moderne. En réalité, comme il a été exposé en introduction, des systèmes financiers reposant sur la solidarité existaient bien auparavant. Mais Mohamad Yunus, fondateur de la Grameen Bank, a popularisé avec un impact médiatique nouveau le fait qu'il était possible, et rentable, de prêter aux pauvres en s'appuyant sur deux idées révolutionnaires :

▶ Les pauvres à qui l'on propose des crédits adaptés les remboursent bien. Les pauvres auront même tendance à rembourser mieux que les riches car l'accès à de nouveaux crédits est pour eux vital, et ne pas rembourser reviendrait à y renoncer ;

▶ Une institution financière s'adressant aux pauvres peut être viable en compensant des coûts de transaction importants (par rapport aux montants prêtés) par un taux de remboursement proche de 100 %, et des taux d'intérêt plus élevés que les banques.

Au-delà de ces deux principes fondamentaux, le succès de la Grameen Bank s'est forgé sur une méthodologie d'octroi de crédit qui était une réelle innovation à l'époque. Cette méthodologie est communément appelée *crédit solidaire* ou *crédit de groupe*.

Le premier produit de crédit solidaire de la Grameen Bank

Son principe est à la base très simple : pour compenser l'absence de garantie matérielle, les emprunteurs se constituent en groupes de cinq personnes et se portent « caution solidaire » : si un des membres du groupe ne rembourse pas son crédit, les autres devront rembourser à sa place. La méthodologie de crédit solidaire mise au point à la fin des années soixante-dix et au début des années quatre-vingt est restée en vigueur dans la Grameen Bank jusqu'en 2001. En voici les principales caractéristiques[1] :

---

1.   Voir notamment Maria Nowak, *On ne prête (pas) qu'aux riches*, Jean-Claude Lattès, 2005.

- **Emprunteurs :** la Grameen Bank s'adresse presque exclusivement aux femmes pauvres dans les zones rurales à forte densité du Bangladesh ;
- **Groupes :** les prêts sont octroyés à titre individuel mais les emprunteurs doivent se constituer en groupes de caution solidaire de cinq personnes ;
- **Caution solidaire :** en cas de défaillance de l'un des membres du groupe, les autres membres doivent le rappeler à ses obligations et, le cas échéant, se substituer à lui. Tant que le groupe n'a pas remboursé l'ensemble des prêts octroyés, aucun de ses membres ne peut obtenir de nouveau prêt ;
- **Pas de garanties physiques :** grace à la caution solidaire, les emprunteurs n'ont pas besoin de présenter une garantie physique (titre de propriété, par exemple) pour obtenir un crédit. C'est un élément essentiel pour toucher des ménages pauvres ;
- **Renouvellement et montant des octrois :** les prêts sont renouvelés à chaque échéance sur la base d'un montant croissant. Les premiers prêts sont d'un montant faible (quelques dizaines d'euros) et augmentent à chaque renouvellement. La croissance du montant octroyé est d'autant plus rapide que l'historique de paiement d'un client et de son groupe est bon ;
- **Durée et remboursement :** tous les prêts sont octroyés sur une période d'un an, avec une échéance hebdomadaire fixe (intérêt hebdomadaire, plus une part du capital) ;
- **Épargne :** les clients doivent verser, à chaque crédit octroyé, 5 % du montant en épargne obligatoire. Ces montants versés se cumulent et sont bloqués. Ils ne sont restitués, partiellement, que quand la cliente décide de ne plus emprunter auprès de la Grameen ;
- **Autres conditions :** les emprunteuses doivent adhérer à une charte en 16 points, qui rappelle les principes de la caution solidaire mais inclut aussi des engagements plus généraux sur leur mode de vie[1].

Ce premier produit de crédit solidaire de la Grameen se caractérisait par une forte standardisation : durée et mode de remboursement fixes, évolution automatique et rigide des montants empruntés.

---

1. La charte inclut, par exemple, la limitation du nombre de naissances par femme ou le refus de verser une dot pour le mariage de l'une de ses filles. Cette charte, pensée dans un but d'émancipation des femmes, à replacer dans le contexte du Bangladesh, est une spécificité souvent critiquée de la Grameen Bank, car contraignante.

Les principes de base hérités de la Grameen

Grâce aux succès opérationnels et médiatiques de la Grameen Bank, le « crédit solidaire » a servi de matrice à beaucoup d'initiatives de micro-crédit dans le monde. Le produit a été bien évidemment adapté et transformé mais quelques principes de base restent généralement appliqués :

▸ **Les montants des crédits octroyés restent limités,** en général en dessous du PIB par habitant du pays (avec de forts écarts selon les pays : le PIB par habitant est de 2 682 dollars pour la Colombie, 440 pour le Cambodge ou 244 pour le Niger[1]). Pour des montants de prêts plus élevés, le principe même de la caution solidaire serait en effet remis en cause : au-delà d'un seuil donné, les membres d'un groupe ne se sentent plus liés par la solidarité ;

▸ **Les prêts sont renouvelés avec des montants croissants.** C'est un principe de base de la microfinance, qui dépasse d'ailleurs le cadre du simple crédit solidaire. L'assurance d'obtenir rapidement un nouveau prêt d'un montant plus important crée pour le client une incitation au remboursement. Cette incitation est d'autant plus importante au moment des premiers cycles de prêt, quand le client n'est pas encore familier avec la logique contractuelle du crédit solidaire. Ainsi, les premiers prêts sont en général d'un montant faible, permettant à l'IMF de tester ses clients, et augmentent de façon plus ou moins rapide au fur et à mesure des cycles de prêt ;

▸ **La durée des crédits est courte,** en général inférieure à un an. Cette durée est souvent adaptée à des prêts de montants faibles, destinés à de très petites activités ; c'est aussi une condition pour que le principe précédent de renouvellement croissant des prêts soit réellement efficace ;

▸ **Les taux d'intérêt sont élevés,** fréquemment supérieurs à 3 % par mois. Ils restent bien inférieurs à ceux des prêteurs informels. Ils permettent à l'institution de microfinance de couvrir ses coûts (voir chapitre 11, pages 219 et 232).

▸ **Les remboursements sont fréquents et suivis avec rigueur.** Les remboursements ou paiements d'intérêts sont souvent hebdomadaires ou mensuels. Les montants d'échéance sont donc faibles en valeur absolue, et ainsi plus faciles à mobiliser pour les emprun-

---

1. PNUD, *Rapport Mondial sur le Développement Humain 2008* (chiffres de 2005).

teurs. Par ailleurs, l'institution peut réaliser un suivi très serré des remboursements ; l'expérience montre que la rapidité de réaction de l'IMF, en cas de retard de remboursement, est tout à fait fondamentale dans la résolution du problème ;

▶ **La connaissance de l'emprunteur et de sa moralité compte plus que l'étude du dossier de prêt.** Dans un environnement informel, les techniques « classiques » d'analyse des crédits, comme l'étude de l'utilisation du prêt ou l'analyse des flux monétaires de l'emprunteur, sont peu fiables car les informations sur le projet de l'emprunteur sont difficiles à vérifier. Elles sont également trop coûteuses à rassembler, en comparaison des faibles montants prêtés. La réputation, l'honnêteté et l'intégration du client dans sa communauté sont, en revanche, des informations essentielles ;

▶ **L'usage du crédit est généralement assez libre.** En général, il sert à financer une activité productive (fonds de roulement ou, plus rarement, investissement), mais dans beaucoup de cas le choix de l'usage du crédit est laissé à l'emprunteur ;

▶ **L'institution de microfinance va vers ses clients (et non l'inverse).** La microfinance propose des services de proximité, marquant là aussi une vraie rupture avec les pratiques des banques. Les agents de crédit sillonnent les villages ou quartiers pour rencontrer les clients, les connaître, les suivre, parfois aussi pour débourser les crédits ou récupérer les échéances dues.

Les avantages du crédit solidaire

Le crédit solidaire a été largement repris et adapté par les IMF, en raison de nombreux avantages :

▶ **Des taux de remboursement proches de 100 %.** La caution solidaire peut en effet jouer à deux niveaux :

– *A priori*, sur la sélection des groupes. Les membres d'une même communauté savent, mieux que n'importe quel agent de crédit, lesquels d'entre eux risquent de ne pas rembourser. À la constitution d'un groupe, les clients à risque (joueurs ou « mauvais payeurs », par exemple) sont écartés car ils sont susceptibles de mettre en cause l'accès au crédit du groupe ;

– *A posteriori,* en cas de difficulté d'un des membres. Les dynamiques créées par la solidarité de groupe sont souvent efficaces. D'une part, la pression sociale fait que chaque client rembourse bien car aucun des membres ne veut être celui qui pénalise les autres sans raison valide. D'autre part, quand un retard de remboursement au sein du groupe est considéré comme justifié par les membres du groupe, ceux-ci peuvent se substituer à celui qui est en difficulté pour éviter que l'ensemble du groupe ne soit exclu de l'accès au crédit.

Si elle est adaptée au contexte local, la méthodologie de crédit solidaire permet ainsi d'obtenir des taux de remboursement excellents ;

▸ **Le crédit solidaire permet de réduire les coûts de transaction.** Pour chaque crédit octroyé, les économies se situent à deux niveaux :

– *La sélection des emprunteurs :* l'auto-sélection décrite plus haut, combinée ou non à d'autres formes d'analyse des futurs emprunteurs, permet à l'organisation qui octroie les crédits d'économiser une bonne partie des coûts d'instruction d'un dossier ;

– *La gestion et le suivi du prêt :* pour l'IMF, gérer un groupe comme étant un seul « client » peut être plus simple et moins coûteux que de suivre les crédits individuels de chacun des membres de ce groupe. Ces économies se font surtout au niveau administratif, mais aussi parfois sur le point opérationnel : dans certains cas, les remboursements ou les décaissements sont même centralisés par un membre du groupe qui s'occupe de répartir ou récolter les échéances des autres membres. Cela allège d'autant la charge de l'agent de crédit ou du caissier (mais comporte des risques de fraudes).

Cette réduction des coûts de transaction par crédit octroyé se traduit par une productivité des agents de crédit souvent élevée. Dans le cas d'AMRET[1], un agent de crédit solidaire suit ainsi en moyenne un portefeuille de plus de 600 clients[2] ;

---

1. Rappelons qu'AMRET est une IMF cambodgienne qui sert de « fil rouge » tout au long de cet ouvrage (voir page 30).
2. À titre d'illustration complémentaire, un agent de crédit gère environ 450 clients à la Grameen Bank.

▶ **La constitution de groupes de caution solidaire peut avoir enfin un rôle social positif.** La solidarité face aux obligations de crédit peut permettre de créer des liens qui dépassent le cadre du simple crédit. L'étude de suivi de clientèle réalisée par AMRET en 2003 montrait ainsi que 20 % des clients déclaraient avoir développé des amitiés au sein du groupe de caution solidaire.

Les limites et les risques du crédit solidaire[1]

La méthodologie de crédit solidaire présente également des limites et des risques.

L'instrumentalisation de la caution solidaire

Par définition, la caution solidaire fonctionne si la solidarité entre les membres est réelle. Il peut arriver que les agents de crédit d'une institution de microfinance, pressés par des objectifs de productivité ambitieux, ne prennent pas le temps de vérifier la réalité de cette solidarité et n'y voient qu'un simple moyen de réaliser des économies d'échelle en s'adressant à un chef de groupe plutôt qu'à de multiples individus.

Si la constitution de groupes est présentée comme une condition pour l'obtention du crédit et non comme la garantie du prêt sollicité, le risque est réel de voir des groupes se former par pure nécessité. Si la solidarité est fictive, les taux de remboursements risquent de s'effondrer aux premières difficultés.

Ce risque est encore accru lorsque, par méconnaissance du contexte ou par volonté de « répliquer » un produit qui a fonctionné dans un environnement différent, une IMF met en place des services reposant sur un schéma de solidarité inadéquat, qui ne tient pas compte du fonctionnement social préexistant ou s'y oppose.

Le manque d'adaptation aux besoins du client

Le crédit solidaire, permettant de gérer des groupes plutôt que des individus, peut favoriser une logique de « massification », l'IMF proposant un produit de microcrédit solidaire standard, simple à gérer mais pas toujours adapté aux besoins spécifiques de chaque client. Poursui-

---

1. Cécile Lapenu et Yves Fournier, *Limites et potentialités de la caution solidaire*, BIM, 2002, (http://microfinancement.cirad.fr/fr/news/bim/FichDak8cautionsol.pdf).

vant un objectif de pérennité, et donc de rationalisation de leurs coûts, beaucoup d'institutions de microfinance ont connu une croissance très rapide en s'appuyant sur cette standardisation ; parfois en perdant de vue peu à peu la nécessité de s'adapter et d'évoluer en fonction du client.

Grameen II : un assouplissement du crédit solidaire[1]

Suite à des problèmes de remboursements assez significatifs, la Grameen Bank a lancé en 2002 une refonte ambitieuse de ses produits et de son organisation, allant vers une plus grande flexibilité. Les changements les plus nets au niveau de la définition du produit sont les suivants :

- Assouplissement général des conditions des crédits octroyés : plus grande flexibilité en termes de durée (de trois mois à plus d'un an), de mode de remboursement (possibilité de varier les échéances en fonction de la saisonnalité) ;
- Flexibilité accrue dans l'évolution des montants des prêts ;
- Assouplissement des conditions d'épargne obligatoire ;
- Possibilité de rééchelonnement du crédit selon des modalités souples ;
- Reconnaissance d'un rôle plus faible du groupe de cinq, qui n'est plus pénalisé si l'un de ses membres ne respecte pas l'échéancier.

De façon générale, l'avènement de la « Grameen II », comme a été baptisé ce repositionnement de la banque, marque la fin du groupe comme pivot du système Grameen et un renforcement de la relation directe de la banque au client.

L'augmentation du coût de transaction pour le client

La réduction des coûts de transaction et des coûts de suivi pour l'IMF se fait en réalité au détriment des clients : ceux-ci doivent en effet consacrer du temps à la constitution des groupes, à diverses réunions (paiements d'échéances, formation aux principes de la caution solidaire) et

---

1. Muhamad Yunus, *Grameen Bank II : Conçue pour offrir de nouvelles perspectives*, octobre 2002, diffusée par le *BIM* du 11 février 2003 (http://microfinancement.cirad.fr/fr/news/bim/Bim-2003/BIM-11-02-03.pdf). Voir aussi le site Internet : « http://www.grameen-info.org/ ».

au recouvrement des membres défaillants. Ce temps consacré à la gestion du groupe renchérit, de façon non monétaire, le coût réel du produit pour les emprunteurs.

Le risque d'exclusion des plus vulnérables

Si l'auto-sélection permet d'exclure *a priori* les mauvais payeurs, des études ont démontré que ce mécanisme peut également laisser de côté les plus vulnérables.

La difficulté d'accompagner le développement des clients

En raison des montants limités et progressifs et des durées courtes et standardisées des crédits, l'accès au crédit solidaire peut permettre à un emprunteur de développer son activité mais seulement jusqu'à un certain point, et en général au même rythme que les autres membres de son groupe de caution solidaire. Ceci pénalise les clients les plus entrepreneuriaux.

Conclusion : la nécessaire adaptation à l'environnement du crédit solidaire

La méthodologie de la Grameen Bank a été développée dans le contexte particulier du Bangladesh, caractérisé notamment par une forte densité de population. Plaquer cette méthodologie dans des régions différentes (par exemple, dans des zones à faible densité) est généralement peu efficace. L'adaptation du produit de crédit solidaire à l'environnement est un impératif. En particulier, **la notion de « solidarité » entre emprunteurs doit tenir compte des modes de solidarité déjà présents au sein des communautés locales.** Il faut prendre en considération, par exemple, le degré de cohésion et d'entraide existant, la capacité d'organisation des groupes, ou encore l'existence ou non d'un leadership local fort.

Avec le temps et dans des contextes différents, la notion de « groupe solidaire » a ainsi largement évolué, loin de la notion assez rigide de « groupe de cinq », d'ailleurs remise en cause avec l'avènement de la « Grameen II ». La taille du groupe de caution solidaire peut ainsi varier. Les groupes peuvent aller de 5 à 10 membres pour les institutions de microfinance appliquant une méthodologie proche de la Grameen Bank. D'autres organisations s'appuient sur des groupes plus importants, de 20 à 50 membres parfois, et accordent des crédits au groupe lui-même plutôt qu'aux individus[1]. Dans beaucoup d'organisations présentes en milieu rural, comme pour AMRET, le niveau de solidarité joue au niveau du village avec une forte implication des leaderships locaux.

AMRET : un exemple d'adaptation du crédit solidaire

Le microcrédit solidaire est le principal produit proposé par AMRET. Ce produit présente des similarités importantes avec le produit classique de la Grameen, mais aussi des particularités adaptées au contexte cambodgien.

Le crédit solidaire d'AMRET est fondé à l'origine sur des groupes « classiques » de caution solidaire de cinq individus, comparables aux groupes de la Grameen : en cas de non-remboursement d'un des membres, tout le groupe est privé de nouveaux prêts.

S'appuyant sur l'esprit de solidarité propre à chaque chaque village et sur l'existence d'un leadership généralement respecté, AMRET a ajouté un deuxième niveau de solidarité : si un groupe n'a pas remboursé à la fin d'un cycle, c'est tout le village qui est privé du nouveau cycle de crédit. Pour gérer ce niveau de solidarité villageoise, un « comité de village » de deux membres est élu par les emprunteurs. Ce comité a pour charge d'assurer la logistique des décaissements et remboursements (mise à disposition de locaux, convocation des emprunteurs le jour fixé, la collecte restant assurée par un agent d'AMRET). Les deux membres du comité sont intéressés financièrement au bon déroulement du cycle.

Le produit de crédit solidaire d'AMRET se distingue également du produit Grameen par les conditions de décaissement et de remboursement : pas d'épargne obligatoire, remboursement du capital à la fin du prêt (pour mieux s'adapter aux rythmes agricoles) et paiement mensuel des intérêts. La notion de « cycle de crédit » a été assouplie (possibilité de remboursements anticipés ou de réaliser plusieurs petits crédits pendant la durée du cycle).

---

1. C'est le cas, par exemple, de banques en Inde qui prêtent à des groupes de solidarité élargis (les Self Help Groups), souvent créés et chapeautés par des ONG locales (voir encadré page 140). La méthodologie développée par l'ONG Finca International s'appuie également sur des groupes de solidarité villageois regroupant plusieurs dizaines d'emprunteurs.

Les principes de base présentés plus haut sont pour le reste respectés (montants octroyés faibles, progressivité des octrois, durée du prêt inférieure à un an).

Groupe solidaire de quatre clientes d'AMRET recevant leur crédit

Le crédit individuel

Le crédit solidaire présente des limites importantes dans certains contextes. Les IMF ont donc tenté très tôt de décliner le microcrédit au singulier en faisant appel au crédit individuel, crédit octroyé à une personne et non à un groupe.

Le crédit individuel, qu'il soit octroyé par une banque ou une IMF, est accordé en se fondant sur la capacité du client à présenter à l'institution financière des garanties de remboursement et un certain niveau de sécurité. Les IMF ont su adapter cette méthodologie aux caractéristiques de l'environnement informel dans lequel évoluent leurs clients. C'est cette capacité à lier les deux démarches, la logique contractuelle du secteur formel et la logique plus souple du secteur informel, qui a permis aux institutions de microfinance de toucher des populations que les banques n'avaient pu jusqu'alors servir.

En amont de l'octroi, l'importance de l'instruction du dossier

Contrairement au crédit solidaire, dans le cas du crédit individuel l'institution de microfinance est directement en charge de la sélection de ses clients. Le crédit individuel porte généralement sur un projet d'investissement précis (financement du fonds de roulement ou investissement physique). L'analyse des dossiers de crédit, d'une part, et des garanties présentées par le client d'autre part, sont donc fondamentales.

L'analyse de la pertinence du projet d'investissement et de la capacité de remboursement

La capacité de remboursement du client dépend d'abord de la pertinence de son projet d'investissement. Il faut que le projet financé soit rentable (c'est-à-dire que son taux de rentabilité soit supérieur au taux d'intérêt du crédit) et que les flux de revenus du client soient compatibles avec le rythme de remboursement du crédit. Par exemple, si l'objet du financement est l'achat de semences et d'engrais dans le cadre d'une campagne agricole, il faut que le crédit dure au moins le temps de cette campagne et que le capital du prêt soit remboursable, au plus tôt, après la récolte (c'est-à-dire, en général, presque un an plus tard). Inversement, le financement du fonds de roulement d'un commerçant sur un marché peut être court et les remboursements progressifs car les revenus sont réguliers.

Au-delà du projet d'investissement financé, il faut généralement compléter l'instruction du dossier par **une analyse plus globale du budget familial** : quelles sont les dépenses récurrentes ou exceptionnelles, les revenus des autres activités du foyer, les dettes déjà contractées et devant être remboursées ?

Cette analyse est finalement celle que pratique tout banquier avant d'octroyer un prêt. La tâche des institutions de microfinance est néanmoins plus difficile car elles ne disposent ni des mêmes outils, ni surtout de la même information, la plupart des clients de la microfinance ne tenant pas de comptabilité.

Si les IMF accordent des crédits individuels, c'est qu'elles ont réussi à adapter ces procédures d'analyse : les fiches à remplir ont été simplifiées, le traitement de l'information est rapide. Les agents de crédit responsables de l'instruction du dossier reconstituent des éléments financiers (bilan, compte de résultat, flux de trésorerie…) sur la base de questions qu'ils posent directement au client ; ils sont capables, par leur formation et leur connaissance de la clientèle, d'interpréter les réponses et de juger de leur fiabilité. Ainsi, les agents de crédit connaissent, par exemple, le taux de marge des principales activités financées. Les plus expérimentés peuvent juger le niveau d'activité réel d'un commerce en étudiant son stock et son cahier de recette (comptabilité minimale souvent tenue par les commerçants). Par exemple, si ce cahier est un peu trop neuf et pas assez usé, il sera regardé avec suspicion.

Extrait d'un dossier de crédit de l'IMF ACEP Cameroun

La page suivante est extraite d'un dossier de demande de crédit de l'IMF ACEP Cameroun. Armandine Mokam, qui sollicite un prêt de 450 000 francs CFA[1] (685 euros), tient un salon de coiffure qui fait office également de petit commerce.

L'agent de crédit chargé de son dossier a reconstitué son compte de résultat et son bilan :

- Elle réalise un chiffre d'affaires mensuel de 800 000 FCFA, qui lui permet de dégager une marge brute de 240 000 FCFA (30 %) ;
- Après avoir payé ses frais de personnel, son loyer et ses autres charges il lui reste 177 000 FCFA par mois ;
- Ses charges domestiques représentent 80 000 FCFA par mois, laissant à disposition 97 000 FCFA de bénéfices.

En remboursant les 450 000 FCFA empruntés sur 12 mois, Armandine devra payer 12 échéances de 43 500 FCFA. Ses 97 500 FCFA d'excédent mensuels devraient lui permettre de faire face à cette échéance.

En termes de bilan, Armandine a un actif de 1,3 million FCFA, constitué à plus de 50 % par son stock de marchandises. Elle dispose également d'une épargne de 300 000 FCFA et n'est pas endettée.

À titre personnel, elle possède une maison estimée par l'agent de crédit à deux millions de francs CFA.

L'ensemble de ces chiffres a été estimé par l'agent de crédit, sur la base des questions qu'il a posées à Armandine.

---

1. 100 francs CFA équivalent à 1 franc français ou 0,15 euro.

IV. ETUDE FINANCIERE

4.1 - COMPTE D'EXPLOITATION

Du ... 1er octobre ... au ... 31 octobre 2001 .... (mois examiné)

Ventes	800 000	FCFA
Coût d'achat des matières premières ou des marchandises vendues	560 000	FCFA
Marge Brute	240 000	FCFA 30 %

Charges d'exploitation :

Frais du personnel	20 000	FCFA
Eau + Electricité	3 000	FCFA
Impôts et taxes		FCFA
Carburant		FCFA
Transport	6 000	FCFA
Loyer	30 000	FCFA
Téléphone	5 000	FCFA
Autres		FCFA
		FCFA
		FCFA

TOTAL DES CHARGES .... 63 000 FCFA

Résultat net sur la période .... 177 000 FCFA 22 %

Charges domestique (= Apports - Charges) .... 80 000 FCFA

Résultat net après charges domestiques .... FCFA

Montant de l'échéance ACEP : .... 43 500 FCFA

Ventes des 3 derniers mois (mois par mois; en commençant par le mois le plus ancien):

Mois	Ventes	700	FCFA
Mois	Ventes	800	FCFA
Mois	Ventes	800	FCFA

4

4.2 BILAN

Date du bilan : 08/11/2001

Bilan de l'entreprise   Bilan Personnel

Actif
(mettre toutes les dettes et l'épargne dans le bilan entreprise)

Immobilisations (a)		
Terrain (s)		
Construction		
Equipements	210 000	2 000 000
Véhicules		
Autres		

Actifs Circulants (b)		
Stocks de marchandises	650 000	
Stocks Produits finis		
Stocks M. Premières	400 000	
Clients		
Valeurs disp.	300 000	
Autres		

TOTAUX ACTIF (a + b)   1 300 000   2 000 000

Passif

Capitaux Permanents (c)		
Capitaux Propres	1 300 000	
Dettes à Long Termes		

Dettes à Court Termes : (d)		
Fournisseurs		
Portion exigible (DLT)		
Créditeurs Divers		
Autres		

TOTAUX PASSIF (c + d)   1 300 000   2 000 000

4.3. ANALYSE DES RATIOS

Total dettes : .... FCFA

Total épargne (limites comprises) : .... 300 000 FCFA

Solde (Epargne - dettes) : .... 300 000 FCFA

a) Commerce

Nombre de jours de stock disponible = $\dfrac{\text{Stock marchandises} \times 30}{\text{Coût achat M/ses vendues}}$ = 1 Jours

b) Production

Nombre de jours de stock disponible = $\dfrac{\text{Stock matières premières} \times 30}{\text{Coût achat des mat. 1ère utilisées}}$ = 1 %

5

Les garanties

La garantie matérielle est centrale dans le cas du crédit individuel. Elle constitue une sécurité indispensable si le client ne peut ou ne veut pas remplir ses obligations, en l'absence cette fois de pression sociale directe. L'exercice de la garantie physique constitue, de fait, la seule sanction réelle et immédiate en cas de non-remboursement.

Dans les pays du Sud, il est souvent impossible pour les clients des IMF de fournir des garanties matérielles classiques, de type biens immobiliers, terrains, machines ou autres immobilisations. C'est d'autant plus vrai que les titres de propriété, notamment des biens immobiliers, n'ont pas toujours une valeur réelle dans des pays où les cadastres et registres de propriété peuvent être inexistants ou inefficaces. Par ailleurs, même lorsque des garanties matérielles sont présentées par le client, il serait souvent long, coûteux (surtout rapporté au montant du crédit) et rarement efficace pour les IMF de les saisir en faisant appel à la justice.

Les institutions ont donc développé des formes de garantie alternatives pour pallier cette difficulté :

▶ **Les garanties physiques classiques « souples »** : les institutions de microfinance se montrent souvent flexibles sur la nature des garanties présentées. Les titres de propriété informels sont ainsi souvent acceptés. Des biens comme des meubles, une télévision, des véhicules sont souvent utilisés comme garantie. Les IMF se montrent également créatives sur le formalisme dans la prise de garantie. Les actes sont rarement notariés ou enregistrés, ce qui coûterait cher et prendrait trop de temps ;

▶ **L'épargne obligatoire** (voir p. 73) constitue une forme de garantie physique, facile à exercer par l'institution de microfinance. Concrètement, pour obtenir un crédit, le client doit déposer un montant donné, qui sera bloqué jusqu'au remboursement final du crédit. Ce dépôt, souvent rémunéré, est restitué au client à la fin de l'emprunt, jouant ainsi le double rôle de garantie pour l'IMF et d'épargne pour le client ;

▶ **Les garanties morales** sont aussi très importantes. Elles sont de plusieurs natures :

– **La garantie de moralité de l'emprunteur** : vérifiée avant la décision d'octroi, elle est le fruit de l'investigation de l'agent de crédit qui s'adresse à plusieurs personnalités de la communauté pour estimer la réputation et la moralité de l'emprunteur ;

– **Les garanties personnelles de tiers** : l'emprunteur présente un ou plusieurs garants qui s'engagent à se substituer à l'emprunteur en cas de défaillance.

Pour compléter ces garanties, les IMF mettent en place des incitations fortes au remboursement :

▶ **L'incitation négative** (menace) peut être très efficace. En fonction du contexte, l'exemplarité d'actions en justice poussées à leur terme (saisie, voire emprisonnement), ou tout simplement la menace de la publicité d'une défaillance auprès de la communauté dont est issu un emprunteur (avis dans les journaux locaux, annonce lors de réunion de membres) peuvent être des incitations fortes au remboursement ;

▶ **L'incitation positive** fonctionne sur le principe déjà évoqué précédemment de la possibilité de renouvellement rapide du crédit pour un montant plus important que le précédent si ce dernier est remboursé sans problème.

En conclusion, les IMF essaient, de façon pragmatique et souple, de mettre en place un faisceau de garanties, dont beaucoup ont une valeur psychologique. La complémentarité des garanties et leur adaptation au contexte informel permettent d'assurer de bons taux de remboursement.

Les conditions de garanties de Banco ADEMI[1]

Banco ADEMI (Association for the Development of Micro-entreprises) est une institution de microfinance créée il y a plus de 25 ans et basée en République Dominicaine. À la fin de l'année 2007, elle servait 50 000 emprunteurs et gérait un portefeuille de prêts d'environ 120 millions de dollars.

Banco ADEMI a développé une méthodologie de crédit individuel qui s'adresse aux micro-entreprises, en milieu urbain principalement. Les crédits sont octroyés sur une période de 10 à 34 mois, pour des montants allant de 1 000 à 10 000 dollars.

---

1. Joana Ledgerwood, *Manuel de microfinance*, Éditions Banque Mondiale, 1998 ; voir aussi : « http://www.mfnetwork.org/members/banco_ademi.html ».

L'institution utilise une combinaison de plusieurs types de garantie pour sécuriser ses crédits :

- La quasi-totalité des emprunteurs doivent présenter en garantie des biens immobiliers ou du matériel. L'institution estime néanmoins que dans 80 % des cas, les garanties physiques représentent moins de 30 % du montant prêté par l'institution ;
- La plupart des emprunteurs ont un garant qui prend la responsabilité de se substituer au client, si ce dernier est dans l'incapacité de rembourser son crédit ;
- Parfois il est demandé aux garants de fournir une garantie matérielle au nom de l'emprunteur ;
- Enfin, les agents de crédit s'assurent de la moralité de l'emprunteur potentiel en menant une analyse de sa réputation dans son entourage (commerces, famille…). Cette analyse est d'autant plus poussée que les garanties physiques sont faibles.

Ces prises de garanties viennent compléter une analyse des capacités de remboursement du client, sur la base d'états financiers reconstitués.

En aval de l'octroi : le suivi du dossier

Dans le cadre du crédit individuel, le suivi du bon déroulement du prêt est aussi important que l'analyse précédant l'octroi ; ce suivi implique un contact fréquent entre l'institution et son client, avec des visites régulières. Les remboursements ou paiements d'intérêts sont fréquents (hebdomadaires ou mensuels). Comme toujours en microfinance, la rapidité de réaction en cas de retard de paiement (visite sur place de l'agent de crédit et/ou de son superviseur) est cruciale pour le maintien d'un bon taux de remboursement.

Points communs et complémentarité par rapport au crédit solidaire

Les méthodologies de crédit individuel élaborées par les institutions de microfinance présentent généralement quelques principes de base en commun avec le crédit solidaire :

- Le renouvellement quasi systématique des crédits avec des montants d'octrois croissants, créant pour le client une forte incitation au remboursement ;

▶ L'importance de l'analyse de la moralité et de la réputation de l'emprunteur, assurée, dans un cas, par l'agent de crédit, déléguée de fait au groupe, dans l'autre ;

▶ Les garanties proposées, qui présentent dans les deux cas un caractère en partie psychologique, doivent être adaptées au contexte ;

▶ Un suivi régulier et un service de proximité pour le client.

Le crédit individuel est souvent considéré comme bien adapté à une clientèle de micro-entrepreneurs en milieu urbain, pour trois raisons :

▶ La forte densité de population permet aux agents de crédit de suivre un plus grand nombre de clients ;

▶ Les mécanismes de solidarité endogène sur lesquels repose le principe de la caution solidaire peuvent être émoussés en milieu urbain, auprès d'une population d'implantation récente et hétérogène ;

▶ Les montants des crédits octroyés en milieu urbain sont généralement plus importants que ceux octroyés en milieu rural : le coût de la vie est plus élevé, les opportunités plus nombreuses et les possibilités d'investissement souvent plus larges. Ces montants octroyés plus importants sont à la fois une limite pour le crédit solidaire (voir précédemment) et une opportunité pour le crédit individuel : celui-ci demande de la part des agents de crédit un travail, et donc un coût pour l'institution de microfinance, plus conséquent. Il est nécessaire d'amortir ces coûts supplémentaires sur des montants plus importants, sauf à augmenter considérablement le taux d'intérêt facturé.

Dans beaucoup de cas, crédit solidaire et crédit individuel sont complémentaires. Beaucoup d'institutions de microfinance offrent les deux produits : elles proposent souvent aux clients d'accéder d'abord au crédit solidaire. Au fur et à mesure, la relation de confiance se tisse entre l'institution et son client et les montants octroyés augmentent. Les meilleurs clients se voient proposer, à terme, de basculer vers le crédit individuel, permettant à l'institution de continuer à accompagner son client dans son développement en lui proposant des montants plus importants.

Ce système a l'avantage non négligeable pour l'institution de microfinance de lui permettre d'accorder des crédits individuels, produit par nature plus risqué que le crédit solidaire, à des clients qu'elle connaît déjà et qui ont montré leur capacité à rembourser plusieurs crédits. Ce système implique cependant de bien définir la frontière entre crédit solidaire et crédit individuel, ce qui n'est pas toujours facile.

Une étude récente[1] menée aux Philippines comparant, pour une IMF, les taux de remboursement de clients en groupes solidaires à ceux des clients engagés sur leur seule responsabilité individuelle, a démontré que les meilleurs résultats étaient obtenus lorsqu'après un premier cycle de caution solidaire (permettant une sélection des emprunteurs moins risqués), les clients étaient autorisés à emprunter à titre individuel.

Avantages et limites du crédit individuel

Le crédit individuel présente pour le client, comme pour l'IMF, des atouts indéniables :

▶ **La relation est directe entre le client et l'institution**, ce qui peut permettre à l'institution de mieux comprendre ses besoins et de mieux mesurer son risque ;

▶ **Le crédit individuel peut être très flexible.** Les montants et les durées peuvent être plus facilement modulés pour répondre aux besoins des clients ;

▶ **Le crédit individuel permet d'accompagner les meilleurs entrepreneurs.** Les *success stories* de certains clients d'ACEP Cameroun en témoignent (voir le témoignage en préambule). Ces entrepreneurs créent à leur tour de l'activité et des emplois, éventuellement au profit d'individus plus pauvres.

Il présente aussi des limites :

▶ Il ne s'adresse pas aux clients les plus pauvres, les conditions d'octroi du crédit individuel incluant presque toujours des garanties matérielles ou une personne pouvant se porter garant de l'emprunteur, et les montants étant plus élevés ;

▶ En termes de nombre de clients, la productivité des agents de crédit travaillant sur du crédit individuel (typiquement, de l'ordre de 150 à 200 clients par agent de crédit, jusqu'à 300 clients dans les IMF les plus performantes) est significativement inférieure aux résultats

---

1. Kerlen D., Crine X., *Group versus indiviual liberty : a field experiment in the Philippines*, http://ideas.repec.org/p/egc/wpaper/940.html

pouvant être atteints dans le cadre du crédit solidaire (jusqu'à 700 clients par agent de crédit pour les IMF les plus performantes). Cependant, cela est compensé par des montants moyens plus importants dans le cadre du crédit individuel.

Crédit solidaire	Crédit individuel
Principes communs	
• Renouvellement de prêts de montants croissants • Importance dans la décision d'octroi de l'analyse de la moralité et de la réputation de l'emprunteur • Rôle en partie psychologique des garanties • L'IMF va vers le client (service de proximité) • Suivi régulier des remboursements	
Garantie	
• Caution solidaire ou pression sociale au niveau du groupe	• Garantie matérielle et/ou garantie de tiers s'engageant à se substituer à l'emprunteur en cas de défaillance
Spécificités	
• Les emprunteurs se constituent en groupes solidaires, de taille variable selon les contextes • L'agent de crédit délègue de fait au groupe une partie de l'instruction du dossier (auto-sélection des membres) • Le produit est en général standardisé en termes de durée et de montant • L'usage du crédit est généralement libre • La sanction en cas de défaillance d'un des membres est le non-renouvellement des prêts pour tous les membres du groupe	• Les emprunteurs doivent présenter des garanties personnelles matérielles et de moralité • L'agent de crédit instruit le dossier de crédit en analysant plus ou moins en détails les flux de revenus du projet d'investissement financé et plus généralement la situation financière de l'emprunteur • Le produit est plus spécifiquement adapté, en termes de montant et éventuellement de durée, aux besoins du client • L'usage du crédit est souvent limité au financement d'investissements productifs • La sanction en cas de défaillance de l'emprunteur est l'exercice des garanties

Crédit solidaire	Crédit individuel
Avantages	
• La caution solidaire fonctionne *a priori*, à la constitution du groupe et *a posteriori*, en cas de défaillance de l'un des membres du groupe • Le crédit solidaire permet de réduire les coûts opérationnels par crédit octroyé • La constitution de groupe de caution solidaire peut jouer un rôle social positif	• Relation directe entre l'institution et son client, permettant une meilleure connaissance réciproque • Permet plus de flexibilité que le crédit solidaire • Permet de faire émerger et d'accompagner les meilleurs entrepreneurs
Limites / Risques	
• Risque d'instrumentalisation de la caution solidaire (solidarité fictive) • Risque d'éloignement du client • Augmentation des coûts de transaction pour le client • Possible exclusion des plus vulnérables • Impossibilité d'accompagner les clients au-delà d'un certain montant de crédit	• Exclut les bénéficiaires qui ne peuvent pas apporter de garanties matérielles • Les montants moyens octroyés sont souvent plus importants (pour compenser une productivité en nombre de clients plus faible). Le crédit individuel ne s'adresse donc généralement pas aux clients les plus pauvres
Complémentarités	
Beaucoup d'institutions de microfinance proposent les deux produits.	

L'épargne

L'épargne, un service essentiel pourtant longtemps négligé

À l'exception notable des systèmes coopératifs ou mutualistes d'épargne et de crédit sur lesquels nous reviendrons, l'épargne a longtemps été négligée par de nombreuses institutions de microfinance. Le terme « microfinance » est resté longtemps éclipsé par celui de « microcrédit », reflétant l'accent qui avait été mis sur le crédit au détriment des autres services financiers. Les raisons de la prise de conscience assez tardive de l'importance de l'épargne sont multiples :

▶ Intuitivement, le besoin d'épargne et son impact sur le niveau de pauvreté du bénéficiaire sont moins évidents : « Comment et pourquoi les pauvres épargneraient-ils ? En somme, c'est un problème de riche. » ;

▶ Pour cette raison, le déploiement de services d'épargne était moins « vendeur » pour les financeurs qui ont soutenu la microfinance ;

▶ Dans beaucoup de pays, la collecte de l'épargne est réservée aux institutions financières agréées, ce qui était le cas d'un nombre très limité d'IMF dans le monde jusqu'à une période très récente (voir chapitre 10, page 187).

▶ Pour les institutions de microfinance, mettre en place un service d'épargne exige un lourd investissement (guichets sécurisés, caissiers, système informatique…).

Pourtant, comme nous l'avons évoqué dans le chapitre 1, l'épargne est au même titre que l'accès au crédit, un service financier essentiel. Elle répond à un besoin réel des clients et peut également être utile aux institutions de microfinance par son rôle de source de financement interne. Ce dernier point sera abordé en détail au chapitre 11. Nous nous concentrerons ici sur la description des produits d'épargne proposés par les institutions de microfinance à leurs clients.

Les principaux critères de la demande des services d'épargne

Les clients de la microfinance choisissent généralement les services d'épargne sur la base de quatre critères :

▶ **La sécurité** : c'est le premier critère demandé à un produit d'épargne. Le manque de sécurité des dépôts est la principale faiblesse des services d'épargne informels de type tontines ou collecteurs d'épargne. Une étude menée en 2000 en Ouganda par MicroSave Africa montrait ainsi que 99 % des ménages ayant épargné dans le secteur informel disaient avoir subi une perte. Ce montant représentait en moyenne 22 % des montants épargnés[1] !

---

1. Graham A.N. Wright et Leonard K. Mutesasira, *Relative system risks to the savings of poor people*, Development Bulletin n° 57, février 2002.

▶ **L'accessibilité :** la possibilité d'accéder à un service d'épargne de proximité est primordiale et, bien entendu, déterminante dans des zones rurales où la distance entre le client et le guichet d'une banque ou d'une institution de microfinance peut être très importante. Certaines IMF ont ainsi développé des services de collecte d'épargne « à domicile » (par le biais d'agents qui viennent à intervalles réguliers collecter les dépôts et effectuer les retraits), ou sur les principaux marchés d'une zone rurale.

▶ **La liquidité :** pour les clients, deux besoins s'expriment souvent : d'une part, celui d'une épargne accessible et liquide, notamment en cas de problèmes familiaux ou d'opportunité d'investissement ; d'autre part, celui de produits d'épargne bloqués, qui leur permettent de soustraire une partie de leurs économies aux contingences et pressions quotidiennes.

▶ **La rémunération :** ce critère est souvent moins central que les autres dans le cadre de la microfinance. Dans des contextes où le fait d'épargner est désiré mais concrètement difficile, les clients ont même l'habitude de payer pour avoir accès à ce service (voir chapitre 1) ! Néanmoins, des taux de rémunération attractifs sont susceptibles d'attirer davantage d'épargne, notamment dans des environnements concurrentiels ou pour attirer l'épargne de populations plus aisées.

Les principaux produits d'épargne des IMF

Les institutions de microfinance peuvent proposer une gamme de produits d'épargne assez large, dont voici les principaux :

L'épargne obligatoire

L'épargne obligatoire désigne les dépôts que les emprunteurs doivent verser pour pouvoir bénéficier d'un crédit. Elle est généralement calculée en proportion du montant de crédit octroyé et doit être versée au moment de l'octroi du crédit ou même avant. Elle peut être complétée par des montants fixes collectés par l'institution de microfinance à chaque échéance de remboursement. Elle est en général accessible pour le client quand il a complètement remboursé son crédit. Cette liquidité reste néanmoins souvent théorique car les prêts sont généralement renouvelés.

Dans la plupart des cas, l'épargne obligatoire peut être considérée comme partie prenante du produit de crédit, et non comme un produit d'épargne véritable puisqu'elle est liée à l'octroi et au remboursement du prêt. Elle est souvent perçue par les clients comme une contrainte et un coût d'accès au crédit, mais elle peut aussi représenter un service apprécié si elle est mobilisable en cas de « coups durs ».

L'épargne obligatoire permet donc pour l'IMF :

▶ De mobiliser une source de financement à très bon marché (pas de coûts de collecte) et bloquée ;

▶ De créer une garantie facile à actionner ;

▶ De constituer un fonds de réserve sur le long terme, que le client pourra utiliser lorsqu'il quittera l'IMF.

Une forme particulière d'épargne obligatoire est l'épargne préalable, souvent pratiquée en Afrique dans les IMF d'inspiration mutualiste. Dans ces cas, l'accès au crédit est conditionné par le fait d'avoir épargné au préalable un montant donné qui peut représenter une part significative du montant emprunté. Ce système permet aux mutuelles, qui reposent structurellement sur une implication forte de leurs clients, de renforcer l'appropriation de l'institution par ses membres. L'épargne préalable permet également de « tester » la capacité de remboursement d'un client en donnant la possibilité d'étudier le rythme et les montants des dépôts qu'il effectue dans l'institution, avant de lui consentir un prêt. Le risque de cette forme d'épargne est d'exclure les clients pauvres et, plus généralement, tous ceux qui trouveront cette formule trop contraignante.

L'épargne volontaire bloquée

L'épargne volontaire bloquée est un dépôt à terme, c'est-à-dire un compte sur lequel l'épargne versée est bloquée pendant une durée déterminée (de quelques semaines à plusieurs années). Ce compte est souvent rémunéré, en général en fonction de la durée du dépôt.

Ce type de produit est apprécié par les IMF car il permet de planifier la gestion de la liquidité des dépôts. Cette épargne peut être « reprêtée » assez facilement aux clients de l'IMF souhaitant obtenir un crédit.

Dépôts à vue et comptes semi-liquides

Les dépôts à vue, sur lesquels le client dépose et retire de l'argent sans contrainte, sont les comptes d'épargne les plus liquides. Des mouvements trop fréquents sur des montants faibles génèrent pour l'IMF des coûts de gestion importants. Par conséquent, les IMF imposent souvent des limites au nombre de retraits par mois et un montant minimum des dépôts et retraits. En général, les comptes à vue ne sont pas rémunérés et peuvent même être payants pour le client, dans des contextes favorables à l'épargne (en Afrique de l'Ouest notamment).

Dans la plupart des pays, le recyclage des dépôts à vue en prêts à d'autres clients est très limité ou interdit par la réglementation, puisque ces dépôts peuvent être retirés à tout moment par la clientèle.

Chapitre 3

Les nouveaux produits et les services non financiers

Les enjeux de la diversification des produits

Élargir la gamme : une nécessité

Dans une première phase de développement de la microfinance, le savoir-faire des IMF est resté focalisé sur des produits faciles à gérer, en particulier le crédit solidaire. Cela a permis une certaine « standardisation », donc une croissance rapide. Une hypothèse implicite était que le client serait satisfait de tels services – puisqu'il était par ailleurs exclu des systèmes financiers formels.

Aujourd'hui, l'arrivée à maturité du secteur de la microfinance change cette donne : d'une part, les IMF matures ont une meilleure capacité à gérer des produits financiers diversifiés ; d'autre part, la concurrence naissante entre institutions pousse les IMF à vouloir davantage fidéliser leurs clients par une analyse de leurs besoins et une adaptation des produits proposés. L'abandon de certaines IMF par leur clientèle insatisfaite, phénomène observé récemment, met en valeur la nécessité d'élargir la gamme des produits pour répondre à des besoins en évolution.

Couvrir de nouveaux besoins et de nouveaux clients

Certaines clientèles (en milieu urbain, comme en milieu rural) et certaines zones géographiques sont encore insuffisamment couvertes par les IMF. La tendance naturelle à répliquer des méthodologies et « modèles » dominants dans une région a souvent conduit à focaliser les IMF existantes sur des segments de marché étroits. Ainsi, en Amérique latine, le marché rural est encore très peu couvert, alors que se développe parfois une forte concurrence entre des IMF matures ciblant les petits entrepreneurs urbains. Pour toucher des clientèles ou des zones nouvelles, il est en général nécessaire pour les IMF de faire évoluer leurs méthodes et leurs produits. Nous développerons ici quelques exemples de nouveaux produits : micro-assurance, crédit à l'habitat, transfert de fonds, services financiers à distance et nous évoquerons aussi les spécificités de la microfinance islamique[1].

Il existe par ailleurs de nombreux exemples d'autres produits validés ou en cours de test (crédit-bail, crédit stockage, produits d'épargne novateurs) qui témoignent de la capacité d'innovation des institutions de microfinance.

La micro-assurance

Le thème de la micro-assurance serait suffisamment large, complexe et intéressant pour que lui soit consacré un ouvrage spécifique[2]. Ce chapitre se bornera à donner un bref aperçu des enjeux liés à ce thème[3].

La micro-assurance : un produit complémentaire du crédit et de l'épargne

La micro-assurance répond avant tout à un besoin des populations pauvres : gérer les risques qui pèsent sur eux et face auxquels ils sont d'autant plus vulnérables que leur pauvreté est grande. Les clients des IMF utilisent d'abord les produits « classiques » de la microfinance que sont l'épargne ou le crédit pour faire face à ces risques. Par exemple, face à un problème de santé nécessitant des soins coûteux, une famille peut décider d'utiliser son épargne ou d'emprunter auprès d'une IMF pour prendre en charge cette dépense exceptionnelle. Au-delà d'un certain montant, toutefois, microcrédit et épargne s'avèrent insuffisants pour protéger la famille de risques importants. Un produit d'assurance permet alors de compléter ces stratégies : en mettant en commun ou

1. Nimrah Karim, Michael Torazi, Xavier Reille, Islamic Microfinance : An Emerging Market Niche, CGAP Focus Note n° 49, 2008.
2. Il existe d'ailleurs un ouvrage en français sur ce thème : Marc Nabeth, *Micro-assurance. Défis, mise en place et commercialisation*, Dalloz-Sirey, 2006.
3. Pour plus d'information, voir le portail anglophone très complet sur le sujet : « http://www.microinsurancecentre.org ».

« mutualisant » de petites sommes payées régulièrement par un grand nombre de personnes assurées, il devient possible de couvrir des montants importants engagés par les familles.

Du point de vue des IMF, l'intérêt de proposer des produits d'assurance est double : d'une part, cela permet de satisfaire ses clients en les protégeant mieux ; d'autre part, en réduisant leur vulnérabilité, l'IMF fait baisser leur risque d'impayés. Les premiers schémas de micro-assurance ont ainsi été développés par des institutions de microfinance soucieuses de réduire les risques de crédit en cas de décès d'un de leurs clients. Un exemple courant est le paiement par le client d'une commission alimentant un fonds d'assurance dédié, qui prend en charge les montants restant dus en cas de décès d'un emprunteur. Cette assurance, généralement obligatoire, renchérit le coût du crédit mais est souvent bien accueillie par les clients qui ne souhaitent pas transmettre leurs dettes à leurs ayants droit. C'est un produit assez facile à mettre en place pour les IMF d'une certaine taille et proposé par nombre d'entre elles.

Un nombre croissant de produits d'assurance proposés

À partir des premières initiatives d'assurance décès sur les crédits, la gamme des produits d'assurance proposés par certaines IMF s'est élargie.

Les produits d'assurance-vie développés par CARD aux Philippines[1]

À partir d'un produit simple d'assurance sur le crédit en cas de décès d'un emprunteur, l'IMF philippine CARD a développé progressivement une véritable gamme de produits autour de l'assurance-vie :

- *Loan Redemption Fund* : c'est le produit « classique ». En cas de décès de l'emprunteur, le montant restant dû est remboursé par le fonds. Dans le cas de CARD, l'assurance verse également à la famille les montants déjà remboursés sur le prêt assuré. Le coût de cette assurance est de 1,5 % par an, sur la valeur du prêt ;

---

1. Michael J. McCord and Grzegorz Buczkowski, "CARD MBA, CGAP Working Group on Microinsurance, Good and Bad Practices, Case Study n° 4", décembre 2004. Voir aussi le site Internet de CARD : http://www.cardbankph.com/.

- *Life Insurance* : versement d'une somme comprise entre 50 et 100 € en cas de décès ou d'incapacité totale et définitive d'un des membres de la famille. La prime d'assurance est de 0,075 € par semaine ;

- *Provident Fund* : c'est un produit d'assurance-vie similaire à ceux que l'on peut voir en France, beaucoup plus proche de l'épargne long terme que de l'assurance à proprement parler. Les clients versent une prime hebdomadaire de 0,075 €. À l'âge de 65 ans, ils reçoivent alors la somme des primes versées, plus des intérêts accumulés calculés au taux de 8 % par an.

Aujourd'hui, le terme de « micro-assurance » recouvre des types de services extrêmement variés : assurance-vie, santé, invalidité, assurance sur l'élevage, sur les récoltes, assurance mobilière et immobilière…

À titre d'exemple, l'assurance santé prend en charge tout ou partie des frais médicaux d'un client contre le paiement d'une prime mensuelle fixe. En soi, c'est un produit complexe qui couvre une grande variété de risques pouvant se renouveler. Le succès de l'assurance est tributaire de la qualité de soins proposés par des fournisseurs externes (hôpitaux, cliniques, centre de santé), ce qui complique énormément la mise en place du service. Les risques de fraudes ne sont pas négligeables. Enfin, il faut parvenir à atteindre très rapidement une taille critique pour mutualiser les risques à une échelle suffisante.

Malgré ces difficultés, des expériences intéressantes existent, notamment en Asie (BRAC, Grameen Kalyan et DSK au Bangladesh, par exemple[1]).

Les contraintes de la mise en place de services de micro-assurance

Pour une IMF, la question de savoir comment proposer des services de micro-assurance (au-delà de la simple assurance décès sur le crédit) est complexe. Tout d'abord, le cadre légal de nombreux pays interdit aux institutions financières d'exercer des activités d'assurance. D'autre part, l'assurance est un métier spécifique demandant des compétences particulières et des capacités financières souvent très importantes (capital minimum, réserves obligatoires…), hors de portée des IMF.

1. Alain Letourmy et Aude Pany-Letourmy, *La micro-assurance de santé dans les pays à faible revenu*, AFD, 2005 (http://www.lamicrofinance.org/files/17712_file_ND_26.pdf)..

Pour ces raisons, une solution privilégiée par beaucoup d'IMF consiste à ne pas vendre des produits d'assurances élaborés et gérés en interne, mais à distribuer des produits développés par des compagnies d'assurances. AIG Uganda[1], filiale du groupe d'assurance américain American International Group, a ainsi commencé il y a 8 ans à collaborer avec FINCA Uganda, une IMF locale. AIG Uganda a mis au point un produit d'assurance décès adapté aux clients des IMF. Ce produit est aujourd'hui distribué par 26 IMF qui se chargent de le promouvoir et de récolter les primes. En tout, 1,6 million de personnes sont aujourd'hui couvertes par ce produit.

Le crédit habitat

Le financement de l'habitat des populations à faibles revenus est un enjeu économique et social majeur dans les pays en développement, comme dans les pays riches. En Europe, les États ont tenté de répondre à ce problème par la construction de logements sociaux largement subventionnés. Dans les pays en développement, les pouvoirs publics ont généralement une action très limitée. La croissance des villes, en raison d'un fort accroissement naturel et d'un exode rural très important, y est rapide et peu organisée. Des quartiers populaires précaires se créent sans plan d'urbanisme dans des conditions sanitaires souvent déplorables.

Les institutions de microfinance, directement en contact avec ces populations à faibles revenus, se sont naturellement intéressées au financement de l'habitat de leurs clients. L'élaboration de crédits pour l'habitat se heurte néanmoins à un certain nombre de difficultés :

▶ Les prêts à l'habitat sont par définition des prêts longs. L'objet du financement ne génère pas directement de revenus et se trouve immobilisé. Les remboursements se font donc progressivement par prélèvement d'une partie du revenu du ménage (ceci est vrai d'une famille riche comme d'une famille pauvre) ;

Les IMF qui veulent développer une activité de crédit habitat doivent donc pouvoir proposer des crédits sur plusieurs années, ce qui suppose de disposer de capitaux de long terme. Or ces ressources sont difficilement accessibles aux IMF ;

1. Michael J. McCord, Felipe Botero, Janet S. McCord, "AIG Uganda, CGAP Working Group on Microinsurance Good and Bad Practices, Case Study n° 9", avril 2005).

▶ En outre, une durée accrue des crédits, dans les contextes souvent vulnérables où officient les institutions de microfinance, augmente le risque de non-remboursement ;

▶ En termes de garantie :

- Les montants (plus importants) et la durée (plus longue) de ce type de crédit rendent la méthodologie du crédit solidaire difficile à appliquer ;

- Souvent, les emprunteurs ne disposent pas de titres de propriété en bonne et due forme, ce qui rend impossible le mode de garantie classique du crédit habitat, à savoir le nantissement de l'habitation financée ;

▶ Le niveau des taux d'intérêt est généralement plus bas dans le financement de l'habitat. Les taux élevés appliqués sur le microcrédit « classique » se justifient sur des périodes courtes, pour le financement d'activités génératrices de revenus à fort rendement. Les programmes de financement de l'habitat sont donc souvent plus difficiles à rentabiliser.

Afin de pallier ces difficultés et étant donné l'enjeu social majeur que représente le financement de l'habitat, certains programmes s'appuient largement sur le soutien de l'État ou de bailleurs de fonds qui mettent à disposition des IMF des ressources longues à taux d'intérêt concessionnel et/ou des subventions.

D'autres IMF tentent de mettre en place des produits « hybrides » entre microcrédit « classique » et crédit à l'habitat, avec notamment des durées de l'ordre de 2 à 5 ans, qui sont considérées comme courtes pour du crédit à l'habitat, mais longues comparées aux cycles de microcrédit classique. Ces produits comportent en outre des taux d'intérêts plus faibles que les prêts destinés au financement d'activités génératrices de revenus. Avec ces conditions, les montants empruntés restent limités mais permettent aux clients de financer des améliorations successives de leur logement, ce qui correspond au mode d'investissement naturel de beaucoup de ménages pauvres dans les pays en développement.

Le crédit habitat chez Banco Procredit Salvador[1]

Banco Procredit Salvador est une IMF salvadorienne qui gérait à la fin de l'année 2007 un encours de 160 millions de dollars répartis sur plus de 70 000 clients. Dès 1998, l'IMF a proposé des prêts destinés à l'amélioration de l'habitat. Ce type de prêts représentait en 2007 plus de 16 % de son encours de crédit.

Les prêts, d'un montant maximal de 5 000 dollars, sont utilisés pour agrandir une maison, installer un toit « en dur » ou encore repeindre une façade. La durée maximale des crédits est de 5 ans, avec une durée moyenne de 3 ans.

Le taux d'intérêt est variable selon la nature des garanties apportées mais, dans tous les cas, beaucoup plus faible que le taux effectif pratiqué sur les microcrédits « productifs », qui est de l'ordre de 40 % par an :

* Si les titres de propriété de la maison sont officiels et qu'une hypothèque peut être émise, le taux s'élève à 21 % par an[2] ;
* Si les garanties portent sur d'autres actifs, par exemple un outil de travail, le taux annuel est de 27 %.

Le crédit habitat est octroyé après une étude de moralité de la famille et une analyse de ses revenus. Les échéances mensuelles du prêt ne doivent pas dépasser 25 % du revenu de la famille.

Les services de transferts de fonds des migrants

Les transferts de fonds jouent un rôle croissant dans le financement de l'économie des pays en développement. Ainsi, en 2007, les transferts formels et informels des migrants des pays du Sud vers leur pays d'origine ont dépassé les 300 milliards de dollars.

---

1. Bruce Ferguson et Elinor Haider, "Mainstreaming Microfinance of Housing", juin 2000, Inter American Development Bank. Voir aussi le site Internet de l'IMF (http://www.bancoprocredit.com.sv/).
2. Ces taux peuvent paraître élevés, mais sont classiques en microfinance (voir page 232).

Les conditions de ces transferts

Aujourd'hui, les possibilités d'effectuer ces transferts sont souvent peu pratiques et chères :

▶ Les acteurs spécialisés du transfert de fonds, comme Western Union ou MoneyGram, offrent un service assez performant. Le destinataire du transfert peut récupérer l'argent très rapidement, en liquide, sans avoir à ouvrir un compte. Ces services sont néanmoins très chers et leur distribution reste tributaire du réseau d'agences bancaires ou postales de leurs partenaires. Dans les PED, ils ne sont donc accessibles, en général, que dans des villes suffisamment importantes ;

▶ Les banques locales peuvent aussi recevoir des virements internationaux si elles font partie de systèmes de transferts internationaux de type SWIFT. Cette solution peut être plus économique mais suppose pour le destinataire du virement d'avoir un compte dans la banque locale, ce qui est rarement le cas. De plus, les délais peuvent être importants et, pour récupérer le virement, le destinataire doit se rendre dans l'une des agences de la banque locale ;

▶ Les modes de transferts informels sont les plus utilisés. Ce sont en général les seuls modes de transfert d'argent disponibles en dehors des grandes villes. Même pour les transferts internationaux, le poids de l'informel reste fort. Des études récentes ont ainsi montré que plus de 50 % des transferts effectués depuis la France vers le Sénégal ou le Mali utilisent des canaux informels.

Les modes de fonctionnement sont très divers, s'appuyant souvent sur des réseaux de solidarité entre les villes et les villages et impliquant le transport en liquide des sommes transférées. Ils sont peu sûrs, avec des délais très variables, et les risques de fraudes sont importants.

En moyenne, les coûts de transfert représenteraient 13 % du montant transféré. Ces calculs ne prennent pas en compte les coûts de transaction non monétaires pour le destinataire s'il doit se déplacer à l'agence bancaire ou postale, parfois très éloignée de son lieu de résidence.

Les transferts de fonds et la microfinance

Les IMF peuvent jouer un rôle majeur dans le développement de ces transferts :

▸ Pour les destinataires finaux, les IMF constituent un accès de proximité, un service plus adapté et des coûts de transaction plus faibles (coût du transport, temps perdu) ;

▸ Pour l'IMF, c'est une source de revenus sans risque qui n'alourdit pas ses besoins de financements ; c'est également un moyen de fidéliser ou conquérir une clientèle, en lui proposant par exemple des services d'épargne adaptés permettant de conserver les montants reçus.

Pour les IMF, la façon la plus simple, mais aussi la plus coûteuse, d'entrer sur ce marché[1] est de s'affilier à un acteur spécialisé du secteur (Western Union, MoneyGram ou équivalent). Cela suppose que l'IMF ait développé un réseau suffisamment étendu pour pouvoir à la fois intéresser ces acteurs et rentabiliser les investissements nécessaires, comme des moyens de communication sécurisés dans toutes les agences.

Un autre obstacle au lancement d'une activité de transfert de fonds est, comme souvent, la réglementation bancaire du pays. Dans beaucoup de cas, ces activités sont réservées aux institutions à statut bancaire.

Pour ces raisons, les services de transferts de fonds sont aujourd'hui en général proposés par de grosses IMF ou des banques agréées, disposant d'une couverture large. Dans de nombreux cas, ils se limitent à des transferts au niveau national. Certaines IMF, plus petites, s'orientent vers une mise en réseau avec d'autres institutions pour pouvoir développer ce type de services.

---

1. Pour plus d'information sur les stratégies des IMF pour pouvoir offrir à leurs clients des services de transferts de fonds, se référer à l'*Étude spéciale,* n° 10 du CGAP, mars 2005 (http://www.cgap.org/gm/document-1.9.2657/occasionnelpaper_10_fr.pdf).

Les services financiers à distance (*branchless banking*)[1]

Les nouvelles technologies se répandent très rapidement dans les pays en développement et pourraient faire considérablement évoluer les pratiques en matière de microfinance dans les années à venir. En s'efforçant d'atteindre un nombre croissant de personnes, dans des zones souvent reculées, les acteurs de la microfinance ont trouvé des manières originales d'acheminer des services financiers à moindre coût. Lorsqu'il est impossible ou non rentable d'ouvrir une agence, il est envisageable d'offrir des services financiers par l'intermédiaire de commerçants locaux, qui peuvent être des bureaux de poste, mais aussi des pharmacies, des épiceries, des stations services, ou tout autre détaillant de quartier.

Ces services financiers à distance sont à la fois moins chers et plus accessibles aux clients de la microfinance. Ils permettent d'étendre géographiquement l'offre de microfinance, tout en ayant une plus grande souplesse et un coût inférieur. Chez les commerçants, les clients peuvent déposer ou retirer de l'argent liquide, et effectuer des transferts. Le commerçant est relié à l'institution de microfinance ou à la banque par un terminal qui transmet les informations. Il perçoit une commission sur les opérations effectuées et cela accroît aussi le nombre de visites dans son magasin. La seule condition au *branchless banking* est d'avoir un circuit de transmission d'information rapide, fiable et bon marché. Le distributeur de billet est un exemple connu de *branchless banking*, qui nécessite cependant de disposer d'une machine complexe qui coûte cher. Mais il existe aussi d'autres systèmes, comme les cartes prépayées (Smartmoney au Kenya, voir encadré), permettant de faire des retraits et de régler des achats chez les commerçants.

Le cas du « mobile phone banking » : la microfinance par téléphone mobile

Le téléphone mobile, très répandu dans les pays du Sud, pourrait devenir le canal de transmission privilégié pour les services financiers à distance. Des exemples existent déjà, comme aux Philippines (avec le G-cash) ou

---

1. Pour cette section, voir en particulier :
    Timothy R. Lyman, Gautam Ivatury, et Stefan Staschen, "Use of agents in branchless banking for the poor: rewards, risks, and regulation", CGAP, Focus Note n°38, octobre 2006 (http://collab2.cgap.org/gm/document-1.9.2585/FocusNote_38.pdf).
    Voir aussi Gautam Ivatury, Mark Pickens, "Mobile phones for microfinance", CGAP Brief, avril 2006 (http://www.cgap.org/gm/document-1.9.2737/Mobile-Phones-for-Microfinance-4.pdf)

au Kenya : M-PESA est un compte de « monnaie électronique » (ou encore un porte-monnaie électronique) lié à la carte SIM du téléphone mobile proposé par la société Safaricom (voir encadré page 88). Il suffit de disposer d'une connexion au réseau mobile pour pouvoir réaliser des transferts et des paiements, et il n'est plus nécessaire de se rendre chez un commerçant. M-PESA a attiré plus d'un million de clients la première année, dans un pays qui compte pourtant moins de 4 millions de comptes bancaires traditionnels. Si le « mobile phone banking » ne comptait qu'une dizaine de millions de clients en 2007, des études estiment que cette convergence entre téléphone mobile et services financiers pourrait attirer plusieurs centaines de millions de personnes dans les années à venir[1].

La distinction entre les réseaux de type bancaires et les réseaux non-bancaires :

Le marché des services financiers à distance réunit des acteurs variés. Si l'opération à distance a lieu avec une structure de type bancaire (y compris de microfinance), elle est traduite sur un compte du client, et la structure est en relation avec le commerçant. Mais le client peut aussi avoir affaire à un opérateur de téléphones mobiles ou de cartes prépayées. Les opérations concernent alors une « monnaie électronique » qui n'est pas traduite concrètement sur un compte bancaire mais seulement dans les informations conservées par la société. Ces opérateurs n'offrent pas les mêmes garanties aux clients et ne sont pas soumis à la même réglementation. Les services financiers à distance génèrent donc des risques nouveaux.

Les risques spécifiques de ces services à distance :

Il faut distinguer cinq risques critiques liés à la pratique de ces services financiers à distance.

▶ Risque de fraude : de la part du commerçant ou du client, ce risque pourrait être plus élevé que dans le cas des structures classiques. Le détournement par le commerçant d'un paiement ou d'un dépôt, ou encore le vol par un client (par exemple du compte d'un autre client) sont moins bien contrôlés. Les systèmes de sécurité ne sont pas encore suffisamment élaborés.

---

1. Voir l'étude de la société spécialisée Edgar Dunn en 2007, qui prévoit plus d'un milliard de client en 2014. (http://www.edgardunn.com/pointsOfView/eletter.cfm?archiveYear=2007)

▶ Risque opérationnel : Dans certains cas, les données financières sont conservées comme de simples données de téléphonie. Les flux d'information sont-ils suffisamment sécurisés ?

▶ Risque de liquidité et de solvabilité pour le client : les structures non bancaires ne sont pas contraintes aux mêmes ratios de solvabilité, ce qui fait courir un risque aux clients. La solvabilité des commerçants est aussi un problème, dans certains cas.

▶ Risque systémique : ces services à distance accroissent le risque systémique ou de déstabilisation générale.

▶ Risque de crédit : le commerçant prend à sa charge une partie du rôle de la banque. Il pourrait à terme être amené à octroyer des crédits sans connaître la solvabilité du client, ce qui fait porter un risque supplémentaire à l'opérateur. La fonction de supervision et de régulation n'est pas assurée à cet égard.

La réglementation nécessaire pour encadrer le *branchless banking*, mais aussi pour lui permettre de se développer sainement, est l'un des grands chantiers actuels de la microfinance. Cette réglementation ne doit pas freiner sa croissance, mais doit permettre aux clients d'avoir suffisamment confiance dans les offres proposées pour généraliser cette pratique. En Inde, un opérateur de l'État de l'Andhra Pradesh a envisagé début 2008 de verser les retraites et les allocations chômages de près de 500 000 personnes vivant dans des zones reculées par le biais des téléphones mobiles de commerçants locaux spécialement adaptés.

Le Kenya parmi les leaders des services financiers à distance[1]

Safaricom, filiale de Vodafone et leader de la téléphonie mobile au Kenya, propose à ses client un compte « électronique » nommé M-PESA permettant d'effectuer des dépôts et des retraits chez des commerçants, ou simplement des transferts d'un compte à un autre. Pour tester ce produit pilote, Safaricom s'est associé à la Commercial Bank of Africa et à une IMF locale, Faulu. Il n'est pas nécessaire de disposer d'un compte

---

1. Voir Timothy R. Lyman, Mark Pickens, David Porteous, "Regulating transformational branchless banking: mobile phones and other technology to increase access to finance", CGAP, Focus Note n°43, janvier 2008 (http://collab2.cgap.org/gm/document-1.9.2583/FocusNote_43.pdf).

en banque pour pouvoir utiliser M-PESA. À terme, Safaricom prévoit de verser des salaires ou de faire des transferts internationaux par le biais de M-PESA.

Smartmoney est une autre initiative, qui fonctionne différemment : c'est au contraire une carte prépayée que l'on peut recharger, et à partir de laquelle on peut effectuer des retraits et des paiements chez les commerçants.

Le Kenya illustre la difficulté d'adopter une réglementation appropriée à ces services financiers : la loi ne précise pas qui peut accepter les dépôts de « monnaie électronique » ni s'il faut pour cela un agrément particulier. Les opérateurs n'ont pas eu de difficulté à entrer sur le marché mais se trouvent aujourd'hui dans une situation risquée, sans contrôle ni supervision. Les autorités kenyanes s'interrogent pour savoir quelle est la bonne position à adopter sur ces sujets.

Les produits de la microfinance islamique[1]

La renaissance moderne de la microfinance a eu lieu dans un pays musulman, au Bangladesh. Les pays musulmans d'Asie ont aussi réservé de grands succès à la microfinance. Cependant, en raison de l'opposition de la Sharia, la loi islamique, au principe d'un taux d'intérêt fixe pour un prêt, un grand nombre de personnes pauvres dans le monde musulman n'ont pas recours à la microfinance classique.

La loi islamique sur le taux d'intérêt

La Sharia assimile le pratique d'un taux d'intérêt à de l'usure. Elle soumet l'utilisation de l'emprunt et du prêt par les musulmans à des règles claires, en particulier : le prêteur doit participer au risque pris par l'emprunteur. Cela empêche de fixer par avance le taux d'intérêt.

Si la finance islamique est désormais très connue (il existe de nombreuses banques islamiques dans de nombreux pays), la microfinance islamique n'en est encore qu'à ses débuts.

Depuis quelques années, la microfinance islamique se développe rapidement dans les pays musulmans. Elle offre des produits de microfinance conformes aux principes de l'Islam. Pour des raisons aussi bien

---

1. Focus Note n° 49, Xavier Reille (http://www.cgap.org/gm/document-1.9.5029/FocusNote_49.pdf)
   Le dossier du Portail Microfinance (http://www.lamicrofinance.org/content/article/detail/16089 et http://microfinancement.cirad.fr/fr/news/bim/Bim-2002/BIM-17-02-02.pdf)
   Article paru dans Les Afriques (http://www.lesafriques.com/actualite/l-afrique-doit-se-tourner-vers-la-microfinance-islamique.html?Itemid=89?article=13172)

sociales que culturelles ou religieuses, un grand nombre de clients affirment préférer des « produits islamiques » à la microfinance classique. Les grandes banques islamiques commencent d'ailleurs à offrir des services de microfinance.

La microfinance islamique

D'après le CGAP, en 2008, plus d'une centaine d'IMF proposaient des produits islamiques à près de 300 000 clients dans 19 pays. Si cela ne représente que 0,5 à 1% du marché de la microfinance, ces IMF connaissent une croissance plus rapide que les IMF classiques. Sur ce marché, trois pays représentent 80% de la microfinance islamique : l'Indonésie, le Bangladesh et l'Afghanistan.

Les caractéristiques du marché de la microfinance islamique sont très proches de celles de la microfinance classique : les montants moyens de prêt sont comparables ainsi que la proportion de femmes parmi les clients.

Les produits financiers

Ces IMF développent des produits financiers spéciaux (Murabaha, Ijarah, Musharaka, Mudaraba, Takaful…) comparables au crédit, à l'épargne ou à la microassurance, qui ont les particularités suivantes :

▶ Le prêteur conserve la propriété du bien acheté par l'emprunteur jusqu'au remboursement.

▶ Le prêteur participe aux pertes et aux profits réalisés par l'emprunteur, en partie ou en totalité.

Un secteur à fort potentiel mais encore assez risqué

Ces produits islamiques constituent une opportunité essentielle de toucher une large population qui n'a pas encore accès à la microfinance. Mais ils posent aussi plusieurs problèmes spécifiques :

▶ Le coût pour le client : les spécificités décrites ci-dessus induisent des coûts opérationnels plus élevés que les produits classiques. Ils reviennent donc plus chers aux clients ;

▶ La gestion du risque : il n'y a pas de prêt solidaire en microfinance islamique. L'IMF assume une grande partie du risque. La garantie est prise sur le bien acheté ;

▶ La dimension philanthropique : la microfinance islamique est encore assimilée à la philanthropie. Les IMF sont le plus souvent des ONG.

Les performances financières (portefeuille à risque, rentabilité financière) des IMF proposant des produits islamiques sont donc largement tributaires de cette conception spécifique de la microfinance.

Enfin, pour conserver sa clientèle, la microfinance islamique ne doit pas être un simple habillage de la microfinance, mais doit réellement refléter les principes de l'Islam.

Les services non financiers

La question de savoir si les IMF doivent apporter des services non financiers à leurs clients est un débat récurrent dans le secteur de la microfinance. Par *services non financiers*, on désigne toutes les prestations pouvant être apportées par l'IMF pour accompagner son client et renforcer sa capacité à tirer profit des services financiers : services d'appui au développement de son entreprise (formation technique, marketing ou en gestion) ou services sociaux (éducation, santé, nutrition ou alphabétisation).

L'intérêt de ces services non financiers pour les clients de la microfinance est globalement reconnu par tous. La vraie question est davantage de savoir s'il doit y avoir séparation complète entre l'activité de l'IMF et un prestataire de services non financiers, ou si au contraire les institutions de microfinance peuvent proposer ces services directement à leurs clients.

Les IMF ont en effet un atout majeur pour délivrer de tels services non financiers : le contact direct et régulier qu'elles entretiennent avec leurs clients. Par exemple, le remboursement des crédits solidaires implique, dans certains cas, une réunion des emprunteurs. Ces réunions sont utilisées par certaines IMF pour organiser des séances de formation à la gestion ou de sensibilisation sur l'hygiène, la santé…

Certaines IMF jugent qu'il est dans leur intérêt de proposer des services non financiers, pour trois types de raisons :

▶ Les services sociaux entrent dans la mission globale de lutte contre la pauvreté que partagent une majorité d'IMF ;

▶ Ils peuvent contribuer à satisfaire les clients, et donc à les fidéliser ;

▶ Ils réduisent le risque de non-remboursement des microcrédits en diminuant la vulnérabilité des clients, dans le cas des services sociaux, et en renforçant leurs capacités de gestion, dans le cas des services d'appui au management.

Partant de ces constats, certaines initiatives ont développé ce qu'on a appelé communément des « programmes intégrés », c'est-à-dire des programmes alliant services « classiques » de microfinance (crédit et épargne) et services non financiers.

L'accent sur les services non financiers des partenaires d'Interaide, EDM et ID[1]

Interaide, Entrepreneurs du Monde (EDM) et Initiative Développement (ID) sont des ONG françaises qui appuient des programmes de microfinance dans différents pays (Philippines, Inde, Haïti, Madagascar, Bénin et Ghana). Ces programmes, implantés dans des bidonvilles, appliquent une approche intégrant crédits individuels, épargne et services non financiers – avec la conviction que cette palette est nécessaire pour aider efficacement les familles les plus pauvres. Le soutien de donateurs rend possible la mise en place des services non financiers, l'objectif étant que certains soient à terme financés par les revenus des activités de microcrédit.

La comparaison des programmes des différents pays met en évidence deux approches opérationnelles possibles :

• L'approche intégrée : le programme de microfinance emploie des équipes capables de fournir elles-mêmes les services non financiers. L'avantage de cette approche consiste à maîtriser en interne l'ensemble de la chaîne ; son inconvénient est d'alourdir le fonctionnement de l'IMF et ses coûts ;

• L'approche par référencement : le programme de microfinance conclut un partenariat avec une organisation spécialisée dans le type de service non financier recherché et lui réfère les clients qui en sont demandeurs. Une fois qu'ils ont bénéficié du service, l'organisation partenaire « renvoie » les clients à l'IMF pour les services de microfinance. Cette approche évite d'alourdir la structure de l'IMF, mais suppose qu'il existe des partenaires avec qui collaborer et la mise en place d'une coordination efficace.

---

1. Réseau Pratiques, "Microfinance, Integrated Services and Impact", 2004 (http://www.entrepreneursdumonde.org/pratiques/).

Parmi les programmes soutenus, le plus large et le plus diversifié, UPLiFT Philippines, proposait en 2008 à ses 12 000 clients :

- Des sessions de formation à la gestion de leur activité génératrice de revenus ;
- Des formations techniques simples (artisanat, préparations culinaires…) pouvant donner lieu au lancement d'une activité.

Par ailleurs, une ONG indépendante d'UFLIFT, nommée SPACE, en coordination avec l'IMF, propose aux clients de cette dernière (et de deux autres programmes de microcrédit) :

- Une gazette mettant en valeur la réussite de certains clients et des informations variées (santé, bazars…) ;
- À destination des enfants des emprunteurs, des formations aux techniques de recherche d'emploi salarié.

Néanmoins, ces programmes intégrés comportent certains écueils : des expériences ont montré qu'il y avait un risque de confusion des genres entre les deux approches. Cela peut être le cas à l'intérieur de l'IMF où la poursuite de deux objectifs différents (l'un économique, l'autre social) peut générer des conflits d'intérêts. Cela peut également être le cas au niveau du client, qui peut déduire de l'existence de services sociaux, en général gratuits, que l'IMF est une institution plus ou moins charitable et que ses services financiers n'ont pas à être payants.

Par ailleurs, dans un souci de pouvoir apporter ces services non financiers à un maximum de clients en limitant les coûts, les IMF ont eu tendance à développer des services génériques, pas toujours adaptés à la situation de chaque client. Des études ont montré que dans ce cas, l'impact sur les clients et le degré de satisfaction sont faibles. Les séances de formation peuvent alors devenir une simple contrainte pour le client cherchant à obtenir un crédit.

De façon plus globale, il est très difficile de pérenniser une IMF qui apporte des services non financiers. Contrairement aux services financiers, les clients ne sont en effet pas prêts à payer pour obtenir ce type de services. La décision d'intégrer de tels services pour une IMF dépend donc des objectifs qu'elle se fixe. Si la pérennité financière est un objectif prioritaire de l'IMF, celle-ci aura tendance à se concentrer sur les services financiers et à abandonner les services non financiers. C'est aujourd'hui le cas d'une majorité d'IMF dans le monde.

Chapitre 4

Quel impact pour la microfinance[1] ?

Les cas de réussite individuelle rendus possibles par la microfinance ne manquent pas, et ils sont parfois spectaculaires. Les praticiens de la microfinance savent que les *success stories* relatées en préambule n'ont rien d'exceptionnel – ils en rencontrent tous les jours de semblables sur le terrain ! Comme Violeta ayant ouvert sa petite épicerie de quartier, comme Fatima avec son terminal de téléphonie mobile, comme Moïse avec ses livraisons de pains, des centaines de milliers de clients de la microfinance dans le monde ont pu améliorer leur quotidien grâce à l'accès à des services financiers.

Ces témoignages ont leur importance car ils démontrent par l'exemple que le succès est possible – et que, parfois, un simple coup de pouce, un microcrédit, suffit à enclencher une dynamique vertueuse. Toutefois, ces exemples ne nous apprennent rien sur la fréquence de ce succès. Que peut-on dire plus généralement de l'impact de la microfinance ?

---

1. Ce chapitre s'apppuie en partie sur le dossier thématique réalisé par le Comité d'échange et de réflexion sur les systèmes d'épargne-crédit (CERISE), « Impact et performances sociales » pour le portail francophone de la microfinance
(http://www.lamicrofinance.org/resource_centers/impactperf/).
On trouvera également de nombreux documents en anglais sur le site du réseau Imp-Act (http://www.imp-act.org) qui fédère des universitaires et des praticiens de la microfinance travaillant sur le sujet de l'impact.

Cette question est centrale car les programmes de microfinance ont généralement revendiqué l'objectif d'avoir un impact sur leurs clients et sur le développement – comme, par exemple[1] :

▶ La réduction de la pauvreté et de la vulnérabilité ;

▶ Le renforcement de la position sociale de la femme ou de groupes de population défavorisés ;

▶ L'encouragement à la création d'entreprise ;

▶ Le soutien à la croissance et à la diversification d'entreprises existantes.

En affichant ces objectifs, les programmes de microfinance ont suscité des attentes importantes et drainé des financements publics. Vient donc le temps de mesurer leur contribution au développement économique et social. C'est un enjeu essentiel pour maintenir la confiance des bailleurs de fonds et améliorer les pratiques.

Pour faire face à ces enjeux, des études statistiques ont été menées sur différents programmes de microfinance dans le monde. Même si elles se sont heurtées à des difficultés méthodologiques importantes qui font que leurs résultats doivent être interprétés avec prudence, elles font ressortir des tendances instructives. Sur la base d'études sélectionnées parmi les plus rigoureuses, ce chapitre abordera les questions suivantes :

▶ Un impact a-t-il pu être mesuré, et sur quels plans ?

▶ La microfinance touche-t-elle les populations les plus pauvres et les aide-t-elle efficacement ?

▶ Quelles sont les principales difficultés méthodologiques de la mesure de l'impact ?

▶ Pourquoi les IMF évoluent-elles vers des études de clientèle plutôt que des études d'impact ?

▶ Quelles sont les critiques les plus fréquemment émises à l'encontre de la microfinance ?

---

1. Joanna Ledgerwood, *Manuel de microfinance*, Éditions Banque Mondiale, 1998.

Un impact réel[1]

L'impact sur la situation économique et sociale des clients

Plusieurs études, menées à des années d'écart et sur différents continents, ont montré des résultats impressionnants :

▶ Sur le plan économique, avec des impacts sur le niveau de revenu et la capacité à épargner ;

▶ Sur le plan social, avec des effets sur la scolarisation des enfants, l'accès aux soins ou l'amélioration de l'habitat, grâce à l'impact économique et dans certains cas grâce à des services complémentaires proposés par les IMF.

Ce chapitre propose quelques exemples d'études d'impact qui en attestent.

Plusieurs études importantes ont été menées au Bangladesh, ce qui est logique vu l'importance particulière de la microfinance dans ce pays, dont plusieurs très grandes IMF ont servi de source d'inspiration dans le monde entier :

▶ Une étude[2] menée en 1991 puis en 1998 auprès de 1640 ménages répartis dans 29 villages (dont 24 où opèrent les IMF Grameen, BRAC et RD-12) a montré dans la durée un impact de la microfinance sur la **réduction du taux de pauvreté**. La baisse du taux de pauvreté parmi les clients est de 3 % par an, dont 2 % attribuables à l'impact de la microfinance. De plus, l'étude montre l'impact de la microfinance **au niveau des villages entiers** : ces derniers voient leur taux de pauvreté diminuer de 2,5 % par an, dont 1 % attribuable à l'impact de la microfinance.

---

1. Certaines études citées sont reprises de deux revues d'études d'impact de la microfinance :
   - Littlefield E., Murdoch J. et Syed H., *Is microfinance an effective strategy to reach the Millennium Development Goals?*, CGAP Focus Note n° 24, 2003, http://www.cgap.org/docs/FocusNote_24.pdf.
   - Haley B. et Murdoch J., *Analysis of the effects of microfinance on poverty reduction*, Results Canada, Canadian International Development Agency, 2001.
2. S. R. Khandker, *Microfinance and poverty: evidence using panal data from Bangladesh*, The World Bank Economic Review Advance Access, 2005.

▶ Une étude[1] a été menée en 2002 et 2005 auprès de plus de 5000 ménages, dont environ la moitié a bénéficié d'un programme spécifiquement mis en place pour l'IMF BRAC pour toucher des familles très pauvres. L'étude montre que les clients de BRAC, plus pauvres à l'origine que les non-clients au sein de cet échantillon, opèrent un certain **rattrapage** sur plusieurs plans (épargne, revenus, possession d'actifs et de terres).

▶ Dans une autre étude sur BRAC[2], on observe une amélioration plus rapide du **niveau d'instruction des adolescents** et une **moindre occurrence de la malnutrition** chez les familles clientes de l'IMF. L'impact est plus fort auprès des familles durablement membres du programme.

Des études intéressantes ont également été menées **dans de nombreux autres pays.**

En Ouganda, une étude sur trois IMF[3] montre que leurs clients investissent plus dans l'éducation de leurs enfants, grâce aux revenus de leur micro-entreprise. Les clients de l'IMF FOCCAS ont de meilleures pratiques d'hygiène suite aux sessions de sensibilisation – par exemple, 32 % ont essayé au moins une méthode de prévention du SIDA contre 18 % chez les non clients.

Une étude auprès du réseau des Caisses d'Epargne et de Crédit de Madagascar (CECAM)[4] a montré une progression plus rapide du patrimoine (et un taux de sortie de la pauvreté plus élevé) chez les clients réguliers que chez les clients ayant occasionnellement cessé d'emprunter – ces derniers progressant tout de même plus rapidement que les non clients.

---

1. M. Rabbani, V. A. Prakash et M. Sulaiman, *Impact assessment of CFPR/TUP: a descriptive analysis based on 2002-2005 panel data*, CFPR/TUP Working paper series n° 12, 2006.
2. Chowdhury A.M.R. et Bhuiya A., *Do poverty alleviation programmes reduce inequity in health: lessons from Bangladesh dans Poverty inequality and health*, ed. D. Leon and G. Walt, Oxford University Press, 2001.
3. Barnes C., Gailes G. et Kimbombo R., *Impact of three microfinance programs in Uganda*, USAID-AIMS paper, Management of Systems International, 2001.
4. Bouquet E., Wampfler B. et Ralison E., *Rigueur scientifique et pertinence opérationnelle des études d'impact en microfinance : une alliance à construire*, Revue Tiers Monde n° 197, 2009

Une étude sur Zambuko Trust[1], au **Zimbabwe**, a démontré que les clients réussissaient mieux que les autres à accumuler des actifs utiles au ménage, comme un réfrigérateur ou un four. Les clients parviennent également à diversifier leurs sources de revenus. Enfin, malgré le contexte de crise des années 97-99, on observe un **impact positif sur l'alimentation des clients très pauvres**, en quantité et en qualité.

Une étude menée au **Ghana** auprès d'une population à bas revenus a montré que la mise en place d'un service d'épargne avait un impact positif net, surtout pour les femmes[2].

Au **Cambodge** enfin, une étude sur l'impact du microcrédit sur les clients d'AMRET[3] a souligné les résultats suivants :

▶ **80 % des clients pensent avoir réalisé un profit grâce au crédit**, et 19 % d'entre eux pensent ne plus avoir besoin de réemprunter à l'avenir,

▶ 40 % des crédits sont réellement investis dans une micro-entreprise ; la moitié des prêts sont en réalité utilisés pour lisser la trésorerie du ménage. Ceci est tout-à-fait accepté par l'IMF qui ne prétend pas accorder uniquement des crédits productifs, et sait que ses clients peuvent néanmoins rembourser leurs crédits à temps.

Ainsi, nombreuses sont les études qui ont documenté et observé un impact fort de la microfinance. Il en existe aussi quelques-unes qui ont conclu à l'absence d'impact ou même dans de rares cas à un impact négatif, notamment dans des contextes de zones très pauvres focalisées sur une seule activité économique, où l'accès au crédit peut entraîner une saturation rapide du marché local. Mais la fréquence de ces résultats est trop faible pour mettre en doute la tendance généralement positive des études.

---

1. Barnes C., *Microfinance Program Clients and Impact: An Assessment of Zambuko Trust, Zimbabwe*, USAID-AIMS paper (Washington, D.C.: 2001).
2. Dupas P., Robinson J., *Savings constraints and microenterprise devlopment: Evidence from a field experience in Ghana*, www.econ.ucla.edu/pdupas/.
3. Bousso P., Daubert P., Gauthier N., Parent M. et Zieglé C., *L'impact micro-économique du crédit rural au Cambodge*, Collection *Etudes et travaux*, GRET 1997.

Autonomie des femmes[1]

Au-delà des bénéfices économiques et sociaux mesurables, la microfinance a un impact sur la capacité des individus à prendre en main leur propre situation. La possibilité d'emprunter et d'investir, d'épargner, de travailler, a une valeur en soi : celle d'élargir les options disponibles. Ce processus d'élargissement des possibilités et de gain en autonomie est communément désigné par un terme anglo-saxon : *empowerment.*

Ce terme peut bien entendu s'appliquer aussi bien aux hommes qu'aux femmes. Néanmoins, certaines IMF choisissent d'avoir pour clients uniquement, ou principalement, des femmes. Les raisons de ce ciblage sont multiples :

▶ La participation importante des femmes aux métiers informels généralement visés par la microfinance – en particulier des métiers qui peuvent s'exercer à proximité du domicile, comme la tenue d'une petite activité commerçante dans le quartier, cumulable avec un temps important consacré à la famille ;

▶ La surreprésentation des femmes parmi les populations pauvres que visent certaines IMF – les femmes faisant souvent face à des obstacles socio-économiques spécifiques (par exemple, les taux de scolarisation des filles sont bien inférieurs à ceux des garçons dans la majorité des pays en développement) ;

▶ La propension plus grande des femmes à affecter leurs revenus au bien-être de la famille (éducation, santé des enfants notamment), engendrant un impact social plus fort à impact économique égal ;

▶ La volonté de renforcer la position de la femme dans son foyer et la participation des femmes au développement économique et social – un thème qui reçoit une attention croissante des agences de développement depuis les années 90 ;

▶ Certaines IMF estiment en outre que les femmes remboursent mieux les crédits que les hommes.

Dans les faits, qu'en est-il de l'autonomie acquise par les femmes, grâce aux services des IMF ? Les études montrent que, au-delà de son impact matériel, **l'accès aux services de microfinance peut effectivement**

1. Guérin I., *Microfinance et autonomie féminine*, OIT, Secteur de l'Emploi, document de travail n° 31, http://www.lamicrofinance.org/files/14606_autonimiefeminine.pdf.

contribuer à une amélioration du statut des femmes au sein de la famille, au renforcement de l'estime qu'elles ont d'elles-mêmes ou encore à leurs capacités d'organisation et donc d'expression et de revendication :

▶ Certaines limitent leur dépendance vis-à-vis des usuriers ou de leurs fournisseurs ;

▶ Grâce à l'offre de services financiers de l'IMF, certaines échappent à des obligations d'entraide communautaire ou familiale « grâce » à l'endettement vis-à-vis de l'IMF : les remboursements, honorés grâce aux revenus de leur activité, constituent une épargne a posteriori qu'elles ne pourraient réaliser autrement ;

▶ Dans le cas de crédits solidaires, les réunions de groupe peuvent permettre de discuter entre femmes de sujets communs, d'exprimer des préoccupations spécifiques, d'encourager dans certains cas la réaction face à d'éventuels comportements inacceptables (violence domestique par exemple).

Néanmoins, le ciblage exclusif des femmes et la formation des groupes solidaires peuvent engendrer des effets pervers vis à vis desquels les IMF doivent rester vigilantes. Une étude sur le projet PPPCR au Burkina[1] montre comment le ciblage exclusif des femmes s'est traduit par des tensions entre hommes et femmes au sein de la communauté : certains hommes faisaient pression sur les femmes pour obtenir une redistribution du crédit. Cette situation se traduisait par des impayés dont les femmes étaient doublement victimes : parce qu'elles n'avaient pas bénéficié du crédit, et parce qu'elles portaient la responsabilité de l'endettement.

De plus, il faut souligner qu'une forte proportion de femmes parmi les emprunteurs ne signifie pas qu'elles jouent un rôle prépondérant dans la décision et la gestion du crédit. Chez AMRET, 75 % des clients sont des femmes, mais dans 71 % des cas, la décision de prendre le crédit et son affectation sont le résultat d'un choix commun du couple ; les femmes sont en quelque sorte en charge des « formalités », consommatrices de temps…sans avoir pour autant davantage d'autonomie dans la gestion du crédit[2].

---

1. Wampfler B., Le PPPCR, Etude de cas, Gouvernance en microfinance, septembre 2002 (http://www.cerise-microfinance.org/publication/pdf/gouvernance/pppcr.pdf).
2. Pascal Bousso, Pierre Daubert, Nathalie Gauthier, Martin Parent et Cécile Zieglé, *L'impact micro-économique du crédit rural au Cambodge*, Collection *Etudes et travaux*, GRET 1997.

Création d'emploi au sein de l'IMF

Les IMF elles-mêmes emploient des salariés locaux, parfois même plusieurs dizaines ou centaines pour les plus grandes. Ces salariés recoivent souvent une formation suivie (cf. page 170), des opportunités d'avancement, dans des pays et des régions où les opportunités d'emploi son rares. Cet impact mérite d'être mentionné, même s'il n'est pas l'objectif premier.

Impact sur les structures de solidarité

L'introduction par les IMF de nouveaux modes de solidarité n'est-elle pas susceptible de nuire aux modes de solidarité préexistants et de favoriser certains groupes sociaux ? En particulier, quel est l'impact de l'introduction du mécanisme de la caution solidaire ? Ces questions ont donné lieu à des études de type socio-anthropologiques, parfois dans le cadre d'études d'impact plus larges.

Impact de la caution solidaire sur les clients du Crédit Rural de Guinée[1]

Ce sujet a par exemple été analysé pour le Crédit Rural de Guinée (CRG), IMF mise en place par un bureau d'étude français, l'IRAM [2]. L'octroi de crédit s'appuie sur la formation de groupes solidaires de 5 à 10 personnes, ces groupes sont la principale forme de garantie. L'apparition de problèmes de remboursement a rendu nécessaire une réflexion sur les effets pervers de ce mécanisme. Il est apparu que les clients acceptaient le *principe* de la caution solidaire – certains groupes formant même des noyaux soudés. Mais les *modalités* de formation des groupes étaient remises en cause : les clients souhaitaient pouvoir former des groupes plus petits (solidarité familiale traditionnelle) ou, au contraire, des groupes plus élargis (solidarité villageoise traditionnelle). Ils proposaient aussi de compléter la caution solidaire par d'autres formes de garanties, différentiables selon les clients.

---

1. Stéphane Bouju, Kéfing Condé et Dominique Gentil, *Le crédit rural de Guinée vu par ses acteurs. L'étude socio-anthropologique comme outil de changement institutionnel*, Collection « Études et travaux », GRET-Kartala, Paris, 2001.
2. Institut de Recherches et d'Applications des Méthodes de développement.

Impact plus global

Nous avons étudié l'impact de la microfinance sur les clients des IMF. Plus globalement, observe-t-on une contribution de la microfinance au développement d'une filière (agricole, industrielle), d'une ville, d'une région (niveau méso-économique) ou d'un pays (niveau macro-économique) ?

▶ **Au niveau méso-économique, la microfinance peut notamment avoir un impact sur le marché foncier et sur le marché du travail.** Sur le marché foncier, la possibilité d'emprunter peut, par exemple, éviter à des paysans de mettre leur terre en métayage par manque de capital pour l'exploiter. Sur le marché du travail, le développement de la microfinance peut permettre aux clients des IMF, eux-mêmes, d'embaucher à leur tour (on parle de « deuxième niveau de distribution du crédit ») ; la microfinance peut également contribuer à modifier les rapports de forces : par exemple, renforcer le pouvoir de négociation des salaires d'ouvriers agricoles, désormais dotés d'autres options que le travail salarié. Des études restent à mener pour analyser plus finement ce type d'impact. Certaines études ont également essayé de mesurer l'impact de la microfinance sur les pratiques informelles préexistantes (tontines, prêteurs informels…). Elles ont notamment montré que **la microfinance ne se substitue pas totalement à ces pratiques informelles**, qui ne disparaissent pas mais s'adaptent – en particulier, leurs taux d'intérêt diminuent. Par exemple, au Cambodge, les clients d'AMRET continuent d'avoir recours à des prêteurs informels en cas d'urgence, en complément des services de microfinance ;

▶ **D'un point de vue macroéconomique, la microfinance permet d'accroître la bancarisation de la population.** Nous rejoignons le dossier CERISE[1], qui estime que dans certains contextes où 80 % à 90 % des ménages sont privés de banques, le taux de pénétration de la microfinance peut atteindre jusqu'à 5 ou 10 fois celui des banques. Cependant, on évalue généralement qu'il reste inférieur à 20 % de la population active, les IMF ne couvrant généralement qu'une partie du territoire. On estime que les IMF représentent jusqu'à 5 % de la collecte d'épargne et 10 % du crédit à l'économie dans certains pays.

---

1. Dossier thématique réalisé par le Comité d'échange et de réflexion sur les systèmes d'épargne-crédit (CERISE), « Impact et performances sociales » pour le portail francophone de la microfinance (http://www.lamicrofinance.org/resource_centers/impactperf/).

Ces proportions augmentent significativement dans les zones rurales. Dans ces conditions, il est clair que la microfinance contribue modestement mais significativement au financement de l'économie.

La microfinance, outil de lutte contre la pauvreté ?

Cibler les pauvres : un objectif controversé

Il est essentiel pour une IMF de définir la population cible à qui ses produits sont destinés. Les critères de segmentation de la population sont multiples – par exemple, localisation géographique, niveau de pauvreté des individus clients, niveau de développement des entreprises clientes, appartenance à un groupe spécifique (les femmes, les paysans sans terre, etc.).

Nous avons déjà vu que le terme de « microfinance » désigne des initiatives très variées visant des individus ou des entreprises exclues du secteur bancaire traditionnel. Parmi les programmes de microfinance, certains se donnent pour objectif spécifique de toucher des populations pauvres, parfois même « les plus pauvres ». Leurs initiateurs affirment que même des familles démunies peuvent améliorer leur situation grâce à la microfinance, qui est donc, selon eux, un outil de lutte contre la pauvreté.

Cette affirmation controversée soulève plusieurs interrogations :

▶ Les IMF qui prétendent viser les pauvres les atteignent-elles réellement ou ne font-elles qu'en afficher l'intention afin d'intéresser des bailleurs publics ?

▶ Le microcrédit est-il un outil adapté aux plus pauvres ? Autrement dit, n'est-il pas risqué d'endetter des familles très pauvres, qui n'auront pas toujours les capacités de développer une activité économique pérenne et subiront une pression forte au remboursement[1] ?

---

1. David Hulme, "Note on the dark side of microfinance", 2000, in *Microfinance, evolution, achievements and challenges,* ITDG Publishing, mars 2004.

▶ N'est-il pas plus judicieux de viser un public moins pauvre ou des entreprises de plus fort potentiel, capables d'initier une dynamique économique et des opportunités d'emploi qui bénéficieront indirectement aux pauvres ?

▶ Mais si la microfinance n'atteint pas les pauvres et offre des opportunités au reste de la population, ne risque-t-elle pas de contribuer à accroître les inégalités et marginaliser davantage les pauvres ?

Comment mesurer le niveau de pauvreté ?

Pour apporter des éléments de réponse, des outils ont été développés, permettant de mesurer le niveau de pauvreté des clients – ce qui implique, au fond, de définir ce que l'on entend par *pauvreté*.

La pauvreté en termes monétaires : les « seuils de pauvreté »

Une vision classique définit *la pauvreté* d'un ménage par l'extrême faiblesse de ses ressources monétaires. La plupart des pays définissent un *seuil de pauvreté*, qui est le niveau de revenu nécessaire dans une zone donnée pour pouvoir faire face aux besoins absolument essentiels d'un ménage. Tout ménage dont la dépense moyenne est « en dessous du seuil de pauvreté » est dit pauvre.

Une IMF peut donc entreprendre d'évaluer le pourcentage de ses clients dont les revenus sont inférieurs au seuil de pauvreté. L'ONG ACCION, qui appuie des IMF en Amérique du Sud, en Afrique et aux États-Unis (plus d'un million de clients au total) a développé une méthode sur ce principe[1].

La pauvreté, un phénomène multidimensionnel : les indices de pauvreté

De plus en plus, les économistes et sociologues analysent **la pauvreté comme un phénomène multidimensionnel, qui n'affecte pas uniquement les revenus et les biens d'une personne, mais plus globalement ses capacités à mener la vie qu'elle souhaite mener.** Amartya Sen[2], économiste indien, prix Nobel d'économie en 1998, a largement influencé ce courant de pensée, qui incite à évaluer le niveau de pauvreté

---

1. Pour des compléments sur l'outil d'évaluation de la pauvreté, « http://www.accion.org/insight/ »
2. Lire par exemple Amartya Sen, *Un nouveau modèle économique*, Odile Jacob, 2003.

d'un individu non seulement en fonction des revenus monétaires, mais aussi en fonction d'autres aspects non financiers – accès aux soins, à l'éducation pour les enfants, liberté au sein du foyer (notamment dans le cas de la femme), possibilité d'expression et de participation politique…

Bien entendu, pour une IMF, il est assez complexe d'évaluer le niveau de pauvreté de ses clients sous tous ces différents aspects. Cela suppose, par exemple, de réaliser des enquêtes auprès des clients sur la base de questionnaires très détaillés, portant sur chacun de ces éléments (revenus, épargne, accès aux soins…). De nombreuses difficultés se posent alors : la nécessité de recruter des enquêteurs compétents, la réticence des clients face à des questions perçues comme intrusives ou complexes, et la difficulté pour les clients eux-mêmes d'évaluer, par exemple, le niveau exact de leurs propres revenus. Enfin, il faudra agréger les résultats obtenus et pouvoir affecter à chaque « aspect » de la pauvreté un poids relatif par rapport aux autres ; faute de quoi, il serait impossible de comparer les clients entre eux.

L'outil d'évaluation de la pauvreté CGAP/IFPRI

Un index de pauvreté destiné à être utilisé par les IMF a été développé par le CGAP (Groupe consultatif d'assistance aux plus pauvres, voir chapitre 15) et l'IFPRI (International Food Policy Research Institute) : l'outil d'évaluation de la pauvreté[1].

C'est un questionnaire de cinq pages adressé à 200 nouveaux clients de l'IMF et 300 non-clients, afin de déterminer le niveau de vie des ménages qui ont accès aux services de l'institution pour la première fois. Il porte sur la composition de la famille, son alimentation, son habitation, les biens qu'elle possède. Ces différents indicateurs sont combinés pour construire un index de pauvreté. Sur la base de cet index, une note est affectée à chaque ménage. Plus la note est faible, plus le ménage est pauvre. En comparant les notes des clients à ceux des non-clients, on peut évaluer dans quelle mesure l'IMF touche les pauvres dans la zone où elle intervient.

1. « http://www.cgap.org/docs/TechnicalTool_05_French.pdf ».

Cet outil a par exemple été utilisé auprès des clients de l'IMF OTIV à Madagascar[1] en 1999. L'IMF proposait alors deux produits à ses 22 000 clients :

- Des crédits individuels ne visant pas spécifiquement les clients pauvres ;
- Des crédits solidaires de montants plus petits destinés à des groupes de femmes de familles pauvres.

L'étude a permis de segmenter l'ensemble de la population en trois groupes, du plus pauvre au moins pauvre. Elle a montré que 45 % des clientes du crédit solidaire appartiennent au groupe le plus pauvre, contre seulement 13 % des clients ayant obtenu un crédit individuel.

Microfinance et pauvreté : ce que l'on peut dire à ce stade

La majorité des intervenants sont aujourd'hui d'accord sur quelques constats :

▶ **La microfinance n'est pas un outil adapté pour toucher** *les « plus pauvres des pauvres »* **au sens strict** (les indigents), qui manquent du minimum de stabilité nécessaire pour que le recours à des services financiers soit possible et pertinent ;

▶ Un cran au-dessus des indigents, *les ménages très pauvres* ne sont pas toujours susceptibles de faire fructifier un microcrédit, par manque de moyens financiers, humains et techniques. Leur faire courir le risque de l'endettement n'est pas toujours recommandable, ni pour eux ni pour le prêteur. Ces ménages sont cependant capables d'initiatives économiques. Il existe donc à juste titre des programmes leur proposant des crédits. Ces programmes plus « sociaux » reconnaissent souvent le **besoin d'un accompagnement de leurs « bénéficiaires » par des formations ou des services additionnels, qui nécessitent durablement des subventions.**

L'accès à des **services d'épargne**, en particulier, est reconnu aujourd'hui comme une priorité pour ces ménages très pauvres (voir au chapitre 1, p. 35). La priorité est donc de développer des produits d'épargne flexibles, adaptés à cette population, en milieu urbain comme en milieu rural (voir chapitre 5) ;

---

1. « http://www.microfinancegateway.org/poverty/pat/otiv.html ».

▶ Remontant encore d'un cran, les ***ménages non pauvres vulnérables*** regroupent des familles qui sont juste en dessous ou juste au-dessus du seuil de pauvreté, mais qu'un simple choc externe suffirait à précipiter dans une pauvreté profonde – par exemple, une maladie, un décès dans la famille, un accident, la perte d'un emploi… Pour eux, en plus de l'épargne, **le microcrédit trouve toute sa pertinence**[1], car ils ont les capacités de réellement développer des micro-entreprises et de rembourser leurs prêts régulièrement ;

▶ **Ce qui importe en définitive pour une IMF, c'est de définir sa cible et de se donner les moyens de l'atteindre réellement.** Il faut être conscient qu'en l'absence d'effort spécifique pour atteindre la clientèle très pauvre, une IMF développera des produits généralistes qui auront plutôt tendance à toucher la clientèle « moyenne », perçue comme moins risquée et à qui l'on peut accorder des prêts plus gros, plus rentables. La question du ciblage est à suivre au cours du temps, car même les institutions ayant initialement l'objectif de toucher une clientèle pauvre dérivent fréquemment vers le segment supérieur du marché (voir chapitre 12) ;

▶ Enfin, **la microfinance est aussi un instrument indirect de lutte contre la pauvreté,** dans le sens où les individus non pauvres et les entreprises qui bénéficient d'opportunités de croissance grâce au microcrédit peuvent par la suite créer des opportunités économiques pour les pauvres (emploi, travail en sous-traitance).

La difficulté de mesurer l'impact sur les clients

Mener une étude d'impact est un exercice ardu du point de vue méthodologique. En effet, la mesure de l'impact pose plusieurs difficultés, dont les deux principales sont l'attribution de l'impact et la fongibilité du crédit.

---

1. Graham A.N. Wright and Aleke Dondo, "Are you Poor Enough ? Client Selection my Microfinance Institutions", 2001, in *Microfinance, Evolution, Achievements and Challenges,* ITDG Publishing, mars 2004.

L'attribution de l'impact[1]

Dans quelle mesure une amélioration de la situation d'un client est-elle réellement imputable au crédit accordé par l'IMF ? Par exemple, si un client donné s'est enrichi au cours d'une année, cela peut être dû à de multiples facteurs externes : la vente d'une terre, un héritage, l'accès d'un membre de sa famille à un travail salarié, etc.

Ces facteurs individuels peuvent être neutralisés en raisonnant sur des moyennes tirées d'échantillons suffisamment larges. En effet, si certains clients peuvent avoir bénéficié d'événements heureux durant la période, d'autres auront connu des événements néfastes, et ces aléas individuels se compenseront en moyenne.

Cependant, il ne suffit pas d'observer une amélioration de la situation moyenne des clients pour en conclure que cette amélioration est imputable aux services de microfinance. L'amélioration pourrait être due à une croissance économique forte pendant la période ou à une pluviométrie favorable dans les zones agricoles… Il faut donc isoler l'impact de la microfinance par rapport à divers facteurs externes. Pour cela, on emploie en général une méthode spécifique : on constitue un groupe témoin d'habitants de la même zone et de même situation initiale, qui ne recourent pas aux services de l'IMF. On ne pourra conclure à un impact réel de la microfinance que si l'amélioration de la situation des clients de l'IMF est plus forte que l'amélioration de la situation de ceux qui ne sont pas clients.

Toutefois, cette comparaison nécessaire n'est pas suffisante. En effet, que conclure si l'on observe, par exemple, que les clients se sont enrichis plus vite que les non-clients ? Cela pourrait signifier que les clients se sont enrichis plus vite que les non-clients parce qu'ils ont emprunté auprès de l'IMF. Mais cela pourrait aussi signifier, à l'inverse, que les clients ont emprunté parce qu'ils avaient, avant même l'intervention de l'IMF, des capacités que les autres n'avaient pas – on parle de causalité inverse. Ces capacités étant souvent non quantifiables (par exemple, l'esprit entrepreneurial de l'emprunteur), il est très difficile d'isoler

---

1. Beatriz Armendariz de Aghion et Jonathan Morduch, *The economics of microfinance*, MIT Press, 2005.

économétriquement leur effet. Dès lors, comment se convaincre que le groupe témoin ressemble suffisamment au groupe de clients, ce qui est une hypothèse centrale ?

Cette difficulté spécifique a poussé les chercheurs à mettre en place des évaluations expérimentales (voir p. 117).

Ainsi, pour dépasser les difficultés méthodologiques, les études d'impact doivent être menées avec une très grande rigueur. Elles supposent de rassembler des données bien précises et d'employer des méthodes économétriques pointues, dont l'exposé dépasse le cadre de cet ouvrage. Nous nous limiton à en présenter un exemple dans l'encadré ci-après.

Il faut souligner que l'ensemble des études d'impact mentionnées plus haut ont suivi des méthodes rigoureuses permettant de répondre à plusieurs de ces difficultés. On ne peut certes pas les considérer comme des démonstrations « scientifiques » (qui sont toujours rares en sciences sociales) ; néanmoins, leurs efforts de rigueur apparaissent suffisants pour que l'on puisse dire qu'elles étayent et accréditent fortement l'idée d'un impact positif significatif.

Méthode de mesure d'impact chez ADéFi[1] (ACEP Madagascar)

Une étude d'impact menée en 2004 sur l'IMF ADéFi (ACEP Madagascar) éclaire utilement le traitement de cette difficulté méthodologique[2]. ADéFi est une IMF basée à Antananarivo, créée en 1995 par l'opérateur ACEP Développement. L'étude porte sur l'activité de crédits d'un montant moyen de l'ordre de 700 euros à de « très petites entreprises » (TPE), n'ayant pas accès aux banques (environ 6 000 emprunteurs en 2005).

La méthode retenue consiste à comparer un échantillon d'emprunteurs à un échantillon « témoin » de non-emprunteurs, avec un procédé « d'appariement » : l'étude s'efforce, pour chaque entreprise cliente, de trouver une entreprise non cliente qui était aussi proche d'elle que possible avant l'acte d'emprunter chez ADéFi, et qui, au fond, aurait tout aussi bien pu devenir cliente d'ADéFi. La principale difficulté méthodologique est que, aussi proche que soient les profils des micro-entreprises

---

1. Voir le site Internet de l'IMF (http://www.adefi.org/).
2. Flore Gubert et François Roubaud, « Analyser l'impact d'un projet de microfinance : l'exemple d'ADéFi Madagascar, AFD », *Notes et Documents* n° 19, juin 2005.

appariées, il pourrait bien rester une différence initiale entre le groupe de celles qui sont devenues clientes et les autres – par exemple, dans la mentalité du chef d'entreprise. De ce fait, le risque demeure d'imputer au programme des différences qui en fait existaient déjà avant sa réalisation mais ne pouvaient être observées.

Pour dépasser cet obstacle, l'étude a recours à la méthode dite de la « double différence ». Par exemple, pour mesurer l'impact sur le chiffre d'affaires des micro-entreprises, la méthode consiste à :

1. Calculer la différence entre la moyenne du chiffre d'affaires des entreprises clientes *avant* l'action du projet et la moyenne du chiffre d'affaires des entreprises non clientes *avant* l'action du projet ;

2. Calculer la différence entre la moyenne du chiffre d'affaires des entreprises clientes *après* l'action du projet et la moyenne du chiffre d'affaires des entreprises non clientes *après* l'action du projet ;

3. Faire la différence entre ces différences (d'où le nom de méthode de « double différence »).

En procédant ainsi, on limite le risque d'attribuer au crédit des différences qui, en fait, existaient déjà à l'origine, puisque l'on compare un écart final à un écart initial. Le résultat final (la différence entre l'écart final et l'écart initial) nous dit si les entreprises clientes ont progressé plus vite ou moins vite que les non-clientes, et si cette différence est statistiquement significative.

Les résultats de l'étude montrent que les micro-entreprises clientes sont significativement plus performantes que les non-clientes, mais qu'il n'est pas certain que cette différence puisse être totalement attribuée au programme.

La fongibilité du crédit

Une autre difficulté apparaît lorsque l'on veut calculer le taux de rentabilité des investissements réalisés par les micro-entrepreneurs : c'est celle de la *fongibilité* du crédit. Ce terme signifie que le crédit est utilisé dans divers postes d'activités productives et de consommation, à tel point que l'on ne parvient plus à identifier sa destination finale.

Fongibilité du crédit chez les clients d'AMRET

Une étude d'impact réalisée par le GRET, sur AMRET, au Cambodge en 1995-1996[1], illustre le concept de fongibilité.

Un paysan cambodgien a emprunté au mois de juillet pour une durée de six mois. La saison agricole ayant commencé, il affecte le crédit à l'achat d'engrais. Deux mois plus tard, il achète deux porcelets sur ses fonds propres. À première vue, l'étude d'impact devrait porter sur la marge nette dégagée par l'activité rizicole. Or, une discussion avec l'emprunteur met en évidence que si celui-ci n'avait pas eu de crédit, il aurait tout de même acheté l'engrais sur ses fonds propres. En revanche, il aurait manqué de capital pour acheter les porcelets. Le crédit a donc rendu possible l'achat des porcelets, et non de l'engrais. L'évaluation de l'impact économique devrait donc porter sur la marge nette dégagée par l'engraissement des porcs.

Les tentatives de spécifier l'usage de tel ou tel crédit et de mesurer sa rentabilité se heurteront souvent à ce type de difficultés. Ce problème se pose surtout pour les petits crédits ; pour des montants plus importants, un investissement déterminé peut être plus facilement identifié.

Mesurer la satisfaction des clients

Au cours des années 1990, les études complexes d'évaluation de l'impact ont été de plus en plus délaissées. Les raisons de cette désaffection sont multiples :

▶ Les études effectuées ont apporté suffisamment d'éléments pour crédibiliser l'idée que la microfinance a un impact significatif, rendant moins nécessaire l'entreprise de nouvelles études ;

▶ La priorité donnée par les bailleurs de fonds est la pérennisation des IMF qui, plus que l'approfondissement de l'impact, implique croissance du nombre d'emprunteurs et renforcement des organisations prêteuses. Dans ce contexte, une conviction s'est ancrée : le nombre

---

1. Pascal Bousso, Pierre Daubert, Nathalie Gauthier, Martin Parent et Cécile Zieglé, *L'impact microéconomique du crédit rural au Cambodge*, Collection « Études et travaux », GRET 1997.

croissant de clients et la qualité des taux de remboursement sont par eux-mêmes une démonstration du fait que les clients sont satisfaits et donc que l'impact est positif ;

▶ Enfin, les dirigeants des IMF s'appropriaient peu ces études coûteuses, souvent commanditées par les bailleurs de fonds et logiquement menées par des consultants externes (du fait des compétences nécessaires et du besoin d'objectivité de l'exercice). De ce fait, les études d'évaluation de l'impact aboutissaient généralement à peu de recommandations opérationnelles susceptibles d'améliorer les pratiques.

Un changement d'objectif

Depuis la fin des années 1990, les études visant à prouver l'impact de la microfinance ont cédé la place à des études visant à améliorer les services grâce à une meilleure connaissance des besoins de la clientèle, ce que l'on peut formuler en anglais comme le passage d'une démarche de type *prove* (prouver) à une démarche de type *improve* (améliorer)[1].

Ce changement s'est produit lorsque les IMF avaient atteint un stade suffisant de maturité et de maîtrise des aspects techniques pour pouvoir se permettre d'engager une réflexion sur la pertinence de leurs services et sur les innovations possibles. Cette réflexion a, de plus, été rendue nécessaire par le constat que certaines IMF perdaient de plus en plus de clients, en particulier en Amérique du Sud et en Afrique de l'Est[2]: les clients s'adressaient à l'organisation pour y recevoir un ou deux prêts, les remboursaient, puis se retiraient. Plusieurs explications étaient envisagées :

▶ L'inadaptation des services proposés par rapport à leurs besoins récurrents (en particulier, l'absence de produits d'épargne) ;

---

1. David Hulme, *Impact Assessement Methodologies for Microfinance : Theory, Experience and Better Practice*, World Development, vol. 28, n° 1.
et Emmanuelle Bouquet, *Enjeux et controverses autour des études d'impact en micro-finance*, BIM du 09/09/2008.
2. Imran Matin et Brigit Helms, *Institutions de microfinance en Afrique de l'Est : pourquoi des clients en sortent et d'autres n'y entrent pas ?*, MicroSave Africa, 2000 (http://www.lamicrofinance.org/files/14740_FocusNote_16_French.pdf).

▶ La concurrence croissante entre IMF sur certaines zones, donnant la possibilité à chaque client de passer de l'une à l'autre, et obligeant chacune à proposer des produits mieux adaptés pour satisfaire ses clients.

Pour mieux comprendre la demande des clients et concevoir des produits plus adaptés, des études de clientèle ont été menées. On peut les comparer aux études marketing que mènent les entreprises.

Ces études de clientèle s'appuient sur une approche plus qualitative que quantitative. Elles présentent deux avantages majeurs :

1. Elles sont suffisamment souples pour pouvoir être mises en place par les IMF elles-mêmes ;

2. Elles aboutissent à des recommandations plus opérationnelles, et peuvent servir de véritable outil de pilotage.

Ainsi, après une période où la priorité était la croissance des IMF et leur pérennisation, le secteur a en quelque sorte découvert l'**impératif de mettre le client au centre de ses préoccupations** et de ne pas se contenter de lui proposer des produits standards. Cette prise de conscience salutaire, loin de miner l'objectif de renforcement des IMF, y contribue au contraire puisqu'elle permet de fidéliser la clientèle.

Des outils simples pour mieux connaître les clients[1]

Des méthodes simples et facilement adaptables ont été développées pour mieux comprendre la clientèle – à l'initiative notamment d'organisations comme MicroSave Africa et du programme AIMS[2].

Études de marché

De nombreuses études ont jugé utile de s'appuyer sur un outil développé par MicroSave Africa pour réaliser des études de marché en

1. L'ensemble de cette section s'appuie sur le travail du groupe CERISE, *Dossier thématique. Impact et Performances sociales* (http://cerise-microfinance.org/publication/impact.htm).
2. Assessing the Impact of Microenterprise Services (AIMS) : programme développé de 1995 à 2001 par la coopération américaine (USAID) pour définir, en coopération avec des praticiens – réseau SEEP – et des chercheurs, des méthodes et outils d'analyse d'impact plus opérationnels. Les résultats et outils de AIMS ont été publiés : voir Monique Cohen, *Connaître la clientèle des IMF. Outils d'analyse pour les praticiens de la microfinance*, USAID/AIMS, septembre 2001 (téléchargeable : « http://www.lamicrofinance.org/files/14589_Connaitreclienteledes_IMF.pdf »)

microfinance[1]. La méthode vise à mieux comprendre la demande des ménages, leurs contraintes et la perception qu'ils ont de l'IMF. La recherche est essentiellement qualitative. Elle donne lieu à des discussions de groupe orientées par des guides d'entretien préalablement établis et à des diagnostics participatifs, grâce auxquels les clients interrogés analysent eux-mêmes des données sur leur gestion de l'argent. La préparation des guides de discussion et la compétence des modérateurs sont essentielles à la réussite de l'exercice.

Les thèmes sont aussi divers que les sources de revenus et leur saisonnalité, les conditions locales d'accès aux services financiers, la hiérarchisation des avantages importants attendus d'un service financier et le niveau de satisfaction par rapport à l'offre proposée par l'IMF…

L'analyse de ces discussions permet de mieux adapter les produits financiers proposés et de positionner l'IMF vis-à-vis de la concurrence. Le fait d'associer des clients et, le plus souvent, des salariés à cette étude permet en outre d'accroître le sentiment des uns et des autres de participer à l'orientation de l'organisation, et donc leur attachement à sa réussite. Il permet aussi, incidemment, de repérer des cas où les règles sont mal appliquées par les équipes ou mal communiquées aux clients.

Satisfaction de la clientèle et abandons de clients

Le programme AIMS a développé des méthodes permettant d'analyser la satisfaction de la clientèle, l'utilisation que les clients font de leurs prêts ou encore les raisons des *abandons de clients* (c'est-à-dire les cas où les clients ne renouvellent pas leurs prêts)[2]. Tout comme les enquêtes de MicroSave Africa, ces méthodes privilégient l'information qualitative récoltée auprès de groupes de clients, de non-clients et d'anciens clients.

---

1. Graham A.N. Wright, David Cracknell et Leonard K. Mutesasira, *Marketing stratégique pour les institutions de microfinance*, accessible depuis le site http://www.microsave.org.
2. Monique Cohen, *Comment évaluer l'impact sur la vie des clients*, accessible depuis le site http://www.microcreditsummit.org.

Étude de la clientèle d'AMRET

Une « étude de clientèle »[1] a été menée en 2003 à la demande de l'IMF AMRET elle-même. Deux points essentiels sont abordés :

- Les abandons de clientèle et leurs causes. À la fin de chaque cycle, 10 % des clients environ choisissent de ne pas réemprunter – ils reprendront éventuellement quelque temps plus tard. En moyenne, le nombre de crédits pris par un client avant de se retirer du système est de 2,8. La première cause de sortie est le fait de ne plus avoir besoin de crédit (35 %). Les autres raisons majeures sont le manque de perspectives de l'activité économique engagée (24 %) et une insatisfaction liée aux modalités d'octroi des crédits chez AMRET (18 %) – mais seulement 6 % des anciens clients déclarent avoir trouvé un meilleur prêteur, formel ou informel ;

- Les suggestions des clients pour améliorer les services :
  - proposer des crédits individuels,
  - alléger les procédures d'octroi de prêts,
  - augmenter le montant des prêts,
  - offrir plus de flexibilité sur les délais de remboursement,
  - offrir aux clients fidèles des ristournes sur les taux d'intérêt.

Concilier rigueur de l'analyse d'impact et utilité opérationnelle

L'opposition entre études d'impact rigoureuses mais peu utilisables d'un côté, et études de clientèle opérationnelles mais sans capacité de démonstration de l'autre, n'est pas une fatalité, et certains acteurs cherchent à concilier ces deux approches.

Cette conciliation suppose à la fois d'impliquer, à tous les stades de l'analyse, la direction de l'IMF, de cumuler des approches qualitatives et quantitatives, et d'apporter une maîtrise technique permettant de collecter et analyser les données avec la plus grande rigueur. L'étude d'impact du réseau des CECAM, dont les résultats et les références ont été cités page 98, est un exemple d'étude de ce type.

Les évaluations expérimentales reflètent également l'ambition de combiner dans des mêmes études les approches de type *prove* et de type *improve*.

---

1. Lamya Benkirane, *Étude de suivi de clientèle EMT*, EMT, mai 2003.

Les évaluations expérimentales

En parallèle des études de marché et de clientèle, on assiste au développement de véritables expérimentations en grandeur nature, qui visent à concilier rigueur scientifique et utilité opérationnelle. Elles sont menées auprès d'échantillons plus larges et très fortement comparables. Les coûts élevés de ces procédés sont habituellement assumés par des financeurs publics, chez qui on note un regain d'intérêt pour la mesure d'impact depuis le milieu des années 2000.

Ces études fournissent des détails précieux sur le fonctionnement et l'efficacité de la microfinance. Elles permettent de comprendre non seulement si « cela marche », mais « comment et pourquoi », en fonction des contextes et des modalités de mise en œuvre des programmes de microfinance[1].

En Afrique du Sud, une étude expérimentale a été menée pour mieux connaître les besoins des emprunteurs et les caractéristiques des produits qui les intéressent[2]. Un organisme de microcrédit à la consommation a ainsi adressé par courrier une offre de crédit à plus de 50 000 anciens clients. Pour chaque client, le taux d'intérêt proposé et la durée du crédit mentionnée à titre d'exemple étaient choisis aléatoirement. Les résultats ont montré une assez faible sensibilité des clients à la baisse des taux d'intérêt mais une forte sensibilité à l'augmentation de la durée des prêts : l'allongement d'un mois de la durée du prêt a augmenté de 16 % la demande de prêt.

Aux Philippines, une méthodologie a été développée pour mesurer l'impact de l'octroi de prêts individuels à la place de prêts solidaires sur les clients de la banque commerciale Green Bank[3]. Pour cela, la moitié des bureaux de prêts de Green Bank (qui distribuaient tous des crédits solidaires) ont été convertis en bureaux de prêts individuels. Après 3 ans, l'expérimentation montre que le passage au crédit individuel n'a

---

1. Voir en particulier les travaux d'Esther Duflo et du laboratoire J-Pal du MIT. Une présentation synthétique de ses travaux est accessible sur le site du Collège de France (http://www.college-de-france.fr/default/EN/all/cha_int/).

2. Dean S. Karlan, Jonathan Zinman, *Credit Elasticities in Less-Developed Economies: Implications for Microfinance*, American Economic Review, 2006.

3. Xavier Giné, Dean Karlan, *Group versus Individual Liability: Long Term Evidence from Philippine Microcredit Lending Groups*, Working Paper, 2009 (http://karlan.yale.edu).

entraîné aucune modification dans les taux de remboursement des clients et a généré une augmentation plus importante du nombre de clients dans les bureaux convertis.

En Inde, une étude sur l'IMF Village Welfare Society a mesuré l'impact de la fréquence des échéances de remboursement sur le taux de remboursement[1]. Des fréquences de remboursements hebdomadaires (modalité habituelle pour cette IMF) ou mensuelles ont ainsi été attribuées aléatoirement à cent groupes de nouveaux clients représentant 1 026 emprunteurs. Les résultats ont démontré que le taux de remboursement n'est pas inférieur lorsque la fréquence de remboursement est mensuelle, ce qui permet d'imaginer des schémas de remboursement plus espacés apportant plus de flexibilité aux clients et réduisant les coûts de transaction des IMF.

Ces études expérimentales mesurent ainsi l'impact de mécanismes opérationnels spécifiques. Elles permettent aux IMF d'analyser leur stratégie de développement et d'offrir des programmes mieux adaptés aux nécessités des clients.

Mesurer la performance sociale des IMF, un enjeu actuel[2]

Une tendance récente consiste à mettre l'accent sur l'utilité sociale des IMF. De nombreux outils tentent de mesurer les performances sociales des IMF définies comme la mesure de la capacité des IMF à atteindre les objectifs sociaux qu'elle se sont fixés. Ces objectifs sociaux peuvent être :

▶ servir un nombre croissant de personnes pauvres et exclues,

▶ améliorer la qualité et l'adaptation des services financiers,

▶ apporter des bénéfices économiques et sociaux aux clients (par exemple, appuyer l'autonomie des femmes).

---

1. Erica Field, Rohini Pande, *Repayment Frequency and Default in Microfinance: Evidence from India*, Institute for Financial Management and Research, Centre for Microfinance, Working Paper Series n° 20, 2007.
2. Voir le dossier thématique « Impact et performances sociales » du Portail Microfinance (http://www.lamicrofinance.org/section/resourcecenters/), ainsi que la Note Focus n°41 du CGAP : Hashemi Syed, Beyond good intentions: measuring the social performance of microfinance institutions , mai 2007 (http://collab2.cgap.org/gm/document-1.9.2581/FocusNote_41.pdf).

Il y a quelques années, l'exigence de performance financière primait sur celle de performance sociale - considérée comme acquise. Avec l'arrivée à maturité de la microfinance et les récentes critiques sur son impact social (voir page 121), la question de l'utilité sociale des IMF passe à présent au premier plan, pour tous les acteurs du secteur. Les investisseurs et les financeurs veulent connaître la plus-value sociale de leurs investissements[1]. Les gouvernements qui ont apporté leur soutien financier ou réglementaire à la microfinance dans un souci de lutte contre la pauvreté souhaitent mesurer l'action des IMF. Les IMF elles-mêmes souhaitent être reconnues pour leurs performances sociales.

Des initiatives récentes ont fait avancer la réflexion et l'action sur le sujet. Des réseaux de praticiens, tels que Cerise, ProsperA ou Imp-Act[2], travaillent en partenariat avec d'autres acteurs (chercheurs, fondations) pour promouvoir la culture et la pratique des performances sociales des IMF. Ces travaux ont abouti à des outils opérationnels de mesure ou d'amélioration de la performance sociale. Des réseaux régionaux de coordination d'actions et d'échanges se sont développés sur ce thème : la Social Performance Task Force (SPTF), initiée en 2005[3], regroupe notamment à l'échelle internationale les acteurs intéressés par les performances sociales afin d'harmoniser les approches.

Des outils de mesure de la performance sociale sont maintenant largement diffusés, à l'instar de l'outil SPI (voir ci-dessous). Ils évaluent notamment l'objectif social et les procédures internes des IMF, le niveau de pauvreté des clients[4], la satisfaction des clients et l'utilisation de leurs prêts[5] (voir p. 114). De leur coté, certaines agences de rating (notation)[6] (voir p. 326) ont développé des méthodologies de rating social, dont les critères sont similaires à ceux des outils évoqués

---

1. Une loi du Congrès américain a rendu obligatoire le *reporting* sur le niveau de pauvreté des clients pour tous les programmes de microfinance et d'appui à la microentreprise appuyés par USAID, l'agence de coopération américaine.
2. http://www.imp-act.org/.
3. À l'initiative du CGAP et des fondation Ford et Argidius.
4. PPI (Progress out of Poverty Index du CGAP, Fondation Grameen et Fondation Ford), USAID PAT (Poverty Assessement Tool d'IRIS-USAID) : ces outils déterminent avec une dizaine de questions simples posées aux clients (à un échantillon ou à tous les clients), le pourcentage de pauvreté de la clientèle.
5. Outils MicroSave : http://www.microsave.org
   Outils AIMS/SEEP : http://www.seepnetwork.org/content/library/detail/646
6. Microfinanza, M-CRIL et Planet Rating

ci-dessus. Pour harmoniser les approches et promouvoir l'exigence de performance sociale, un ensemble d'indicateurs de performance sociale standardisé – sélectionnés par la SPTF – est inclus dans le canevas de *reporting* du MIX Market depuis 2008.

Cette définition d'indicateurs simples et harmonisés pour évaluer les performances sociales est un enjeu fort pour la microfinance : c'est en effet un préalable pour que tous les acteurs du secteur (IMF, investisseurs, bailleurs…) acceptent d'intégrer la notion de performance sociale, au même titre que la performance financière.

L'outil SPI du réseau CERISE[1]

Le réseau de praticiens français CERISE a développé un outil d'évaluation des performances sociales (outil SPI, pour Social Performance Indicators).

L'outil consiste en un questionnaire qui peut être soumis à la direction de l'IMF pour permettre une réflexion interne et pour mettre en valeur auprès de partenaires externes la dimension « sociale » de l'institution.

Ce questionnaire porte sur quatre dimensions :

- **Le ciblage des pauvres et des exclus** : comment l'IMF définit-elle sa mission ? Quels sont ses zones d'intervention et le profil de ses clients ? Utilise-t-elle un outil de ciblage ? Quel est le montant des transactions ? Quel type de garantie est exigé ?

- **L'adaptation des produits et des services à la clientèle cible** : l'IMF propose-t-elle des produits suffisamment variés et adaptés à sa cible ? Comment s'assure-t-elle de la qualité de ses services (accessibilité, rapidité d'octroi…) ? Propose-t-elle ou facilite-t-elle l'accès à des services non financiers à ses clients (formation, santé…) ?

- **L'amélioration du capital social et du capital politique des clients** : quel est le degré de transparence des opérations de l'IMF ? Les clients sont-ils représentés au niveau de la gouvernance ? L'IMF entreprend-elle des actions visant un impact de type *empowerment* ?

- **La responsabilité sociale de l'IMF** : l'IMF rémunère-t-elle et encadre-t-elle correctement ses employés ? Tient-elle compte de la condition socio-économique de ses clients ? Est-elle bien insérée dans le contexte socio-économique et culturel ?

---

1. Le descriptif de l'outil, le questionnaire et l'analyse des études de cas réalisées sont disponibles sur le site « http://www.cerise-microfinance.org ».

> Des questions détaillées permettent d'attribuer à l'IMF une note sur cha-
> cune de ces dimensions. C'est une évaluation utile, pour l'IMF elle-
> même, ses partenaires et éventuellement ses financeurs.
>
> L'outil propose enfin de mettre en perspective la performance sociale et
> la performance financière de l'IMF, avec l'intuition qu'à long terme,
> elles se renforceront mutuellement.

À ce jour, plus de 120 IMF ont utilisé l'outil SPI, dans tous les continents. Ces IMF, ainsi que d'autres organisations (réseaux, opérateurs,
bailleurs, chercheurs, etc.) se sont regroupées au sein de ProsperA,
l'Alliance pour la Promotion des Performances sociales[1]. Ce réseau
international coordonne des échanges et des actions communes à partir
de l'outil SPI et des initiatives de ses membres, en particulier en termes
de gouvernance, d'impact et d'évaluation des performances sociales.

La critique de la microfinance

La médiatisation croissante de la microfinance a suscité d'importants
espoirs, tant pour les clients qu'au niveau macro-économique. Afin que
cet engouement ne conduise pas à des déceptions ultérieures, certains
experts de la microfinance ont souhaité souligner les limites de la
microfinance ainsi que la connaissance insuffisante que nous avons de
ses impacts.

Les critiques interviennent à deux niveaux :

1. Une critique d'ordre idéologique

2. Des discussions plus pratiques sur les effets concrets de la microfinance, elles-mêmes intervenant sur trois plans :

   – les limites de l'action bénéfique de la microfinance;

   – le doute sur l'existence d'un impact macroéconomique ;

   – les effets négatifs potentiels.

---

1. Présentation de ProsperA :
   voir http://www.cerise-microfinance.org/pdf/Fr/Plaquette_ProsperA_VF.pdf

Nous proposons de résumer ces critiques, d'en nuancer certaines et de montrer comment les acteurs de la microfinance innovent afin de dépasser les limites actuelles de leurs actions.

Le débat idéologique

Dans la mesure où la microfinance constitue une extension de la sphère financière et où sa contribution au développement repose essentiellement sur l'appui aux initiatives individuelles des clients, elle rencontre certaines oppositions chez ceux à qui les mécanismes relevant de l'économie de marché inspirent la plus grande méfiance.

Des critiques marquées à gauche reconnaissent que la microfinance peut avoir une utilité, mais s'alarment de certains excès d'un discours simplificateur laissant croire qu'elle constitue une réponse suffisante au problème du sous-développement dans les pays du Sud, ou de chômage et de précarité au Nord. Trois arguments reviennent régulièrement :

▶ La financiarisation des économies et la « privatisation » des systèmes d'octroi de crédit peuvent venir affaiblir des systèmes de solidarité préexistants ;

▶ Les pauvres n'ont pas tous la capacité à devenir des micro-entrepreneurs ; ceux dont ce n'est pas le cas ne doivent pas être oubliés sur le bord du chemin, sans quoi la microfinance ne fera qu'accentuer les inégalités ; les budgets affectés à la microfinance ne doivent pas l'être au détriment des programme sociaux, de l'éducation, de la santé ;

▶ Le développement de l'entreprenariat ne doit pas signifier la « mise au travail de tous par tous les moyens », comme seul moyen de s'en sortir, sans considération pour les droits sociaux et les normes internationales (durée et âge légal du travail, conditions sanitaires…)[1].

Ces arguments nécessitent de retenir l'attention et la vigilance des acteurs de la microfinance, même s'ils méritent à leur tour une contradiction : la financiarisation des économies est aujourd'hui un phénomène inéluctable, et la microfinance peut la rendre plus juste ; les acteurs de la microfinance ne souhaitent pas que leur essor se fasse au

---

1. Voir les travaux du Bureau International du Travail sur microfinance et « travail décent » : http://www.ilo.org/public/english/employment/finance/download/wordform-f.doc

détriment de programmes sociaux ; et l'entreprenariat est conciliable avec des normes sociales, qui elles-mêmes sont forcément relatives au contexte local.

En tout état de cause, il faut souligner que dans l'ensemble, le monde de la microfinance est assez peu politisé et les débats idéologiques y sont rares. Dans leur vaste majorité, les acteurs de la microfinance sont attachés à la complémentarité entre l'aide sociale et le soutien à l'activité économique et recherchent dans cet esprit des solutions pragmatiques aux besoins des populations ciblées (voir par exemple ch.5, p. 137). La microfinance rassemble, dans de nombreux pays, un consensus large aussi bien chez des hommes de droite que de gauche, en tant que mécanisme de marché, appuyant des initiatives individuelles, ciblé vers des populations fragiles, et bénéficiant souvent à ce titre des subventions publiques.

Il est à noter enfin que les chercheurs et les praticiens qui se reconnaissent dans la critique idéologique de la microfinance sont souvent ceux qui, par ailleurs, insistent sur les limites concrètes de l'impact de la microfinance – que nous allons maintenant présenter.

Les limites de l'action positive de la microfinance[1]

Elles sont de quatre types :

▶ La critique déplore souvent la focalisation historique de la microfinance sur le crédit aux dépens des produits d'**épargne** (chapitre 2, p. 71), pourtant essentiels.

▶ Elle dénonce aussi son incapacité à toucher les « **plus pauvres des pauvres** ». Il est vrai que c'est généralement auprès des ménages proches de la ligne de pauvreté, et non auprès des plus pauvres, que la microfinance est la plus performante (voir p. 104). Cette critique a incité les acteurs de la microfinance à innover pour toucher des publics encore exclus (voir chapitre 5).

---

1. Jean-Michel Servet, *Banquiers aux pieds nus*, Septembre 2006 et *Les Limites de l'utilisation du microcrédit dans les pays du Sud*, Problèmes économiques, 18 juillet 2007

▶ La critique relève aussi les cas où la microfinance ne parvient pas à renforcer **l'autonomie des femmes** (voir p. 100), ou génère des **tensions sociales**, par exemple au sein de groupes d'emprunteurs de crédits solidaires (voir p. 52).

▶ Enfin, elle porte sur le niveau élevé des **taux d'intérêt**. Si des taux d'intérêt élevés sont justifiés dans un premier temps (la distribution de prêts de faibles montants est structurellement coûteuse), la mission sociale des IMF exige que ces dernières s'efforcent d'améliorer leur efficacité opérationnelle pour pouvoir baisser progressivement leurs taux d'intérêt (voir chapitre 12 encadré page 232 et chapitre 13, page 246). Or dans certains cas, le constat est que des IMF maintiennent des taux élevés sur la durée, profitant par exemple d'une situation de monopole. On note cependant que les taux ont déjà commencé à baisser dans certaines régions où la microfinance est plus mure (voir chapitre 13).

Une mise en doute de l'impact de la microfinance au niveau macroéconomique

La critique de la microfinance au niveau macroéconomique tient en quatre idées principales, dont chacune mérite d'être nuancée et débattue.

▶ Dans l'histoire économique de l'Europe et de l'Amérique du Nord, la généralisation du crédit a été une conséquence du **développement économique** mais pas sa cause[1].

À cet argument, on peut opposer le fait que l'histoire ne se répète pas nécessairement, surtout dans des contextes qui sont bien différents, et que de nouveaux chemins sont peut-être possibles vers le développement. De plus, peut-être le développement économique des pays industrialisés aurait-il été plus efficace ou plus équitable si des outils de financements plus variés avaient existé, en lien avec diverses autres politiques de développement.

▶ Aucune étude n'a pu démontrer un effet direct de la microfinance sur la croissance économique d'un pays.

1. Thomas Dichter, *A Second Look at microfinance, The Sequence of Growth and Credit in Economic History*, Center for Global Liberty & Prosperity, Development Policy Briefing Paper, CATO Institute, 15 février 2007

Il est en effet probable qu'à ce jour, la microfinance ne contribue que marginalement à la croissance macroéconomique. Il faut cependant souligner que l'absence de démonstration tient aussi à des obstacles méthodologiques.

▮ Souvent, les microcrédits ne sont pas alloués à des investissements productifs générateurs de valeur ajoutée et de développement économique : il arrive que les bénéficiaires les utilisent en réalité pour la **consommation**.

Cet argument est partiellement valide, mais sa portée est limitée par le fait que, dans les économies en développement, il est souvent artificiel de séparer consommation et activité économique : la capacité à consommer influe directement sur l'activité économique du ménage et les mêmes biens peuvent être utilisés à des fins privées et économiques[1].

▮ Les investissements dans les micro-entreprises se concentrent sur des activités de survie (petit commerce, activités de transformation sommaire) offrant une **valeur ajoutée limitée** et peu de possibilités d'expansion d'entreprise et de création d'emplois. Le développement économique passe surtout par l'essor d'entreprises de taille plus importante, qui gagnent en productivité, tirent la croissance et créent de l'emploi salarié.[2]

S'il est vrai que le développement de l'emploi salarié est un facteur essentiel du développement, il n'en demeure pas moins qu'à court terme, des millions de personnes n'y ont pas accès et que la microfinance peut leur apporter un appui utile. La microfinance est complémentaire, et non opposée, à l'appui également nécessaire au développement d'entreprises de taille plus importante. Des liens existent entre ces deux aspects du développement : la microfinance doit, à son échelle, contribuer au renforcement du tissu d'entreprises formelles en proposant des services plus adaptés aux PME, avec des modalités différentes – on parle alors de mésofinance (voir p. 133).

En conclusion, il nous paraît légitime de souligner les limites de la microfinance à un niveau macroéconomique, mais ceci n'est pas selon

---

1. Dan Balke et Bernd Zattler, *Review on Thomas Dichter's "A Second Look at Microfinance"*.
2. Aneel Karnani, *Microfinance misses its mark*, Stanford Social Innovation Review, Eté 2007.

nous de nature à remettre en cause l'utilité de la microfinance, à son échelle, parmi d'autres politiques et outils au service du développement.

Des impacts négatifs potentiels à prendre en compte

Ils peuvent être de deux types :

▶ La microfinance favorise certains types d'activités génératrices de revenus, qui nécessitent de faibles investissements et permettent un retour sur investissement assez rapide pour tenir l'échéancier de remboursement. Cela dirige souvent les bénéficiaires de micro-crédit vers les mêmes activités, simples à initier. La microfinance peut alors se révéler contre-productive quand elle crée une concurrence exacerbée sur une activité. La **saturation du marché local** entraîne ainsi plus ou moins rapidement la diminution de la rentabilité de cette activité. Par exemple, dans une zone rurale très pauvre où les emprunteurs pratiquent de l'élevage presque en mono activité, si un nombre croissant de personnes, grâce au crédit, investit dans l'élevage destiné au marché local, il y a un risque réel de saturation rapide, de chute des prix, et de conséquences négatives pour les emprunteurs comme pour l'IMF[1]. Pour diversifier les activités résultant de la microfinance, certaines IMF tentent d'encourager davantage la diversification d'activité de leurs clients par des produits de crédit adaptés ; d'autres développent un panel de formations professionnelles accessibles aux clients.

▶ Le risque de **surendettement** est une préoccupation forte. Un emprunteur est dit surendetté lorsque ses revenus ne lui permettent plus de faire face aux échéances de remboursement de ses différents emprunts. Cette situation se produit généralement quand un emprunteur obtient plusieurs prêts de prêteurs différents, qui souvent ne le savent pas. Ce risque a été mis en avant à la suite d'une vague de suicides en Inde en 2006 de paysans surendettés. Il est apparu que certaines femmes, pour maintenir une image de solvabilité, remboursaient leurs microcrédits en empruntant auprès

---

1. Voir par exemple le cas du PPPCR au Burkina Faso, lancé par le CIRAD en zone sahélienne et qui a dû cesser ses activités pour différentes raisons dont l'effet de saturation des marchés – B. Wampfler, *Les études de cas CERISE – le PPPCR*, 2002, http://www.lamicrofinance.org/files/15555_pppcr.pdf

d'usuriers locaux[1]. De plus, l'allocation d'une partie des microcrédits à la consommation courante, donc sans génération de revenus, peut accroître le risque de surendettement.

Pour nuancer cette critique, rappelons qu'il existait déjà en Inde, bien avant l'apparition de la microfinance, de très nombreux agriculteurs touchés par le surendettement auprès de prêteurs informels. Il n'en demeure pas moins que les institutions de microfinance ont aujourd'hui une responsabilité morale particulière pour limiter le surendettement, ce qui est également dans leur intérêt. En effet, le surendettement entraîne des défauts de remboursement.

Parmi les actions engagées par les IMF pour l'éviter, on peut citer :

- la plus grande rigueur dans l'instruction des demandes de crédit ;
- pour les clients demandeurs de crédits destinés à la consommation et non à l'investissement, la conception de crédits adaptés (taux d'intérêt inférieurs, durées de remboursement plus longues) et le refus de leur accorder des prêts inadaptés ;
- de manière générale, une grande attention au risque de surendettement des clients, dès que les IMF proposent du « crédit à la consommation » spécifique ;
- la création de fichiers centralisés de recensement des emprunteurs (voir p. 249) pour éviter qu'une IMF ne prête à un client déjà endetté auprès d'une autre.
- Des initiatives d'éducation financière pour sensibiliser les emprunteurs au risque de surendettement et les aider à mieux évaluer leur capacité d'endettement.

Ces différentes actions s'apparentent à un mouvement de protection des consommateurs qui prend de l'importance dans le secteur de la microfinance[2].

Ces critiques sont en partie fondées. Elles permettent à la microfinance d'améliorer chaque jour son action et de préciser sa mission : donner les moyens aux pauvres d'accéder à des services financiers. La microfinance

---

1. Ophélie Héliès, BIM, 13 janvier 2007
2. Voir le dossier thématique sur la protection des consommateurs
http://www.lamicrofinance.org/resource_centers/protectionclients?PHPSESSID=34fa94eea0c
394da00bef76882dc73d2. Voir aussi la Campagne de Protection des Consommateurs sur les
sites du CGAP et d'ACCION

ne doit pas être considérée comme une panacée qui résoudra l'ensemble des problèmes de pauvreté et de développement. Les enjeux sociaux, politiques ou légaux, par exemple, ne relèvent pas de la microfinance. Des attentes disproportionnées condamneraient la microfinance à échouer. En revanche, elle doit être considérée comme un outil essentiel ; pour certains, l'accès à des services financiers constitue même un droit économique[1].

---

1. Voir notamment Mohamad Yunus dans Le Figaro du 14 novembre 2006 et Maria Nowak, *On ne prête (PAS) qu'aux riches*, la révolution du microcrédit, Paris, JC Lattès, 2005, page 100.

Chapitre 5

Étendre la portée de la microfinance : un nouveau défi

On estime aujourd'hui le nombre de clients de la microfinance à approximativement 150 millions dans le monde (voir le panorama des IMF au chapitre 13). Le nombre de clients potentiels varie suivant les estimations entre 600 millions et un milliard d'individus[1]. Les institutions de microfinance se sont multipliées et la concurrence se développe auprès de certaines clientèles spécifiques ; pourtant, certaines zones et certains types de clients restent entièrement délaissés.

La tendance à répliquer des « modèles » dominants sur une région a souvent conduit à focaliser les institutions existantes sur des segments de marché étroits. Sur un pays donné, il est tentant de reproduire ce qui marche, plutôt que d'expérimenter de nouvelles approches. Il est aussi plus facile ainsi d'obtenir des financements de bailleurs de fonds.

Pour étendre la portée de la microfinance, **il est donc essentiel que les acteurs ne se limitent pas à la réplication de modèles existants mais aient l'audace d'innover en termes de clientèle cible, de produits et de modes d'organisation.**

---

1. Renée Chao-Béroff, « Les perspectives de la microfinance et le rôle des ONG dans la microfinance de demain », EU-Expert Meeting on Microfinance, 2005 (http://microfinance-ment.cirad.fr/fr/news/bim/Bim-2005/BIM-05-04-05.pdf).
   Certains ont estimé le haut de la fourchete à 1,6 milliards d'individus (Étude spéciale n° 8, GGAP, 2004) ce qui nous semble surestimé.

Pour atteindre les centaines de millions d'individus encore privés d'accès à la microfinance, cinq axes doivent être privilégiés :

▶ Atteindre plus largement les zones rurales ;

▶ Mieux servir les besoins d'investissement des micro et petites entreprises ;

▶ Proposer des services de microfinance adaptés aux populations pauvres en milieu urbain ;

▶ Mieux intégrer les populations vulnérables ;

▶ Diversifier les modèles d'organisation.

Mieux desservir le milieu rural[1]

Avec la crise alimentaire actuelle et l'engorgement des villes, l'enjeu que constitue le développement des zones rurales est de plus en plus crucial. Cependant, malgré la mission sociale affichée par la microfinance, peu d'IMF étendent leurs services aux zones rurales, qui concentrent pourtant la majorité des populations pauvres.

Le financement rural se heurte en effet à des contraintes spécifiques :

▶ L'éloignement, les faibles densités de population, la distance entre les clients et le mauvais état des infrastructures de communication augmentent les coûts de distribution du crédit en zone rurale et rendent difficile l'atteinte de l'équilibre financier pour les IMF. Les faibles niveaux de revenus qui se traduisent par des demandes de prêts de petits montants, constituent un défi supplémentaire pour la pérennisation des institutions en milieu rural.

▶ La plupart des habitants ruraux dépendent, au moins en partie, de l'agriculture comme moyen de subsistance. Or le financement des activités agricoles est particulièrement difficile :

   – Les activités agricoles sont soumises à des risques importants (risques climatiques, variations des cours etc.). De plus, lorsqu'un

---

1. Voir le dossier thématique « Finance rurale et agricole » du portail Microfinance (http://www.lamicrofinance.org/section/resourcecenters/).

de ces risques se matérialise, c'est l'ensemble des clients présents dans la zone qui est affecté. On parle de risques covariants, qui peuvent avoir un impact fort sur l'IMF (impayés).

– Les agriculteurs ont besoin de crédit pour acheter des semences et des intrants, alors que le revenu correspondant ne sera disponible que plusieurs mois après cet investissement. Les activités agricoles nécessitent donc des produits de prêts adaptés à la saisonnalité des récoltes, différents des produits de financement à court terme proposés généralement par les IMF.

Malgré ces obstacles, certaines IMF s'efforcent d'implanter leurs services en milieu rural, notamment dans un souci de diversification lorsque le marché urbain commence à être saturé et la concurrence intense. C'est le cas de Banco Los Andes Procredit en Bolivie[1]. Depuis 1995, dans un marché de la microfinance bolivien fortement concurrentiel, cette IMF a choisi d'étendre ses activités aux zones rurales. Une méthodologie d'analyse crédit fondée sur les revenus globaux (agricoles et non agricoles) des familles, une offre de prêts adaptée aux différents cycles agricoles et des ressources humaines compétentes en milieu rural ont permis à Banco Los Andes Procredit de toucher une clientèle rurale, tout en restant profitable. La proportion des clients ruraux reste néanmoins encore limitée : ils représentent 10% du portefeuille de prêts.

De nouvelles approches se développent pour dépasser ces obstacles :

▶ L'utilisation des nouvelles technologies (cf p. 86 encadré mobile banking), qui peut permettre de faire baisser le coût de distribution du crédit ;

▶ L'adoption de « modèles participatifs » dans lesquels l'implication des clients dans la gestion peut également permettre de réduire les coûts – sous réserve d'une réelle capacité du modèle à atteindre l'équilibre financier. De telles initiatives se sont développées en Inde (cf. p. 140 encadré SHG) ou en Afrique subsaharienne (voir ci-dessous) ;

---

1. Douglas Pearce, Myka Reinsch, Joao Pedro Azevedo et Amitabh Brar ; CGAP Agricultural Microfinance, Case Study n°3, Caja Los Andes diversifies into rural lending, Août 2005

▸ Enfin, le recours à des outils de sécurisation des crédits, tels que des sociétés de caution mutuelle ou des centrales de risque[1], peut inciter les IMF à supporter les risques plus importants induits par le financement rural. En Guinée, par exemple, des Associations de caution mutuelle (ACM) garantissent les crédits pris par leurs membres (commerçants et transformateurs de la filière riz) auprès d'une IMF (le Crédit Rural de Guinée). Les membres constituent ainsi un fonds de garantie préalable à l'obtention des crédits ; ce dernier est mobilisé par le Crédit Rural de Guinée en cas de non-remboursement intégral des crédits pris par les membres de l'ACM[2].

Les CVECA en pays Dogon, un modèle participatif original

Les Caisses villageoises épargne-crédit autogérées (CVECA) ont été créées dans les années quatre-vingt au Mali (région du pays Dogon) avec l'appui du CIDR[3], une ONG française de développement.

En 2006, le réseau des CVECA en pays Dogon comptait 69 caisses et environ 34 400 membres pour un encours de crédit en fin d'année de 373 000 € et un encours d'épargne de 260 000 €. Dans ce modèle, les caisses (sans statut juridique) sont regroupées en trois associations, et un service d'appui technique spécialisé a été créé pour fournir à titre contractuel et payant les services techniques de gestion nécessaires aux caisses et aux associations. Le réseau s'est institutionnalisé depuis 1998 ; une convention-cadre a été signée entre les trois associations et le ministère des Finances malien.

Le réseau de CVECA a dû faire face, pour se développer, à de réelles contraintes du milieu. Le pays Dogon cumule en effet les obstacles : une densité faible, un accès difficile, des activités locales encore peu diversifiées et une forte dépendance vis-à-vis des conditions climatiques (avec une pluviométrie chroniquement insuffisante) ; même si ces dernières

---

1. La centrale de risque est une convention de collaboration entre différentes institutions de financement présentes dans une même zone (régulation de la concurrence, échanges d'information, gestion des impayés etc). On peut penser, par exemple, à la centrale de risque mise en place par les institutions financières intervenant dans l'Office du Niger au Mali. http://microfinancement.cirad.fr/fr/news/bim/FichDak11Centrale-risque.pdf
2. Betty Wampfler, La société de caution mutuelle, un outil de sécurisation du crédit, BIM n°12, 16 avril 2002
3. Centre international de développement et de recherche (http://www.cidr.org/)

© Groupe Eyrolles

années, le désenclavement de la région progresse. De plus, le faible niveau d'alphabétisation et les migrations de la population rendent difficile à court terme le recrutement des caissiers et des gestionnaires.

Pour dépasser ces difficultés, les CVECA ont créé un mode d'organisation « participatif », pour s'appuyer sur la très forte cohésion sociale du Pays Dogon, et par ce biais limiter les coûts : dans chaque caisse, les villageois mettent en commun leur épargne, élisent un comité de gestion et peuvent obtenir des crédits. Dans un second temps, les caisses bien gérées peuvent emprunter auprès de banques pour reprêter à leurs clients. Les caisses sont indépendantes dans leur gestion, mais sont membres du réseau (via les associations) et acceptent donc un certain nombre de règles communes, ainsi que l'appui et le contrôle du service d'appui technique commun.

Les CVECA du Pays Dogon ont su avoir, en vingt ans, un impact réel sur le milieu, dans un environnement difficile ; les caisses, proches de leur clientèle, offrent un service de proximité, proposant des produits simples à gérer et bien adaptés aux petites activités rurales, notamment agricoles. Le réseau bénéficie d'une équipe de service d'appui technique expérimentée. Il s'est montré capable de dépasser une situation de crise importante (entre 1998 et 2000).

Toutefois, l'équilibre financier du réseau (en incluant le service d'appui technique) est encore conditionné par le développement du portefeuille de crédit. Les CVECA du Pays Dogon parient à l'avenir sur une diversification de leurs produits et un rattachement à une banque nationale, pour asseoir leur pérennité.

Mieux servir les besoins d'investissement des petites entreprises[1]

Nous avons vu au chapitre 1 qu'il existe une variété d'entreprises susceptibles d'emprunter à une IMF – depuis la simple activité génératrice de revenus, jusqu'à la moyenne entreprise, en passant par la micro-entreprise et la petite entreprise.

---

1. Voir le dossier thématique « Diversification » du portail microfinance
    (http://www.lamicrofinance.org/section/resourcecenters/).

Cependant, malgré les efforts récents de diversification (voir chapitre 3, p. 77), le savoir-faire des IMF reste encore largement focalisé sur le microcrédit à court terme, destiné au financement des activités génératrices de revenus et des micro-entreprises. Ce type de produit, très standard, est facile à gérer et permet en outre une croissance rapide. Il facilite ainsi l'atteinte de l'équilibre financier pour l'IMF.

Mais ce type de microcrédit à court terme (moins de douze mois) est surtout adapté pour financer le besoin en fonds de roulement d'un commerçant (achat d'un stock de marchandise, par exemple). Il est en revanche inadéquat pour financer de véritables investissements productifs : il faut davantage que quelques mois pour pouvoir rembourser l'achat d'un outil de production dont l'amortissement se fait en général sur plusieurs années. Les besoins pour ce type d'investissement, rares pour les activités génératrices de revenus, sont surtout le fait d'entreprises légèrement plus grandes (les petites entreprises). Dans certains cas, des PME pourraient même être servies – voir ci-dessous l'encadré sur le guichet PME d'ADéFi (ACEP Madagascar) à Madagascar.

Pour permettre de véritables investissements productifs, il faudrait prêter des sommes plus importantes, sur une durée plus longue.

ADéFi (ACEP Madagascar) et le guichet PME

ADéFi (voir présentation p. 110) sert depuis l'origine une clientèle de « très petites entreprises » (TPE), auxquelles elle propose des prêts dont le montant moyen est de l'ordre de 700 euros. Près de 6 000 entreprises en bénéficiaient fin 2005. Après quelques années d'activité, certaines des entreprises clientes ont grandi considérablement. La nature de leurs besoins de financement a changé : elles n'ont plus uniquement besoin de financer leur fonds de roulement mais aussi d'investir dans des outils de production.

Pour cette raison, ADéFi a ouvert en 2002 un département spécialement dédié aux « petites et moyennes entreprises » – dit « guichet PME ». Les entreprises qui s'adressent à ce guichet sont de taille significative, avec plusieurs employés, des stocks de marchandise conséquents, une activité rentable depuis plusieurs exercices – mais il leur est très difficile d'obtenir du crédit auprès des banques. Auprès du guichet PME d'ADéFi, 130 d'entre elles ont obtenu, fin 2005, des prêts dont le montant moyen est de l'ordre de 12 000 euros.

L'instruction de ces prêts est bien différente de celle des prêts aux TPE. L'analyse des perspectives de rentabilité des entreprises est nettement plus poussée. Elle est menée par des agents de crédit spécialisés sur ce type de prêts, formés à cet effet et dotés de moyens informatiques adéquats. Les prises de garanties sont également plus formalisées. Ces prêts sont remboursables sur des durées de 24 mois, bien plus longues que les prêts aux TPE (12 mois, maximum). L'activité a été rendue possible par le soutien financier de l'Agence Française de Développement et d'une société privée d'investissement en microfinance, Investisseur et Partenaire pour le Développement.

Proposer des services de microfinance adaptés aux populations pauvres en milieu urbain

En milieu urbain, en dehors du financement des activités génératrices de revenus et des micro-entreprises, il existe une immense demande de services financiers de proximité, comme le mettent en évidence les pratiques financières informelles exposées au chapitre 1. Cette demande n'est pas nécessairement liée à un besoin d'investissement dans une activité ; elle peut simplement relever de la gestion du budget du ménage.

Aujourd'hui, seule une partie de cette demande trouve une réponse auprès des IMF existantes. En effet, la majorité des IMF a développé des produits de crédits destinés aux micro-entrepreneurs – et, le plus souvent, à ceux qui ont déjà une activité commerciale, pas à ceux qui souhaitent en créer une.

Il reste donc une immense demande insatisfaite parmi les populations pauvres urbaines. Nous avons vu au chapitre 4 que toucher les « plus pauvres des pauvres » n'est généralement pas possible pour les IMF. Mais juste un cran au-dessus dans l'échelle de pauvreté, il existe une part de la population vivant dans les quartiers les plus populaires ou les bidonvilles, dans une pauvreté prononcée. On peut également mentionner l'émergence d'une classe de salariés pauvres dans certains pays, au Cambodge par exemple, où certaines usines emploient leurs ouvriers pour des salaires de misère. **Pour ce type de population, des produits spécifiques doivent être conçus, notamment des produits d'épargne flexibles.**

L'expérience de SafeSave au Bangladesh

L'objectif de SafeSave est de proposer des services financiers adaptés aux populations pauvres des bidonvilles de Dhaka. Les services de Safe-Save sont inspirés des pratiques des prêteurs informels et collecteurs d'épargne informels que Stuart Rutherford, le créateur de SafeSave, décrit dans son livre « Les pauvres et leur argent » (voir page 37).

Chaque client de SafeSave reçoit quotidiennement, à domicile, la visite d'une « collectrice ». Chaque jour, il est libre de lui remettre une somme d'épargne ou une somme en remboursement de son prêt éventuel, dont le montant minimum est de deux centimes d'euros environ – ce qui permet même aux plus pauvres d'épargner. Autrement dit, il n'y a pas d'obligation d'avoir un prêt pour être un client (un tiers des clients n'en ont pas), et le remboursement des prêts n'est pas prédéterminé par un échéancier : les flux financiers s'adaptent aux disponibilités quotidiennes des clients. Ceux-ci savent qu'ils payent chaque jour un intérêt (de 36% annuels) sur les sommes qu'ils doivent et touchent un intérêt (de 6% annuels) sur les sommes épargnées au-dessus de 14 euros. Les sommes épargnées peuvent être retirées à tout moment, soit immédiatement soit avec un délai de vingt-quatre heures. Quant aux crédits, ils sont initialement d'un montant maximum d'environ 40 euros. Les clients qui choisissent de rembourser régulièrement ont progressivement droit à des prêts de montants plus élevés.

L'organisation emploie plus de 70 « collectrices » recrutées dans les bidonvilles où elles travaillent ; ces femmes peu éduquées sont proches des populations servies et capables de comprendre leurs besoins.

En juin 2007, SafeSave avait plus de 12 000 clients pour un portefeuille de prêts d'environ 315 000 euros et 200 000 euros d'épargne collectée. Dès 2005, les activités de SafeSave ont été rentables, prouvant ainsi que la pérennisation d'une IMF visant les plus pauvres est possible.

www.safesave.org.

Mieux intégrer les populations très vulnérables : les programmes sociaux, une étape vers la microfinance[1]

Pour les « plus pauvres des pauvres », c'est à dire ceux qui n'ont pas de source de revenu et dont les besoins journaliers (habitat, alimentation, santé) ne sont pas satisfaits, la microfinance n'est pas la bonne réponse, en général. Il ne s'agit donc pas d'offrir directement des services de microfinance mais de leur permettre d'y accéder ultérieurement.

Certaines IMF ont ainsi mis en place de nouveaux mécanismes qui permettent aux populations vulnérables de satisfaire leurs besoins essentiels dans un premier temps, afin de pouvoir ensuite accéder à leurs services de microfinance. Ces nouveaux mécanismes sont basés sur la collaboration entre une IMF et un « programme social» (en anglais, « safety net program »), qui est en général un projet géré par une ONG et appuyé par un financeur public ou privé. Au cours de la première étape, les programmes sociaux proposent aux populations très pauvres un accès à un emploi ou une aide alimentaire ou financière sous forme de don (et non de prêt).

Ensuite, il existe deux modes de collaboration entre les IMF et les programmes sociaux.

▶ Parfois, les programmes sociaux incluent une formation à la microfinance et distribuent des petits prêts subventionnés afin de préparer leurs clients à devenir des clients de la microfinance. L'IMF utilise alors les informations du programme social pour intégrer les clients sérieux à sa clientèle régulière. Ainsi, le *Rural Maintenance Program* de CARE au Bangladesh procure un emploi aux femmes indigentes de milieu rural pendant quatre ans. Le programme retient à la source une partie du salaire de chacune pour leur constituer une épargne et forme sa clientèle à la microfinance.

---

1. Syed Hashemi et Richard Rosenberg, Focus Note No. 34, CGAP, février 2006.
   Karin Barlet, BIM 11 septembre 2007.
   Mémoire de fin d'étude de Claude Franka : « Le Financement de la microfinance des pays en développement : quel rôle pour les subsides? » (Université Catholique de Louvain, Faculté Ouverte de Politique Economique et Sociale, Juin 2006).
   Magner M., « Microfinance : A Platform for Social Change », Grameen Foundation Publication Series, mars 2007.

▶ Dans d'autre cas, un département séparé ou une filiale de l'IMF travaille directement avec les participants au programme social. Il leur propose des services non financiers et éventuellement des services d'épargne ou de crédit subventionné. Ceux qui réussissent à améliorer leurs conditions de vie deviennent ensuite des clients de la microfinance classique. L'exemple de BRAC ci-dessous est une illustration de ce modèle.

Cependant, les programmes mis en place par les IMF pour élargir leur cible vers les plus pauvres doivent être structurellement séparés des activités classiques de l'IMF. En effet, le taux de remboursement de l'IMF peut être affecté si, par le fait d'accorder des dons, l'IMF brouille son message habituel selon lequel le remboursement est obligatoire pour les prêts classiques. Par ailleurs, ces programmes ne sont pas rentables. Ils nécessitent donc des subventions de la part de bailleurs de fonds ou de donateurs. Ce type de partenariat public-privé permet, sans remettre en cause l'objectif d'autosuffisance de l'IMF ni la favoriser par rapport à ses concurrentes, d'atteindre une clientèle pauvre qu'elle ne pourrait pas toucher seule.

Le programme IGVGD de BRAC

BRAC a démarré au Bangladesh en 1972 comme un simple programme d'assistance et de réinsertion pour les réfugiés venant d'Inde. C'est maintenant devenu une des plus grandes IMF du monde, couvrant les 64 districts du pays. Avec un portefeuille de prêts de 530 millions de dollars en 2007, elle touche 6,4 millions de clients actifs, presque exclusivement des femmes. Le Programme IGVGD (Income Generation for Vulnerable Groups Development) est le fruit de la collaboration entre le gouvernement bangladais, le PAM (Programme alimentaire Mondial) et l'IMF BRAC. Consciente de la difficulté d'inclure les plus pauvres dans les programmes de microfinance, BRAC a souhaité construire un pont entre le programme gouvernemental d'assistance alimentaire et ses programmes de microfinance. Le programme d'aide du gouvernement fournit des céréales durant 18 mois d'affilée aux femmes qui sont chefs de famille et qui sont les plus démunies. Parallèlement, un service de BRAC - séparé des opérations normales de microfinance - forme des groupements de femmes, collecte leur épargne et leur procure des formations professionnelles (maraîchage, élevage...). Une fois cette formation réalisée, les femmes reçoivent des petits prêts de 50$ pour financer une activité génératrice de revenus, mais continuent de recevoir une aide alimentaire afin d'éviter qu'elles ne puisent dans la trésorerie de leur activité. À la fin du programme de distribution de céréales, les femmes sont prêtes à devenir clientes des programmes classiques de microfinance.

Le programme IGVGD a atteint une portée impressionnante puisqu'il a permis de toucher 1,6 millions de femmes vulnérables, dont les deux tiers seraient devenues des clientes classiques de la microfinance sans avoir besoin de recourir à nouveau au programme d'assistance alimentaire. Au vu de l'efficacité apparente de ce modèle, le gouvernement bangladais et le PAM ont déjà répliqué ce programme avec dix autres IMF.

Diversifier les approches

Le modèle de l'institution de microfinance organisée comme une entreprise (telle que nous le décrivons dans la partie 2 de ce livre), fonctionnant de manière autonome et prenant en charge la distribution des microcrédits, n'est pas le seul modèle possible pour élargir l'accès aux services financiers. D'autres acteurs peuvent jouer un rôle, comme par exemple des banques postales, des programmes sociaux, des compagnies de téléphone mobile (dans le cas des transactions électroniques, voir page 86)... D'autres modes d'organisation sont également possibles, notamment des modes impliquant une plus grande participation des clients.

En effet, dans certains cas, l'IMF sous sa forme classique ne permet plus de répondre à la demande de microfinance : les montants des prêts que les clients sont capables de rembourser sont trop faibles pour être assumés par l'IMF, ou bien les IMF sont simplement absentes. Un groupe d'emprunteurs peut alors s'organiser de lui-même pour s'adresser à une banque. Le groupe est autogéré : il choisit son trésorier, son président et ses règles de fonctionnement. Il octroie lui-même les prêts à ses membres. La banque prête un montant global au groupe, qui se charge de le redistribuer et de le rembourser. Ce lien entre la banque et le groupe est appelé *Bank Linkage* (voir chapitre 18, p. 298). Dans ce cas-là, le groupe assume un coût (administratif, de gestion, d'octroi et de recouvrement) que ni la banque ni l'IMF ne pourraient assumer. Cette forme d'organisation de la microfinance a connu un succès particulier en Inde avec les *Self Help Groups* (voir encadré infra).

Les groupes d'emprunteurs bénéficient le plus souvent d'un appui extérieur, dès la création puis pendant leur fonctionnement. Cet appui (formation, suivi) peut être apporté par une ONG, par une agence gouvernementale ou par la banque elle-même. Il arrive aussi que le groupe emploie un individu pour assurer sa gestion.

Depuis longtemps, la viabilité institutionnelle et financière des groupes autogérés fait débat. Des enjeux de gouvernance se posent : assiduité des membres aux réunions, mode de décision, dépendance envers un appui de long terme des ONG (ou de tout autre prestataire). Dans ce cas de microfinance sans IMF, le rôle de l'IMF (prêt/appui) n'est-il pas assumé par la banque et la structure de soutien ? La question de la pérennité financière doit tenir compte du coût de l'appui apporté par les ONG.

L'exemple des *self help groups* indiens[1]

Les *Self Help Groups* (SHG) ont été initiés par l'ONG Myrada dans le sud de l'Inde dans les années 1980. Dans les années 1990, le gouvernement indien a fortement promu cette approche. Aujourd'hui, les SHG constituent l'essentiel de la microfinance en Inde, mais ils posent de nombreuses questions.

Un SHG rassemble entre 10 et 20 femmes pauvres, souhaitant accéder à des services financiers. Fin 2007, 41 millions de femmes pauvres étaient regroupées en 3 millions de SHG, eux-mêmes structurés en 70 000 fédérations. Les financements consentis aux SHG par plus de 600 banques depuis 15 ans s'élèvent à 18 milliards de roupies (4,7 milliards de dollars). Le succès indien des SHG est d'abord dû à une politique gouvernementale très volontariste : le programme de promotion des SHG lancé en 1992 par la banque publique NABARD (National Bank for Agriculture and Rural Development) a fixé des objectifs chiffrés. Les nombreuses banques publiques indiennes doivent accorder 40% de leurs crédits aux secteurs économiques prioritaires, notamment par le biais des SHG.

1. Sur ce sujet, voir en particulier les références suivantes : *Occasional paper n°12*, août 2007, CGAP, *Sustainability of self help groups in India; Microfinance in India, a state of the sector report*, par P. Ghate, 2007 ; *Microfinance Lifespans: A Study of Attrition and Exclusion in Self-Help Groups in India* by Jean-Marie Baland, Rohini Somanathan and Lore Vandewalle (Baland et al 2007) ; Jean Michel Servet, *Les expériences indiennes des Self help groups comparées à d'autres modèles alternatifs de microfinance*, 2004.

© Groupe Eyrolles

En dépit de situations financières variées, les SHG ont en général de bons taux de remboursement. Bien que des études ponctuelles aient établi que les SHG peuvent être rentables, il n'existe pas à ce jour d'évaluation d'ensemble de la viabilité financière des SHG.

Dans certaines régions de l'Inde, les SHG semblent toucher les plus vulnérables dans des zones enclavées et jouer un véritable rôle d'autonomisation des populations (*empowerment*). Le nombre de SHG croît de près de 10% par an[1], les montants prêtés par les banques croissent de 50% par an et en 2007 seul 10% des groupes créés depuis 15 ans avaient disparu. Dans le contexte indien, la structure des SHG permet de toucher avec un certain succès un grand nombre de personnes pour un coût limité.

Mais le modèle indien des SHG, s'il est original, n'est pas forcément réplicable, car il se fonde sur une structure sociale particulière et surtout un contexte politique propre – la volonté d'une banque publique de rentabiliser son réseau rural par le refinancement de groupes. Les tentatives de réplication dans un autre contexte (Birmanie par exemple) sont de ce fait peu concluantes.

En conclusion de la première partie, il est aujourd'hui démontré que la microfinance répond à un réel besoin et peut avoir un impact significatif sur ses clients, leur ouvrant de nouvelles options économiques avec, dans de nombreux cas, un vrai impact social. C'est l'un des enjeux essentiels de la microfinance pour les années à venir que de développer des méthodes permettant de servir les populations encore délaissées par ses services. Pour y parvenir, la mobilisation de l'ensemble des acteurs du secteur sera nécessaire – IMF, ONG, bailleurs de fonds… En particulier, des subventions seront nécessaires pour financer l'effort d'expérimentation de nouveaux produits et appuyer les projets pilotes qui montreront l'exemple.

1. *Microfinance in India, a state of the sector report*, 2007

Deuxième partie

FONCTIONNEMENT ET VIABILITÉ DES INSTITUTIONS DE MICROFINANCE

La deuxième partie sera consacrée aux organisations qu'il faut mettre en place pour délivrer des services de microfinance : les institutions de microfinance (IMF).

Nous allons montrer qu'une institution de microfinance (IMF) est une structure que l'on peut comparer à une entreprise par son fonctionnement, même si ses objectifs restent spécifiques. Cette comparaison fera l'objet du chapitre 6.

Nous étudierons ensuite, au chapitre 7, les différentes phases de l'évolution d'une IMF – que l'on appelle son cycle de vie. Ceci permettra de définir la notion de viabilité (ou pérennité)[1] d'une IMF, et d'exposer ses différentes composantes. Chacune de ces composantes fera alors l'objet de l'un des chapitres de cette partie, comme l'illustre le graphique de la page suivante :

---

1. Nous utiliserons indifféremment dans ce livre les termes de viabilité ou de pérennité.

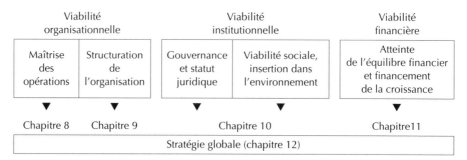

Composantes de la viabilité d'une IMF

Enfin, la partie sera conclue par la présentation d'un panorama géographique des IMF dans le monde en développement (chapitre 13).

Chapitre 6

L'IMF, une organisation comparable à une PME

L'organisation d'une IMF rappelle celle d'une entreprise...

Jusqu'ici, il a été question des *services et activités* de microfinance, des besoins auxquels ils correspondent et de leur efficacité. À ce stade, il est essentiel d'insister sur le fait que ces services sont mis en œuvre par des *organisations* : les *institutions de microfinance* ou *IMF*. En effet, seule une organisation bien structurée, en tout point professionnelle, peut délivrer à grande échelle des services de qualité.

Le plus simple est de se représenter une IMF comme une entreprise de taille petite ou moyenne, une PME. **En effet, une IMF est une organisation à part entière, avec ses organes de décision et de pouvoir, ses procédures, sa culture d'organisation.** Certaines IMF ont un effectif modeste ; d'autres atteignent des tailles significatives – plusieurs dizaines d'employés, parfois plusieurs centaines. Dans un petit nombre de cas, on approche ou dépasse le millier d'employés.

Comment est organisée une IMF ? Nous présentons ici un exemple d'organisation, proche de celui d'AMRET au Cambodge, où l'IMF est gérée par les salariés suivant un mode d'organisation assez largement répandu, sur un format adapté des banques – mais il existe bien entendu de nombreuses autres structurations possibles.

Dans ce cas de figure, l'IMF comprend un bureau principal ou *siège*, où est basée l'équipe de direction, et des agences à proximité de la clientèle.

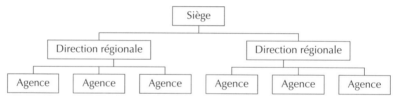

Dans les agences, les *agents de crédit* (qui pourraient être appelés de bien d'autres façons, suivant le contexte), directement en contact avec la clientèle, ont des rôles comparables à ceux des chargés de clientèle d'une banque commerciale : ils sont en charge de l'octroi des prêts, de leur remboursement, de la gestion de l'épargne et des autres produits. La pratique de leur métier est cependant très différente de celle de leurs homologues bancaires. En effet, de par la nature de la microfinance, ils sont plus mobiles et vont plus au-devant de la clientèle. Ils sont souvent de même origine, géographique et sociale, que les clients eux-mêmes. Au fond, ils constituent la *force de vente* de l'IMF, et représentent le plus souvent au moins la moitié des effectifs salariés totaux.

En général, les agences sont dotées d'une certaine autonomie, plus ou moins grande selon les IMF. L'équipe de l'agence inclut un responsable, des agents de crédit, des postes administratifs (traitement des opérations, parfois informatisé non seulement au siège mais aussi dans les agences), la comptabilité si elle est déléguée aux agences. Dans les grandes IMF, il arrive que les agences soient regroupées dans des directions régionales, échelon intermédiaire entre les agences et le siège. Leur avantage est d'éviter au siège d'avoir la supervision directe d'un nombre trop important d'agences dispersées. L'inconvénient est de renchérir la gestion et de ralentir la circulation de l'information, voire de la brouiller.

Agence de PAMECAS
(Sénégal)

Caisse villageoise
(CVECA de Kayes, Mali)

Agence d'UPLiFT
(Philippines)

Au siège de l'IMF, on trouvera typiquement une équipe de direction, comprenant plusieurs directions (direction administrative et financière, audit interne, direction du réseau, direction des ressources humaines…) sous la responsabilité d'un directeur général.

La mise en place progressive
de la structure d'AMRET[1]

AMRET a démarré comme « projet » de microfinance appuyé par le GRET, une ONG française, en 1991. Fin 1997, au moment où se formalise l'organigramme, AMRET touche 20 646 clients répartis dans 229 « caisses de crédit » villageoises.

La structure compte alors 73 salariés (dont 51 agents de crédit) :

- À la tête, une équipe de salariés encore embryonnaire, basée au siège du projet à Phnom Penh, avec quelques cadres identifiés, formés et dirigés, dans les faits, par des experts expatriés du GRET. Cette équipe gère les agents de crédit et met en place les premiers outils (système d'information, audit interne…) ;

- Sur le terrain, les agents de crédit ont été recrutés dans les villages des régions environnantes, là où intervient le projet ; ils vivent parmi la clientèle de l'IMF. Ils sont en charge de la collecte de l'argent, de son transport, et rendent compte au siège de toutes les transactions effectuées, mais aussi des retards de paiement ;

- Des « associations villageoises » informelles sont actives dans l'octroi et le remboursement des crédits, mais non impliquées dans la gestion de l'IMF (il n'y a pas de coffre-fort dans les villages, ni de participation des clients à la gestion de la comptabilité).

En 2000, AMRET est devenu officiellement (sous le nom de EMT, à l'époque) une institution de microfinance légale, sous statut de SARL, qui sera agréée par la Banque centrale en 2001. À cette époque, l'IMF est déjà devenue une véritable organisation professionnelle, capable de gérer un nombre croissant de clients. Au fur et à mesure de son extension géographique, elle a progressivement délocalisé une partie du suivi à deux niveaux, pour pouvoir monter en échelle : des bureaux provinciaux (12, aujourd'hui), dotés d'une certaine autonomie opérationnelle ; des bureaux de district sous responsabilité du bureau provincial, afin de faciliter et sécuriser les transferts d'argent.

---

1. Rappelons qu'AMRET est une IMF cambodgienne qui sert de « fil rouge » tout au long de cet ouvrage (voir page 28).

En 2005 enfin, AMRET a ouvert un réseau d'agences locales (29 aujourd'hui), accessibles à la clientèle.

À fin 2008, AMRET couvre environ 220 000 clients sur 12 provinces du Cambodge. AMRET emploie 688 salariés, qui se répartissent entre :

- Une équipe de direction de 6 personnes, menée par un directeur général ;
- 164 salariés « de support » (administratif et technique) ;
- 518 salariés « opérationnels », sur le terrain (qui représentent donc 75 % du personnel salarié).

L'organigramme des salariés d'AMRET s'est mis en place progressivement, avec cinq grands départements sous la direction du directeur général : la direction comptable et financière, la direction des opérations (en charge du suivi de l'activité de crédit, en lien avec les agences) et le département d'inspection (contrôle interne) ont été parmi les premières fonctions créées, puisqu'en lien direct avec le « cœur » du métier d'AMRET. Les autres fonctions sont apparues ensuite, comme dans beaucoup de PME : si le département des ressources humaines a été créé dès 1997, le département marketing (en charge notamment du développement de nouveaux produits) n'a été créé qu'en 2003, et la fonction communication lui a été rattachée par la suite.

Organigramme d'Amret, 2006

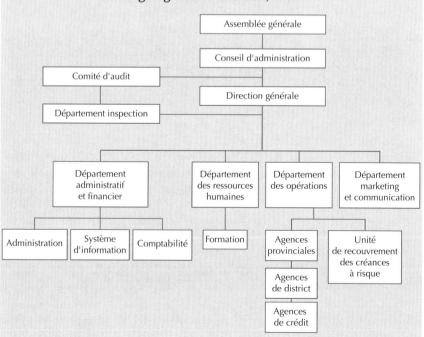

Tout ceci montre bien à quel point une IMF est amenée à se structurer en tant qu'entreprise ; mais cela n'enlève rien au fait qu'elle a des *finalités* qui la distinguent profondément d'une entreprise classique.

… Mais une IMF diffère d'une entreprise par ses objectifs

En effet, **une IMF est caractérisée par la** *dualité de ses objectifs*, **qui sont à la fois sociaux (contribuer au développement, à la lutte contre la pauvreté)** *et* **financiers (être rentable afin de pouvoir continuer ses activités).**

Définir la stratégie d'une IMF, c'est trouver un équilibre entre ces deux objectifs (voir chapitre 12) – et le point d'équilibre diffère d'une IMF à une autre. On pourrait caractériser deux pôles de la manière suivante, au risque de les caricaturer :

▶ À un extrême, certaines IMF mettent un accent très fort sur la mission sociale et s'efforcent d'éviter au maximum les « concessions » nécessaires à l'équilibre financier. Parmi elles, on trouvera plutôt des IMF visant des publics plus pauvres, des régions difficiles ou proposant des services de formation en accompagnement des services financiers ;

▶ D'autres IMF, sans renier leur rôle social, soulignent qu'il n'y a de sens à fournir des services financiers que si l'on peut le faire de manière durable – sans quoi on ne saurait gagner la confiance des clients. À l'extrême, elles peuvent être plus proches de banques commerciales que de programmes sociaux.

Entre ces deux pôles, on trouve une variété d'IMF (un *continuum* illustré par le graphique ci-dessous). Le positionnement de chacune répond à la fois à une « vision » de son action, à des réalités de terrain (celles de leurs clients) et à des contraintes externes, en particulier celle du financement.

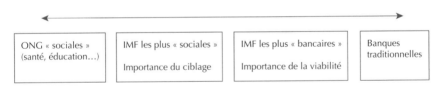

Dans la pratique de la microfinance, la recherche du juste équilibre entre volontarisme social et prudence financière est une question qui revient régulièrement, à tous les échelons de l'organisation, de l'agent de crédit au directeur, et jusqu'aux consultants et financeurs. Elle fait toute la difficulté mais aussi la pertinence de ce mode d'intervention, à la rencontre de la rigueur financière et de la sensibilité sociale.

Comment une IMF y fait-elle face tout au long de son histoire ? Quelles sont les grandes étapes de la vie d'une IMF ?

Chapitre 7

Le cycle de vie d'une IMF

Les préalables à la création d'une IMF[1]

Bien identifier public cible et contexte

La mise en place de services de microfinance, dans un contexte donné, implique des études préalables pour s'assurer de la pertinence de cette idée. Les analyses portent sur le contexte de la zone d'intervention, le public visé et les services à lui proposer, et, enfin, le type d'organisation à mettre en place.

La caractérisation du contexte

Il importe de bien prendre en compte les aspects suivants :

▶ **Situation générale du pays** : démographie, faits historiques récents, régime politique, économie (en particulier niveau de pauvreté et inégalités), stabilité monétaire ;

▶ **État de la microfinance dans le pays** : services proposés, nombre de clients, cadre légal, principaux acteurs ;

▶ **Contexte socio-économique dans la zone d'intervention** : population, migrations, climat, organisation administrative et sociale, conditions de sécurité, transports, présence d'opérateurs de développement (ONG et autres) ;

1. L'ensemble de cette section s'appuie sur Anne-Claude Creusot, *Identifier un projet en microfinance, Coopérer aujourd'hui*, n° 41, GRET, décembre 2004 (http://www.gret.org/ressource/pdf/cooperer41.pdf).

▶ **Principales caractéristiques des économies familiales et des pratiques en termes d'épargne et de crédit** : principales activités économiques, typologie des ménages, degré de monétarisation de l'économie locale et existence de marchés, types de liens sociaux.

Le public cible et les produits proposés

Les clients potentiels des institutions de microfinance sont d'une grande diversité : ils vont de la famille souhaitant épargner à la petite entreprise formelle exclue des banques (voir chapitre 1). **Il est donc essentiel, avant la création d'une IMF, de bien préciser le « segment de clientèle » que l'on entend viser.** Les initiatives qui ont réussi sont généralement celles qui ont commencé avec une cible bien spécifique (avant de se diversifier éventuellement).

Or les programmes de microfinance ont généralement revendiqué l'objectif d'avoir un impact sur leurs clients et sur le développement (voir chapitre 4) : réduction de la pauvreté, renforcement de la position sociale des femmes ou de groupes de population défavorisés, encouragement à la création d'entreprise, soutien à la croissance et à la diversification d'entreprises existantes.

Le ciblage de la clientèle[1] découle des objectifs qu'on s'est donnés. Les questions que les IMF doivent se poser sont les suivantes :

▶ Quelles familles cibler ?

  – Quel segment de la population en termes de niveau de pauvreté ? Les familles très pauvres, les familles proches du seuil de pauvreté, les « non-pauvres vulnérables »… ?

  – Quelle localisation : rurale, urbaine, périurbaine ? Vise-t-on particulièrement des zones excentrées ou enclavées ?

  – Se donne-t-on pour objectif de toucher particulièrement les femmes ?

  – Vise-t-on, comme c'est parfois le cas, un groupe spécifique exclu des services financiers existants pour des raisons d'appartenance ethnique, de caste ou religieuse ?

---

1. Joanna Ledgerwood, *Manuel de microfinance*, Éditions Banque Mondiale, décembre 1998.

© Groupe Eyrolles

▶ Quel type d'entreprise cibler ?

  – Se limite-t-on aux entreprises existantes ou acceptera-t-on de prêter à des entreprises en création ?

  – Quelle est la taille des entreprises visées : activités génératrices de revenus, micro-entreprises, petites entreprises, moyennes entreprises (voir chapitre 1, p. 41) ?

  – Va-t-on favoriser certains secteurs d'activité privilégiés (agriculture, industrie, services) ?

Ce ciblage permet de réaliser de premières estimations sur la taille du marché visé et d'émettre des hypothèses initiales sur le type de services à proposer (épargne, types de crédits, ou encore assurance, transferts de fonds…).

Si l'on intervient dans une zone où les services de microfinance sont inexistants ou presque, il convient de s'interroger sur l'adéquation des services envisagés avec la clientèle visée et d'évaluer la possibilité de mettre en place une organisation viable dans ce contexte. Si, à l'inverse, on intervient dans une zone où de nombreuses organisations proposent déjà des services de microfinance, les interrogations porteront sur la possibilité de servir des segments de population délaissés par l'offre existante ou sur l'éventualité de collaborer avec l'une des organisations en place.

Le type d'organisation à créer

Il est essentiel de s'interroger, dès l'origine du projet, sur la forme légale que pourra prendre l'IMF et sur sa gouvernance future (le montage institutionnel). Ces questions seront traitées de manière approfondie au chapitre 10.

Les conditions préalables

Certaines « conditions préalables » sont nécessaires pour que la création d'une IMF puisse être un succès.

▶ **En interne, il faut une grande cohérence entre les idées défendues par l'organisation souhaitant établir l'activité de microfinance et les résultats des études préalables.** Une proximité forte avec les réalités du terrain et un montage institutionnel adéquat sont des conditions nécessaires à la réussite de l'IMF ;

▶ **Du point de vue externe, il faut éviter le cumul de circonstances défavorables** liées à :

- **La population** : faible densité de population, rendant trop coûteuse une éventuelle intervention ; forte instabilité de la population visée, limitant la possibilité de recours à des systèmes de garantie solidaire ; insécurité ;

- **L'environnement des projets de développement** : certaines régions sont marquées par un long historique de projets peu concluants qui ont parfois rendu les populations dépendantes, au lieu de développer leur autonomie ; cette logique d'assistanat rend difficile l'acceptation de la microfinance ;

- **L'environnement de la microfinance** : cadre légal de la microfinance inadapté et sans perspective d'amélioration ; échec de projets de microfinance antérieurs, minant la crédibilité des nouvelles initiatives dans ce domaine ;

- **Conditions politiques et macroéconomiques** particulièrement défavorables : monnaie très instable, guerre civile…

Ces contraintes sont parfois telles qu'elles expliquent que des groupes importants de population restent encore exclus des services de microfinance (voir chapitre 5).

Les phases du cycle de vie d'une IMF

Très schématiquement, une IMF passera au cours de son existence, avant « maturité », par trois grandes phases distinctes, résumées dans le tableau page suivante : création, croissance, structuration.

Au-delà de ces trois phases, de nouvelles phases de croissance pourront suivre, en alternance avec des phases de stabilisation. Il faut souligner cependant que les phases de croissance et de maturation ont tendance à s'imbriquer. Il en résulte que la plus grande difficulté pour les IMF est souvent de bien maîtriser leur croissance.

Les trois phases d'une IMF avant sa maturité

Création	Définition des principes de fonctionnement, test et validation des méthodologies, mise en place des systèmes et procédures.
	Première forme juridique, parfois provisoire (projet au sein d'un ministère, association…) ; mais, de plus en plus souvent, adoption très rapide d'une forme juridique durable (voir chapitre 10).
	À ce stade, des subventions sont généralement nécessaires, ainsi qu'une intervention poussée d'une organisation spécialisée (opérateur/assistant technique).
Croissance	Ouverture de nouvelles agences, augmentation du nombre de clients, du portefeuille de prêts et du nombre d'employés, éventuellement diversification des services.
	La priorité à ce stade est généralement donnée à la croissance, qui doit permettre de s'implanter sur le terrain, mais aussi de se rapprocher de l'équilibre financier. La pression de la croissance peut conduire à négliger le renforcement de l'organisation, ce qui résulte dans des tensions et des risques (au niveau de la gouvernance, du management, des systèmes de contrôle).
Structuration	Stabilisation de la croissance, renforcement de l'organisation et de la gouvernance, réflexion stratégique afin d'assurer la *pérennité* de l'IMF.
	Dans certains cas, retrait de l'organisation spécialisée appuyant le projet et *autonomisation* de la direction locale (voir ci-dessous).
	Si nécessaire, adoption d'un nouveau statut juridique plus adapté à la taille acquise par l'IMF et à sa pérennisation (on parle de *transformation* ; voir chapitre 10).
	Cette phase est souvent nécessaire pour se concentrer sur les aspects négligés lors de la phase de croissance antérieure (gouvernance, management, contrôles). Il faut structurer le programme en une « institution » pérenne (ce qui implique une autonomie croissante vis-à-vis des donateurs), en tentant de conserver, autant que possible, l'esprit entrepreneurial des débuts. L'équilibre financier est proche ou même atteint, ce qui permet le recours partiel à des financements privés.

Les besoins d'assistance au démarrage

La grande majorité des IMF existantes ont reçu, au cours de leurs premières années, un appui important financé par des donateurs publics et/ou privés, sous trois formes principales[1] :

▶ **Des fonds permettant de démarrer ou développer l'activité de prêts :**

   – Si une IMF ne collecte pas d'épargne, un fonds initial est nécessaire pour « amorcer la pompe » et prêter aux clients : une fois l'IMF mûre et capable d'inspirer confiance, ce fonds pourra être réabondé en empruntant auprès d'autres institutions financières ou en collectant l'épargne (voir chapitre 11) ;

   – Même dans les cas où l'épargne des clients permet de constituer un fonds de crédit initial, il faut presque toujours un coup de pouce de donateurs pour permettre à l'institution de suivre un rythme de croissance rapide ;

▶ **Des subventions couvrant les coûts d'exploitation de l'IMF,** tant qu'elle n'est pas financièrement équilibrée : en effet, à ses débuts, l'IMF a peu de clients, donc peu de revenus d'intérêt ; or, elle fait déjà face à des charges fixes de fonctionnement. Comme pour toute entreprise, il va lui falloir du temps pour grandir et atteindre son seuil de rentabilité. Étant donné les risques importants qu'elle prend en visant une clientèle atypique (auxquels il faut ajouter le risque politique et le risque devise dans les pays en question), une IMF n'a presque aucune chance de trouver des investisseurs privés prêts à faire face aux pertes des premières années en vue de bénéfices futurs. C'est le rôle des donateurs d'apporter les financements nécessaires à ce stade. Des investisseurs privés pourront éventuellement prendre le relais lorsque l'IMF aura fait la preuve de sa solidité ;

▶ **Une assistance technique** permettant à l'IMF de se structurer et d'acquérir les compétences nécessaires à terme : sur le plan technique, la mise en place d'une IMF implique un ensemble de compétences de gestion financière, de mise au point de procédures, d'analyse des clients. Ces compétences sont parfois rares dans les pays en développement, en particulier dans les zones les plus pauvres.

---

1. L'évolution actuelle des rôles des financeurs et des assistants techniques sera analysée plus en détail en troisième partie.

Pour ces raisons, les débuts d'une IMF nécessitent souvent une *assistance technique*, c'est-à-dire l'appui de spécialistes maîtrisant les différents aspects de la gestion d'une IMF et qui apportent à la direction locale de l'organisation une formation et un accompagnement.

Les assistants techniques sont en quelque sorte des consultants qui font généralement partie d'organisations spécialisées en microfinance – que dans la suite de cet ouvrage nous appellerons *organisations spécialisées*. Il peut s'agir d'associations de solidarité, d'ONG ou de bureaux d'études, internationaux ou plus rarement du pays.

Les assistants techniques peuvent intervenir auprès d'une IMF comme ils interviendraient auprès d'une entreprise classique : en appui à une équipe de direction en place, sur des missions de conseil, de formation ou encore de recherche. L'IMF n'ayant généralement pas les moyens de rémunérer cet apport de compétences externes, un bailleur de fonds sera sollicité pour financer en partie cet accompagnement.

Mais il arrive souvent que l'organisation spécialisée (par exemple une ONG), ayant identifié un besoin pour une population donnée, soit en réalité *elle-même à l'origine du projet*. Deux modes opératoires sont alors possibles :

- Soit l'organisation spécialisée identifie une organisation locale, préexistante, capable et désireuse de porter le projet de création d'une IMF, et elle l'accompagne dans son lancement et son développement – elle est donc, là encore, dans un rôle d'assistant technique ;

- Soit l'organisation spécialisée choisit de mettre en œuvre directement le projet, en créant sur place une structure *ad hoc*. Elle est alors *opérateur* du projet, et un de ses représentants en assume la direction générale.

L'histoire d'AMRET est une illustration de ce dernier cas de figure. Le GRET a été opérateur du projet dès sa création, accompagnant la croissance de l'IMF et assurant sa direction générale pendant près de dix ans avant de laisser la place à une équipe locale assurant sa continuité (voir encadré au chapitre 9, p. 176).

Viabilité d'une IMF : définition et enjeux

Si l'assistance financière et l'assistance technique sont souvent nécessaires lors des débuts d'une IMF, elles ne peuvent être éternellement renouvelées. En effet, les donateurs attendent d'une IMF qu'à terme elle tienne sa promesse de couvrir ses coûts et ne se tourne plus vers eux pour boucler son budget. Du point de vue de l'IMF, dépendre durablement des bailleurs est un risque important car leurs prises de décisions peuvent être lentes et leurs choix soumis à d'éventuels impératifs politiques internes ou externes.

Pour servir ses clients _durablement_, une IMF doit se doter des moyens d'assurer sa propre continuité, c'est-à-dire devenir une organisation _pérenne_ ou _viable_. Ceci implique la capacité d'assumer chacune des cinq fonctions décrites dans le graphique ci-dessous :

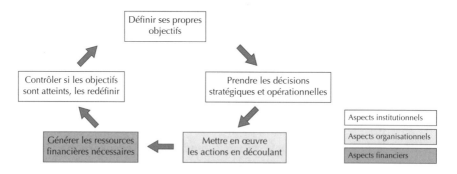

De manière générale, **l'atteinte de la pérennité est un défi de long terme. On estime qu'il faut au moins cinq ans pour l'atteindre en milieu urbain, et nettement plus dans les zones d'intervention difficiles** (on parle d'une quinzaine d'années en milieu rural à faible densité de population). Il est donc essentiel que les bailleurs de fonds soient conscients que leur engagement doit être durable et qu'ils n'imposent pas de délais trop rapides, qui fragiliseraient l'édifice construit année après année au prix d'importants efforts.

Le concept de _viabilité_ comporte trois aspects, qui feront l'objet des quatre prochains chapitres, comme annoncé en introduction de la deuxième partie :

▶ **La viabilité _organisationnelle_ :**
  – Maîtriser les opérations sur le terrain (chapitre 8) ;

- Structurer l'organisation, mettre en place des compétences et des systèmes lui permettant de fonctionner efficacement (chapitre 9) ;

▸ **La viabilité *institutionnelle*** (chapitre 10) :
  - Mettre en place une gouvernance claire permettant de définir la stratégie et de contrôler son application, grâce à l'adoption d'un statut juridique adéquat ;
  - Assurer une bonne insertion dans l'environnement – une notion que l'on désigne par le concept de viabilité sociale ;

▸ **La viabilité *financière*** : atteindre l'équilibre financier et pouvoir financer la croissance (chapitre 11)[1].

Au chapitre 12, une synthèse posera la question de la stratégie globale de l'IMF, visant à trouver le juste équilibre entre efforts de pérennisation et recherche d'un impact sur des clients de plus en plus nombreux.

Enfin, le chapitre 13 proposera un panorama des IMF dans le monde en développement.

---

1. La viabilité financière n'est pas nécessairement celle que l'on met le plus longtemps à atteindre. Bien souvent, les viabilités opérationnelles et institutionnelles viennent en fait en dernier. L'ordre des chapitres répond à un souci de clarté, et non à un ordre chronologique.

Chapitre 8

Viabilité organisationnelle : la maîtrise des opérations sur le terrain

Une IMF est *opérationnellement efficace* si elle maîtrise la base de son métier, c'est-à-dire les opérations sur le terrain. Il s'agit, en particulier, de gérer l'octroi des prêts, le suivi de leur remboursement et les opérations liées à l'épargne des clients.

Le processus d'octroi des prêts

L'analyse des demandes de prêts est un chaînon essentiel de l'activité de l'IMF. En effet, si l'instruction des prêts n'est pas bien menée, les prêts accordés risquent de ne pas correspondre aux besoins des emprunteurs, de n'avoir aucun impact et, finalement, d'être mal remboursés.

Objectifs de l'instruction de la demande de prêt

L'instruction d'une demande de prêt revêt trois objectifs :

▸ **Connaître l'emprunteur**, notamment ses compétences, son niveau de pauvreté, son appartenance à un groupe spécifique (en particulier pour les IMF visant certains profils de clients), son environnement familial, sa situation financière, et enfin sa réputation (par exemple, celle de mauvais payeur).

La connaissance de l'emprunteur sera plus ou moins approfondie selon les types de prêts ; elle est capitale pour des prêts individuels de montants importants, mais plus superficielle quand le prêt est accordé à un groupe. Dans ce dernier cas, l'instruction peut en revanche permettre de tester la cohésion du groupe ;

▶ **L'analyse du projet** : si le prêt est accordé en vue du financement d'une micro-entreprise, on analysera ses besoins d'investissement, ses perspectives de rentabilité, la concurrence, la capacité de l'emprunteur à la mener à bien ; là encore, la sophistication de l'analyse dépendra du montant et du type de prêts ;

▶ **L'évaluation des garanties physiques**, dans le cas où il est prévu d'en prendre.

Procédures d'instruction et d'octroi d'un prêt

Elles varient largement d'une IMF à une autre, selon le type de prêt et le mode d'organisation. De manière très générale, un agent de crédit de l'IMF rencontre le demandeur de prêt, ou le groupe de demandeurs dans le cas des crédits de groupe. Cette rencontre est l'occasion de l'interroger sur sa situation et sur son projet d'investissement. Elle est suivie d'une prise de décision interne à l'IMF, souvent *via* un comité de crédit.

Le processus d'octroi de prêts chez UPLiFT Philippines[1]

UPLiFT Philippines est un programme de microcrédit initié par les ONG françaises Interaide et Entrepreneurs du Monde (EDM). Il propose des services de microfinance et des services de formation à des familles des bidonvilles de Manille, ciblant les plus pauvres d'entre elles, et majoritairement des femmes, avec des premiers prêts de l'ordre de 50 euros. Les clients (au nombre de 6 000 en 2005) sollicitent des prêts productifs pour des activités génératrices de revenus (commerce de proximité, services, artisanat). Les agences d'UPLiFT sont situées au cœur des bidonvilles.

---

1. « http://www.uplift.org.ph ».

Le cycle d'octroi des prêts s'étale sur environ trois semaines, avec les étapes suivantes :

- Promotion : les agents de crédit font connaître le programme dans le quartier auprès des familles potentiellement intéressées ;
- Réunion d'information ouverte à tous ceux qui souhaitent en savoir plus ;
- Atelier organisé dans l'agence, auquel les personnes intéressées sont invitées à participer afin de commencer à renseigner, sur un formulaire, l'objet de leur demande de prêt ;
- Visite d'un agent de crédit au domicile de l'emprunteur afin d'évaluer, à l'aide d'un questionnaire, le budget du ménage, ses capacités de remboursement, ainsi que la pertinence de son projet d'investissement. Pour cette visite, l'agent de crédit est accompagné d'un(e) collègue, afin de comparer les appréciations et de limiter les possibilités de fraude ;
- Comité de crédit regroupant tous les agents de crédit de l'agence, la responsable d'agence et, éventuellement, son superviseur ; décision définitive sur l'octroi du prêt et, le cas échéant, sur son montant ;
- Signature par le client d'un contrat de prêt et de l'échéancier ;
- Décaissement par chèque que les emprunteurs peuvent encaisser dans une banque commerciale (même s'ils n'en sont pas clients).

Le processus varie selon qu'il s'agit d'un premier prêt ou d'un renouvellement. Dans le premier cas, l'accent est mis sur la connaissance de l'emprunteur ; dans le second, sur l'analyse de son projet.

1. Réunion d'information à la sortie de l'agence

2. Atelier organisé dans l'agence

*3. Visite sur le lieu de travail
de l'entrepreneur*

Les processus sont à adapter au cas par cas selon :

▶ Les pratiques locales préexistantes ;

▶ Le type de clientèle visée (lettrée ou illettrée, promoteur d'une micro-entreprise ou d'une entreprise plus sophistiquée…) ;

▶ Le type de prêt (prêt de groupe ou individuel, avec ou sans prise de garantie…).

Par ailleurs, dans certaines IMF, les clients sont impliqués dans la gestion (coopératives et mutuelles, voir chapitre 10, p. 187). Dans ce cas, des représentants des clients (souvent élus) peuvent participer à la sélection des nouveaux clients et au comité de crédit.

En tout état de cause, il est essentiel que l'ensemble du processus d'octroi de prêt soit rigoureux mais rapide (en général, une quinzaine de jours maximum, parfois une semaine). Les clients sont peu habitués au formalisme, et la facilité d'accès au crédit est pour eux un facteur essentiel, plus important que le niveau du taux d'intérêt.

Le suivi des remboursements

Les modalités concrètes de versement des échéances varient d'une IMF à une autre. Les deux modalités les plus fréquentes sont :

▶ Les cas où les agents de crédit se déplacent à la rencontre du groupe d'emprunteurs pour collecter les remboursements ;

▶ Les cas où les responsables de groupes et les emprunteurs individuels déposent leurs versements dans une caisse/un bureau de l'IMF ou sur son compte dans une banque commerciale.

Dès les premières échéances de remboursement, le suivi doit être extrêmement strict et régulier, afin de réagir très vite si un emprunteur se révèle être un mauvais payeur et de ne pas laisser de mauvaises habitudes s'installer. Employés et clients de l'IMF pourraient considérer suffisant que le prêt soit totalement remboursé à son échéance finale. Il importe au contraire de les convaincre que le respect de *chaque* échéance est un engagement fort et non négociable. En effet, le jour de l'échéance finale du prêt, les retards accumulés en cours de route sont bien difficiles à compenser. De plus, d'un point de vue comptable, un retard sur une échéance suffit à classer la créance entière dans la catégorie « portefeuille à risque » (voir chapitre 11, p. 212).

Méthodes de collecte auprès des mauvais payeurs

Les IMF ont recours à des méthodes variées pour obtenir le remboursement des prêts des mauvais payeurs ; voici quelques pratiques fréquemment observées :

- Rappel du jour de l'échéance, par l'agent ou les élus, *avant* le jour dit ;

- Relance par l'agent de crédit en charge (ou par les élus) dès le jour de l'échéance ; démarche et lettre officielle informant l'emprunteur de son retard et l'invitant à régulariser sa situation ;

- Visite d'un superviseur – le changement d'interlocuteur devenant nécessaire ; dans bien des cas, une mésentente entre l'agent de crédit et le client est une conséquence du retard de paiement – mais, souvent, elle en est tout simplement la cause ;

- Facturation d'intérêts de retard et/ou de pénalités forfaitaires ;

- Saisie de l'épargne éventuelle du client en compensation des sommes impayées (ceci doit être réglementé strictement par l'IMF afin d'éviter les abus) ;

- Recours à des autorités « informelles » ou traditionnelles, notamment en milieu rural ou dans des contextes où la cohésion sociale est forte ;

- Engagement d'une procédure judiciaire (cas plutôt rare du fait de coûts trop élevés par rapport au montant des prêts et des dysfonctionnements des systèmes judiciaires de nombreux pays) ;

- Saisie de la garantie physique prévue au contrat (lorsqu'elle semble possible à réaliser).

Certaines IMF mettent également en place des « incitations positives » au remboursement :

- Opportunité de contracter un prêt de montant supérieur si le prêt précédent a été remboursé sans retard ;

- Remises sur les intérêts si le prêt est remboursé dans les temps ;

- Organisation de loteries dont les billets sont remis aux bons payeurs...

Au-delà des incitations, la qualité des relations de l'IMF avec ses clients, le sérieux de son travail et sa contribution aux projets de la communauté sont des moteurs puissants de la volonté des clients de respecter leurs engagements vis-à-vis d'elle.

La sévérité des méthodes de recouvrement varie d'une IMF à une autre, selon leur culture et selon le contexte. Un cas de force majeure (par exemple, une catastrophe naturelle) conduira probablement à un rééchelonnement généralisé des remboursements. Au niveau individuel, certaines IMF accorderont également des rééchelonnements à des emprunteurs qui connaissent d'importantes difficultés de paiement mais qu'elles jugent être de bonne foi. Mais elles doivent être conscientes qu'en faisant cela, elles créent un précédent qui pourrait se reproduire, d'autres clients demandant alors à bénéficier du même traitement de faveur.

La dureté de certaines méthodes peut paraître contradictoire avec l'objectif « humaniste » de la microfinance – mais elle est essentielle :

▶ Pour assurer la pérennité de l'IMF, au service des clients fidèles qui se trouvent pénalisés par les emprunteurs de mauvaise foi dont les retards créent des charges pour celle-ci et lui interdisent de baisser ses taux d'intérêt ;

▶ Mais aussi parce qu'il est fondamental que les clients démontrent leur capacité à tenir leurs engagements et s'inscrivent ainsi dans une dynamique positive. Un client qui ne paie pas est un client sur qui l'IMF n'a pas eu l'impact visé ; c'est un échec pour les deux parties.

La maîtrise des opérations liées à l'épargne

Les opérations de retrait et de dépôt d'épargne doivent répondre à deux objectifs centraux :

▶ **L'accessibilité** : le défi consiste à offrir un véritable service de proximité, tout en limitant les coûts. L'IMF peut généralement s'appuyer sur son réseau d'agences en milieu urbain, mais c'est beaucoup plus difficile dans les zones rurales. La solution peut consister, par exemple, à apporter ces services « à domicile », par le biais d'agents qui viennent à intervalles réguliers collecter les dépôts et effectuer les retraits ; ou à organiser des collectes de l'épargne sur des marchés ou dans des bourgs proches ;

▶ **La sécurité** : la confiance des clients dans la capacité de l'IMF à assurer la sécurité des dépôts ne se décrète pas. Elle passe par un investissement en infrastructure pour assurer une bonne sécurité des dépôts (coffres, guichets, etc.), mais également par un investissement en termes d'image. La réputation de sécurité d'une IMF n'est jamais acquise. Les rumeurs courent très vite, et des retraits massifs de dépôts, en cas de doute sur la sécurité de ceux-ci, sont une menace constante pour l'institution.

Concrètement, l'IMF remet généralement au client un livret d'épargne sur lequel sont reportées toutes ses transactions et l'évolution de son solde. Ce livret devra être régulièrement confronté avec les documents de suivi de l'IMF, pour éviter toute incohérence qui serait le signe d'une négligence ou d'une fraude.

L'apparition de nouvelles technologies[1]

La maîtrise des opérations pourrait être rendue plus aisée et moins coûteuse, dans un avenir proche, par l'utilisation croissante de nouvelles technologies dans la gestion des décaissements de prêts, des remboursements et de l'épargne (voir aussi chapitre 3, p. 86). Même si l'on n'en est encore qu'au stade de l'expérimentation, trois types de technologies sont des pistes intéressantes :

▶ L'utilisation par des agents de crédit d'ordinateurs de poche sur lesquels ils pourront saisir directement les transactions opérées sur le terrain ;

▶ Le paiement par les clients de leurs remboursements non pas à l'IMF, directement, mais à un commerçant ayant conclu un partenariat avec l'IMF, qui reverse ensuite le paiement à l'IMF moyennant une commission – éventuellement par un transfert de fonds informatisé ;

▶ Le décaissement des prêts et le paiement des remboursements par téléphone mobile. Le prêt est par exemple décaissé via un SMS qui informe le client que son compte « virtuel » a été crédité d'une certaine

---

1. Voir : BIM, 23 octobre 2007, Microfinance et Nouvelles technologies : les nouveaux agents bancaires.
   Ignacio Mas, Sarah Rotman, Going Cashless at the Point of Sale: Hits and Misses in Developed Countries, CGAP Focus Note n° 51, 2008.
   Ignacio Mas, Realizing the Potential of Branchless Banking: Challenges ahead, CGAP Focus Note n° 50, 2008.

somme et lui communique un code secret. Grâce à ce code secret, le client peut retirer de l'argent de son compte auprès des comerçants agréés par l'opérateur téléphonique, partenaire de l'IMF. Les remboursements du prêt se font également par l'intermédiaire de ces commerçants, ce qui évite de se rendre jusqu'à une agence.

Ces évolutions peuvent toutes permettre un gain de temps et d'argent aux IMF, ainsi qu'aux clients, et permettre en particulier de servir les personnes habitant des zones trop isolées ou trop peu densément peuplées pour être couvertes aujourd'hui par les IMF.

Les clés du succès

Malgré la diversité des contextes, avec ou sans recours à la technologie, les recettes du succès sur le terrain sont souvent les mêmes :

▶ Bien connaître ses clients et leur proposer des produits réellement adaptés à leurs besoins ;

▶ Développer des méthodes simples, faciles à comprendre par les employés et les clients ; éviter les montages complexes et la sophistication inutile ;

▶ Avoir des équipes formées, encadrées, motivées, avec un bon sens relationnel ;

▶ Mettre en place des systèmes de suivi et de contrôle permettant de détecter rapidement les anomalies.

Tout cela implique de mettre en place une organisation bien structurée ; c'est l'enjeu du chapitre suivant.

Chapitre 9

Viabilité organisationnelle : la structuration de l'organisation

Une structure est *viable au niveau organisationnel* si elle est dotée des structures, des processus et des ressources humaines lui permettant de fonctionner efficacement, dans le sens de la stratégie qui lui est fixée.

Un tel effort de structuration est un enjeu essentiel de la pérennisation des IMF. Pourtant, l'expérience prouve qu'elle est souvent négligée. La priorité tend à être accordée à la mise au point des produits financiers dans une optique de projet pilote, puis à la croissance du nombre de clients et du portefeuille, qui permet à la fois de valider les produits et de se rapprocher de l'équilibre financier. Pendant toute cette phase, la « production » est souvent privilégiée, et non la construction d'une organisation capable de continuer à produire durablement. Il est vrai que les deux ne sont pas faciles à mener de front. Pourtant, la construction de l'organisation est encore plus compliquée lorsqu'elle doit intervenir *après* la croissance en volume de l'activité.

Le point de départ de la structuration est la mise à plat d'un organigramme précisant bien les différents départements au sein de l'organisation et leurs liens fonctionnels et hiérarchiques. Un mode d'organisation standard est proposé au chapitre 6, p. 145 ; l'organigramme d'AMRET est présenté en page 146.

Au-delà de la mise en place d'un organigramme clair, les composantes essentielles d'une IMF viable au plan organisationnel sont :

▶ Des équipes organisées, formées et motivées ;

▶ Un leadership compétent et engagé (ces deux premiers points supposant, le cas échéant, une autonomisation vis-à-vis d'une éventuelle assistance externe) ;

▶ Des procédures formalisées et des systèmes de contrôle efficaces ;

▶ Un système d'information adéquat.

Des équipes organisées, formées et motivées

Comme dans toute organisation, **la gestion des ressources humaines est un facteur clé de réussite** dans une IMF – bien qu'elle soit souvent négligée, comme nous venons de le voir. Il s'agit d'une part de mettre en place *une gestion administrative du personnel* professionnelle, rigoureuse et réactive. Plus encore, il s'agit de développer au sein de l'IMF des mécanismes et une culture permettant un véritable *développement des individus*, sur le plan de leur compétence, mais aussi de leur engagement pour la structure. Ces deux aspects nécessitent que l'on y consacre du temps, de l'expertise et des moyens financiers qu'il faut voir comme un investissement. Il faut agir aux niveaux de l'organisation du personnel, de sa rémunération et de la culture de l'IMF.

Gestion des ressources humaines

Sur ce plan, les exigences de la gestion des ressources humaines d'une IMF diffèrent peu de celles d'une entreprise :

▶ Avoir *une fiche de poste* pour chaque poste de l'organigramme ;

▶ Organiser *la mobilité interne* pour pourvoir les postes vacants ;

▶ Mettre en place un *processus de recrutement* systématique et transparent ;

▶ Développer un *système de formation* initiale pour les nouvelles recrues et un système de *formation permanente* pour les équipes en place ;

▶ Mettre en place un *processus d'évaluation* régulier débouchant sur des décisions concrètes (promotions, formation complémentaire ou, dans certains cas, départ forcé) ;

▎ Rédiger un *règlement intérieur* spécifiant les droits et les devoirs de chaque employé, les sanctions disciplinaires en cas d'infraction.

Rémunération fixe et variable

Il est essentiel d'adopter une grille de salaires assurant que :

▎ Chaque fonction est rémunérée d'une manière suffisamment compétitive par rapport au marché du travail ;

▎ Les différences de salaires entre deux fonctions sont raisonnables étant donné les différences de formation, de productivité et, éventuellement, d'ancienneté.

Au-delà du salaire fixe, de nombreuses IMF mettent en place un système de rémunération variable (également appelée prime ou « bonus »), dont le niveau dépend des résultats atteints. **Le système de prime est important pour renforcer la motivation des agents de crédit à bien faire leur travail.** De plus, il permet au management de moduler dans le temps les objectifs qu'il donne aux agents de crédit en faisant varier la formule de calcul de la prime.

Le plus souvent, les objectifs sont fixés en termes de :

▎ Volume du portefeuille (en termes de nombre de clients et/ou en termes monétaires) ;

▎ Qualité du portefeuille (par exemple, taux de remboursement mesuré par le portefeuille à risque).

L'objectif est d'encourager la croissance de l'activité sans menacer les taux de remboursement. Le niveau des objectifs fixés doit être suffisamment élevé pour tirer la performance vers le haut et ne jamais suggérer qu'une performance médiocre soit acceptable. Mais il ne doit pas être trop élevé, au risque de devenir décourageant.

Il est souvent difficile en microfinance de mettre au point une formule totalement satisfaisante de calcul de primes. **Il existe des risques d'effets pervers** si la formule encourage les employés à atteindre certains résultats à court terme, au risque de menacer leur solidité à moyen terme.

En tout état de cause, il est essentiel que la formule de la prime soit simple et bien comprise par les équipes. À trop vouloir éviter les effets pervers en équilibrant certains objectifs par d'autres objectifs, on prend le risque de rendre moins direct le rapport entre « ce que je produis » et « ce que je gagne » et, au final, de diminuer l'impact sur la motivation des équipes.

Il est également essentiel que le système de primes ne devienne pas la motivation première des agents de crédit, d'autant plus que bien des aspects importants de leur travail, comme, par exemple, le fait de toucher les familles ciblées par le programme, sont difficilement mesurables, et n'entrent donc pas dans le calcul du bonus. Au-delà de la rémunération, les perspectives d'évolution au sein de l'IMF, le sentiment qu'elle joue un rôle utile, l'adhésion à ses objectifs et à sa « culture d'entreprise » sont des facteurs de motivation plus durables que les primes.

« Culture d'entreprise » de l'IMF

L'expression *culture d'entreprise* désigne ce qui distingue une entreprise des autres, non pas au niveau des produits ou des modes de production et de distribution en tant que tels, mais aux plans :

▶ Du système de valeurs réellement promu en son sein ;

▶ Des façons de travailler et de leurs implications sur les personnalités et les rapports humains dans l'entreprise ;

▶ De « l'esprit » qui anime l'entreprise et constitue un moteur complémentaire au moteur évident qu'est la recherche de la rentabilité.

Il n'existe pas *une* culture d'entreprise supérieure aux autres, mais, en tout état de cause, on ne peut qu'encourager chaque IMF à développer *sa* propre culture d'organisation. À terme, elle peut former un socle commun dans laquelle les équipes (et même, dans certains cas les clients) se reconnaîtront et qui fera leur satisfaction de travailler ensemble, stimulant leur fidélité, leur loyauté et potentiellement leur productivité.

On constate souvent que les IMF tentent de développer une culture basée sur quatre grands types de valeurs (que l'on nommera de façon bien différente selon les contextes) :

▶ **L'engagement** pour la mission de l'IMF ;

▶ **La transparence**, dans des pays où la corruption est souvent répandue ;

- ◗ **La discipline** dans l'application des règles, malgré le laxisme de l'environnement externe ;
- ◗ **La créativité** pour l'amélioration des produits et procédures.

Une culture d'entreprise ne se décrète pas. Elle procède d'un ensemble de faits et de symboles qui marquent l'identité de la structure, de son histoire et de son environnement.

Un leadership compétent et engagé

Par *leadership*, nous désignons l'équipe de direction, qui a la charge de mener la structure, sous la supervision d'un directeur – lui-même étant généralement responsable devant l'organe de gouvernance interne (conseil d'administration dans une société anonyme, les élus des clients dans une mutuelle). Le terme de leadership, qui n'a pas vraiment d'équivalent en français, exprime bien l'idée d'une équipe capable de gérer et motiver l'ensemble de l'IMF.

Étant donné les particularités de la microfinance, cette équipe doit réunir :

- ◗ Des compétences techniques (conceptualisation des produits, planification financière, connaissance du terrain, gestion d'une organisation…), mais aussi des compétences interpersonnelles (communication, capacité à motiver et former, à conduire des réunions…) ;
- ◗ Un engagement fort pour l'IMF, de nature à entraîner l'adhésion des équipes mais aussi à s'inscrire dans le cadre du double objectif, financier et social, de l'organisation. En effet, même s'il est vrai que la stratégie dépend en définitive du conseil d'administration, il est essentiel que le leadership adhère fortement aux objectifs de long terme, car c'est lui qui est réellement en charge de leur mise en œuvre.

L'identification et le recrutement de cadres disposant à la fois de compétences pointues et d'une forme de motivation sociale sont difficiles partout dans le monde, et particulièrement dans les pays du Sud où les cadres qualifiés sont peu nombreux. Au-delà des compétences techniques, dans certains pays, c'est la culture de management qui est rare – l'habitude de travailler en équipe au sein d'une organisation.

Pour l'ensemble de ces raisons, il est souvent nécessaire de former des cadres en interne jusqu'aux fonctions les plus élevées, plutôt que de chercher à les recruter, depuis l'extérieur, directement aux postes de direction. Dans la pratique, un cumul de ces deux procédés est souvent utilisé.

Pour créer une équipe dirigeante – et pour la garder – la question de la rémunération est bien sûr centrale. Le plus souvent, les IMF qui ont su se doter d'une équipe dirigeante de bon niveau sur la durée sont celles qui ont accepté de payer leurs cadres à des niveaux de salaires compétitifs. Certaines IMF jugent logique, compte tenu de leur objectif social fort, de ne proposer que des rémunérations proches de celles des projets sociaux ou humanitaires ; s'il n'est pas exclu qu'elles réussissent dans certains cas à recruter des cadres dirigeants de haut niveau mus par une conscience sociale particulièrement forte, elles se rendent néanmoins fortement dépendantes de ces personnes, qu'elles auraient bien du mal à remplacer à salaire égal si elles venaient à partir.

Au-delà de la rémunération fixe, la motivation du management par un bonus (par exemple, annuel) peut également contribuer à sa motivation. Dans les IMF de statut privé (sociétés anonymes), il peut également être envisagé que le management se porte acquéreur, à des conditions privilégiées, d'actions de l'IMF, afin qu'il soit intéressé à sa performance.

Le processus d'autonomisation

Nous avons vu au chapitre 7 que la création d'une IMF nécessite souvent une *assistance technique* : l'appui d'une *organisation spécialisée* en microfinance qui aide à la mise en place de l'institution. Dans les faits, il est fréquent que l'organisation spécialisée prenne au début un rôle d'*opérateur*, c'est-à-dire qu'elle assume, en général *via* du personnel expatrié, la direction de l'IMF, le temps de former un management local capable de lui succéder.

Dans un tel cas de figure, **la phase de structuration de l'IMF implique que soit formée ou recrutée une équipe locale capable de prendre la relève.** L'organisation spécialisée se retire alors des fonctions de direction opérationnelle, on parle d'autonomisation du management local.

L'autonomisation peut être définie comme « *le processus par lequel la continuité d'une action ou d'une équipe locale mise en place au Sud par un opérateur du Nord est assurée par la création ou la transformation institutionnelle et par le désengagement de l'opérateur* »[1].

L'IMF est jusque-là totalement dépendante de l'opérateur, qui définit les objectifs, assure la direction, trouve les financements, mais aussi arbitre en interne les conflits de personnes grâce à sa légitimité. L'opérateur préserve également l'indépendance de l'IMF vis-à-vis de l'ingérence de partenaires externes (par exemple, un bailleur de fonds ou un ministère).

Les mutations sont un véritable défi, aussi bien pour l'équipe qui se retire que pour celle qui prend son autonomie. « *On passe d'une simple structure de ressources humaines ayant pour principal objectif une production immédiate à une structure institutionnelle plus évoluée, basée notamment sur une politique de développement durable et une équipe de direction complexe* [...] *Seule une bonne entente entre l'équipe locale* [de l'opérateur] *et la nouvelle direction peuvent assurer la réussite de l'institutionnalisation.* [...] *Construire une institution impose un ajustement à la capacité d'absorption des cadres locaux et le respect d'un temps de maturation.* »[2] À trop vouloir la précipiter, on risque les conflits et les malentendus.

Une fois l'équipe locale mise en place, le rôle de l'opérateur se limite à une assistance technique, souvent présente en accompagnement pendant plusieurs années. Cette présence s'avère utile pour anticiper d'éventuelles crises ou contribuer à leur résolution si l'IMF est encore trop fragile pour y faire face seule.

---

1. Daniel Neu et Nathalie Gauthier (GRET), Daniel Thiéba (GREFCO), Khim Sophanna (CEDAC), *Assurer la continuité d'une action*, F3E, 2002.
2. Nathalie Gauthier, *Construire une capacité locale de management*, Document de travail de la direction scientifique du GRET, 1999 (http://f3e.asso.fr/article.php3?id_article=150).

Principales étapes de l'autonomisation d'AMRET[1]

Le GRET lance ses activités de crédit au Cambodge en 1991 par un projet d'expérimentation logé (y compris physiquement) au sein du ministère de l'Agriculture. Deux volontaires expatriés du GRET et des cadres détachés du ministère sont en charge du projet. L'objectif est de *« trouver une bonne méthode pour proposer du crédit en milieu rural au Cambodge »* – la viabilité est déjà dans les esprits, même si le statut que pourrait prendre l'organisation n'est pas clair à ce stade.

Le projet grandit vite : 14 000 clients et 41 employés en 1995. La méthode de travail sur le terrain étant validée, l'ambition de construire une offre durable de services financiers s'affirme. Mais la direction de l'IMF est encore totalement assumée par les expatriés. La priorité donnée à la croissance n'a pas permis de structurer suffisamment la politique des ressources humaines, de formation, et la mise en place d'une équipe de cadres solide. En 1996, l'IMF prend un nom cambodgien, EMT (acronyme de « crédit rural local » en khmer).

L'analyse du GRET, au cours de l'année 1996, met en évidence plusieurs faiblesses organisationnelles :

- Dans un pays où recruter des cadres qualifiés est une gageure, la stratégie retenue est de favoriser la promotion et la formation en interne, pour faire émerger les futurs dirigeants de l'IMF. Ce processus est long ; en 1995, les cadres cambodgiens, recrutés pour être complémentaires des expatriés français, manquent encore de connaissances de base en finance ;

- Les prises de décision relèvent des assistants techniques du GRET ; aucun des cadres cambodgiens n'a la capacité d'assumer la direction du projet ;

- La compréhension fine des clients et des produits, les relations avec les bailleurs et partenaires externes, et surtout la capacité d'innovation dépendent de l'assistance technique.

Ce constat étant établi, la progression de la structure vers l'autonomie et le retrait de l'assistance technique GRET va suivre alors plusieurs étapes.

1. La mise en place de l'organigramme (1997)

De jeunes cadres à fort potentiel sont recrutés ou promus, et l'avenir du projet est discuté ouvertement avec les équipes. Un véritable processus d'autonomisation est lancé, avec en première étape un audit organisation-

---

1. *Idem*, et Pierre Daubert, *Une aventure en microfinance : AMRET au Cambodge, Karthala, 2007.*

nel mené par les salariés de l'institution. Un nouvel organigramme est construit, dans lequel les nominations des cadres aux postes de responsabilité sont assurées par le GRET, après des consultations « informelles ».

À l'issue de ce processus, la nouvelle organisation distingue clairement :

- L'équipe locale (direction de la future institution) ;
- L'équipe d'assistance technique (qui n'apparaît pas dans l'organigramme), dont la fonction d'accompagnement est mieux définie ;
- Les représentants du siège du GRET (futur conseil d'administration).

2. Le renforcement de la direction (1998-2000)

Alors que l'IMF avance dans son processus d'institutionnalisation, trois progrès fortement symboliques dans l'autonomisation de la direction marquent cette période :

- La promotion d'un directeur général (l'un des cadres de la structure, recruté en 1995) ;
- Le déménagement dans des locaux distincts de ceux du ministère ;
- La formulation de la vision et de la mission de l'IMF, après consultation de tout le personnel. L'IMF se dote enfin d'un plan d'affaires, élaboré conjointement par les cadres cambodgiens et les expatriés.

EMT Limited est formellement créée en 2000, et compte alors près de 70 000 clients. Le rôle du GRET change : désormais actionnaire majoritaire de la structure, il préside le conseil d'administration, définissant la stratégie de l'IMF. Les assistants techniques expatriés se focalisent sur des points d'appui précis au management (système d'information, stratégie financière…), en retrait de l'opérationnel.

3. Vers l'autonomie (2001-2005)

De 2001 à 2003, EMT complète et met à jour sa politique sociale et salariale ; l'organigramme est finalisé, notamment complété par une direction du marketing et de la communication. L'assistance technique expatriée du GRET prend fin en octobre 2003 ; ce qui ne signifie pas pour autant que l'IMF n'a plus de besoin d'appuis externes. Mais, désormais, il est du ressort du conseil d'administration et de la direction de définir les besoins d'appui au cas par cas et de recourir à des consultants pour y répondre.

Symbole fort, enfin, EMT change de nom en 2004 et devient AMRET (issu du sanscrit, signifiant « longévité »), nom choisi par la direction après une large consultation des clients et salariés, pour renforcer l'identité et la visibilité de l'IMF.

Des procédures formalisées et des contrôles efficaces

La formalisation des procédures

Pour assurer la permanence de la qualité des services d'une IMF, il est essentiel de **formaliser par écrit, et en détail, l'ensemble des mécanismes (ou procédures)** qu'ils impliquent : les méthodes d'octroi de crédit, les méthodes de remboursement, les flux financiers…

En effet, l'IMF grandissant, la formalisation des procédures est nécessaire pour :

▶ Assurer l'homogénéité des méthodes dans toute l'organisation ;

▶ Les transmettre à de nouveaux employés ;

▶ Contrôler leur bonne exécution.

Au cours du temps, les différentes pratiques d'une IMF sont généralement documentées par des notes éparses. Beaucoup d'IMF jugent utiles de les compiler en des manuels plus globaux – par exemple, manuel des opérations, manuel de la gestion financière, manuel des ressources humaines. La rédaction de tels « **manuels de procédures** » est aussi l'occasion de déceler des contradictions ou manquements dans les règles existantes et de les corriger ou compléter.

Ces manuels doivent être parfaitement maîtrisés par les équipes correspondantes, ce qui implique d'organiser des formations à leur sujet – ou, même, de les utiliser comme supports de formation.

Les systèmes de contrôle

La formalisation des procédures, en définissant clairement la façon dont les opérations et les transactions sont censées se passer, permet un vrai contrôle de la qualité et de l'honnêteté du travail des équipes. Or **le contrôle est d'autant plus important que les occasions de négligence et de fraude sont très nombreuses,** en particulier dans les IMF dont le fonctionnement implique que les employés manipulent quotidiennement de l'argent en espèces, et dans des pays où la corruption est répandue.

Exemples de fraudes courantes

Au niveau des agents de crédit et de leurs superviseurs (ou des élus) :

- « Prêt fantôme » : octroi d'un prêt fictif à un emprunteur qui n'existe pas, l'employé empochant le montant du prêt et prétendant ensuite que l'emprunteur est un mauvais payeur ; dans certains cas, l'emprunteur existe et est de mèche avec l'agent de crédit ;

- « Prêt avec passager clandestin » : l'agent de crédit et/ou son superviseur octroient à un emprunteur un prêt supérieur à la somme qu'il désire ou peut recevoir, et il(s) conserve(nt) la différence ;

- « Prêt relais » : lorsqu'un « prêt fantôme » ou un « prêt clandestin » arrive à échéance et que son non-remboursement risque d'être trop remarqué, décaissement d'un nouveau prêt pour rembourser le précédent (une pratique qui peut durer jusqu'à ce que ses instigateurs ne parviennent plus à la maîtriser) ;

- Prêt accordé par favoritisme par un agent de crédit et/ou son superviseur à un membre de sa famille, qui ne pourra ou ne voudra pas le rembourser ;

- Non-comptabilisation de remboursements perçus (par exemple, en ne remettant pas de reçu à l'emprunteur lorsqu'il paye son échéance), ce qui permet à l'employé malhonnête d'empocher la somme correspondante ; une variante consiste à remettre à un client inattentif un reçu ne portant que sur une partie de la somme qu'il a remboursée ;

- Modification de la date de perception d'un remboursement, soit antidaté pour afficher un remboursement conforme à l'échéancier et satisfaire son superviseur, soit postdaté pour garder en poche le montant du remboursement pendant quelques jours.

Au niveau du siège ou des directions régionales, les fraudes sont généralement moins faciles à commettre, mais chacune peut concerner des montants plus importants :

- Détournement de sommes depuis un compte en banque ;

- Fraudes sur le système informatique (modification d'un échéancier, effacement d'un prêt, saisie de remboursements fictifs…).

L'importance du contrôle est telle que **les IMF, à partir d'une certaine taille, créent généralement une équipe d'audit interne,** dont le directeur répond à la direction générale – et dans certains cas au conseil d'administration (ou autre organe de gouvernance) directement, ce qui permet de contrôler aussi la direction générale. L'équipe d'audit interne se rend régulièrement dans les agences ou unités décentralisées, de préférence par surprise, et opère des audits des comptes et des opérations. Son travail doit progressivement permettre d'identifier les fraudes que les méthodes rendent possibles, et donc corriger les procédures afin de prévenir les fraudes.

La lutte contre la fraude suppose aussi que ne soient pas tolérées l'approximation et la négligence – qui induisent une faible performance et, de plus, servent souvent à dissimuler des comportements illicites. À titre d'exemple, une dégradation du taux de remboursement des prêts est souvent la conséquence de comportements frauduleux de membres de l'équipe ; elle peut aussi en être la cause, dans le sens où elle la rend possible (les contrôles systématiques devenant plus difficiles quand le nombre d'emprunteurs en défaut de paiement augmente).

Seuls un vrai suivi des équipes, une formation approfondie et une politique de rigueur systématique peuvent assurer le succès d'une IMF. Ceci suppose que des sanctions soient prises contre les fraudeurs, en interne (licenciement ou, pour le moins, avertissement en cas de faute mineure commise pour la première fois), mais aussi que des actions soient engagées en cas de détournement auprès d'autorités reconnues par les clients comme légitimes. Suivant le contexte, il peut s'agir du système judiciaire, des autorités locales et, souvent, en l'absence d'un État de droit, d'autorités traditionnelles ou informelles. Une réaction rapide et adaptée est un signal fort vis-à-vis des clients, des salariés et, éventuellement, des élus de l'IMF, qui permettra de prévenir de nouvelles fraudes.

Il faut mentionner enfin que les IMF sont généralement soumises à l'examen d'auditeurs externes qui analysent leurs comptes au moins annuellement. Le choix d'un cabinet d'audit rigoureux est aussi un facteur de transparence de l'organisation – mais il n'est pas toujours facile de trouver localement des compétences d'audit adaptées aux particularités des IMF.

Un système d'information adéquat

Un *système d'information et de gestion* (SIG) est un système (en général, largement informatisé) qui inclut la collecte, le stockage, le suivi et la consultation de l'information dans une organisation[1]. Le SIG comprend l'ensemble des règles, procédures et pratiques qui régulent le traitement de l'information : un logiciel de traitement de l'information n'est donc qu'une partie du SIG.

Les IMF optent souvent, à partir d'une certaine taille, pour l'informatisation au moins partielle du SIG qui apporte de réels avantages :

▶ Gains de productivité (recopiage évité – donc moins de temps perdu et moins d'erreurs de saisie –, calculs automatiques) ;

▶ Moins de fraude, tant il est aisé de modifier des écritures manuelles (même si des fraudes sont également possibles sur les systèmes informatiques) ;

▶ Rôle structurant, dans le sens où l'informatisation oblige à penser et systématiser les flux d'information et à s'interdire les exceptions ou le cas par cas.

Bien entendu, l'informatisation suppose des conditions externes minimales qu'il est parfois impossible de réunir (électrification, niveau de formation suffisant des employés…).

La mise en place d'un SIG performant est un enjeu essentiel au vu des exigences :

▶ De la clientèle, qui demande un traitement rapide de ses opérations de dépôt et de retrait ;

▶ De la gestion financière de l'IMF, qui implique que des indicateurs de suivi d'activité et des ratios financiers soient fournis le plus rapidement possible ;

▶ Des autorités de tutelle dans le cas des IMF régulées, mais aussi des bailleurs de fonds, prêteurs et investisseurs qui demandent des rapports d'activité et financiers détaillés.

Plus globalement, ce n'est certainement pas un hasard si, depuis 25 ans, l'essor de la microfinance a été concomitant des progrès de la micro-informatique. Sans l'informatisation, qui a entraîné une réduction drastique des coûts de gestion des prêts (d'autant plus essentielle

---

1. Charles Waterfield, Nick Ramsing, *Systèmes d'informatique de gestion pour les instituts de microfinance. Guide pratique*, CGAP, Série « Outils techniques » n° 1, 1998. (http://www.cgap.org/docs/TechnicalTool_01_French.pdf).

que les prêts sont petits), la croissance d'un grand nombre d'IMF n'aurait pas été possible à une telle échelle[1].

Comment structurer un SIG ?

L'étape critique de la mise en place d'un SIG n'est pas tant l'installation du logiciel en tant que telle que la phase de préparation qui la précède. Il s'agit de formaliser les procédures de création, diffusion et vérification de l'information pour l'ensemble de l'IMF, et de comprendre les besoins de production d'information pour les différents niveaux de contrôle et de décision. Ceci implique, en particulier, de préciser les indicateurs que l'on entend suivre (pour les produits existants et futurs) et de savoir à qui ils seront destinés.

Faute de mener une telle réflexion en amont de l'installation du logiciel, on risque fort d'aboutir à un système qui, très vite, ne fournira plus qu'une partie des informations dont on a besoin, mais produira en revanche une grande quantité d'information inutile et inutilisée (ou même fausse).

Comment choisir un logiciel ?

Beaucoup d'IMF commencent avec un SIG « artisanal », souvent développé sur un tableur de type Microsoft Excel. Ceci offre une très grande flexibilité et permet de « s'approprier » le fonctionnement. Cependant, la croissance de l'IMF rend nécessaire l'adoption d'un système plus performant (le seuil de 2 000 clients est souvent considéré comme critique sur ce plan).

Se pose alors **la question du choix de l'un des logiciels existant** (le site Microfinance Gateway[2] recense 78 logiciels proposés par des sociétés diverses) **ou du choix de faire développer son propre logiciel** par une société spécialisée. Cette alternative permet d'obtenir un logiciel parfaitement adapté aux besoins spécifiques de l'IMF. Mais ses inconvénients sont l'incertitude sur le temps de développement du logiciel (que les développeurs sous-estiment en général) – et donc sur le coût final du

---

1. Maria Nowak, *On ne prête pas qu'aux riches*, Jean-Claude Lattès, 2005.
2. « http://www.microfinancegateway.org/resource_centers/technology/iss_software ».

logiciel – et sur la capacité du développeur à assurer dans le temps le suivi et le maintien du système (ce qu'aucune autre société ne sera capable de faire).

Si une IMF choisit d'acquérir un logiciel préexistant, les critères sont[1] :

- Sa fonctionnalité et sa capacité à évoluer ;
- Sa « convivialité » ;
- La qualité et l'adaptabilité de la production de rapports ;
- Le respect des standards de gestion comptable ;
- Les performances en termes de sécurité, sauvegardes, maintenance ;
- Les spécifications techniques (architecture, performance, langage…) ;
- Le profil du fournisseur : pérennité, nature (SSII, ONG, etc.), compétence ;
- Les coûts, qui dépassent de loin le prix du logiciel lui-même, et incluent des frais relatifs à l'analyse des besoins, à l'infrastructure, à la gestion et au pilotage de l'installation, à la formation des utilisateurs, à la maintenance et aux modifications de procédures et de manuels.

Le choix de changer de SIG et la détermination du logiciel à retenir sont des décisions structurantes, stratégiques, qui doivent retenir l'attention du conseil d'administration et le pilotage de l'équipe de direction.

---

1. Jean Pouit, « La mise en place d'un SIG pour la microfinance », *Techniques financières et développement*, n° 78, mars 2005.

Chapitre 10

La viabilité institutionnelle

Nous abordons maintenant le troisième aspect de la pérennité d'une IMF, *la viabilité institutionnelle*, que nous avons définie comme la mise en place d'une gouvernance claire permettant de définir la stratégie et de contrôler son application, en particulier grâce à l'adoption d'un statut juridique adéquat.

Le concept de gouvernance[1]

La gouvernance d'une IMF désigne l'ensemble des mécanismes par lesquels les acteurs déterminent et poursuivent la stratégie globale de l'institution.

Les termes de stratégie, d'acteurs et de mécanisme méritent d'être explicités :

▶ **Par stratégie**, on désigne les choix les plus fondamentaux de l'organisation et leur cohérence générale. Il s'agit particulièrement des décisions importantes relatives à :

- La définition de la mission de l'institution (les clients qu'elle vise, les services proposés…) ;
- La recherche de sa pérennité (qui implique en particulier d'atteindre l'équilibre financier) ;

---

1. L'ensemble de cette section s'appuie sur le document : *La gouvernance en microfinance, grille d'analyse et d'études des cas*, CERISE, 2002 (http://www.cerise-microfinance.org).

▶ **Par acteurs**, on désigne l'ensemble des individus et groupes d'individus ayant une influence sur les choix stratégiques de l'IMF (par exemple ses administrateurs, ses dirigeants, ses salariés, les représentants élus des clients dans le cas des mutuelles, les assistants techniques…) ;

▶ **Par mécanismes**, on désigne les façons dont les décisions stratégiques sont prises : qui a le pouvoir de décision ? D'où provient l'information permettant de les prendre ? Comment contrôler leur mise en œuvre ?

La *façon* dont les décisions stratégiques sont prises (la gouvernance) est un enjeu majeur pour la réussite d'une IMF. Dans une IMF donnée, comment évaluer la gouvernance, c'est-à-dire savoir comment les décisions stratégiques sont prises et qui sont les acteurs concernés ?

Les statuts de l'IMF exposent la façon dont le pouvoir de décision est « théoriquement » partagé et organisé. Or il existe plusieurs types de statut légal possibles pour une IMF. Il importe donc de les présenter pour comprendre leur influence sur la gouvernance. Nous montrerons ensuite que la pratique réelle du pouvoir ne relève pas uniquement des textes, mais aussi de l'histoire de l'organisation, de sa culture et des personnalités des acteurs.

Le statut juridique

Définition et enjeux

Comme toute entité exerçant une activité commerciale (que son but soit lucratif ou non), une IMF doit se doter d'une existence légale, c'est-à-dire exister en tant que personne morale. Le statut juridique est la forme légale choisie et dûment enregistrée auprès des autorités compétentes pour exercer l'activité de microfinance.

Il s'agit d'un choix structurant, puisqu'il va orienter l'ensemble des règles de fonctionnement de l'IMF :

▶ En interne : répartition des pouvoirs et règles des prises de décision sont définies par les statuts ;

▶ en externe : activités autorisées, autorités de tutelle, obligations de publicité de certaines informations, droit applicable…

Le choix du statut juridique dépend en grande partie du cadre légal du pays dans lequel évolue l'IMF. Deux cas de figure se présentent :

▶ Si aucun cadre légal n'existe spécifiquement pour la microfinance, il faudra adopter un statut « standard » parmi les statuts juridiques existants ;

▶ Dans de nombreux pays, le cadre légal et réglementaire a évolué ou évolue peu à peu pour prendre en compte le développement du secteur de la microfinance (c'est un aspect central du rôle de l'État dans l'essor de la microfinance, qui sera abordé au chapitre 16).

Les grands statuts juridiques

En schématisant, les IMF peuvent se structurer sous quatre principaux types de statuts possibles :

Les statuts juridiques des IMF

1 Le projet	2 L'association	3 La société privée	4 La mutuelle ou coopérative

Avant de présenter un à un ces statuts juridiques, il est utile d'exposer leurs liens avec la question de la collecte de l'épargne.

La question connexe de l'autorisation de collecter l'épargne

Nous avons vu en première partie de cet ouvrage que l'accès à des produits d'épargne est un enjeu essentiel pour tous (chapitre 2, p. 71) et que certaines IMF ont su développer des produits répondant efficacement à cette demande (chapitre 2, p. 73).

L'activité de collecte de l'épargne est pour les IMF un enjeu essentiel sur trois plans :

- Elle permet de répondre à cette vraie attente des clients (voir chapitre 2, p. 71), de les fidéliser et de contribuer à leur développement (ce qui répond à leur mission et constitue un avantage commercial) ;

- Elle dote l'IMF d'une sorte de garantie sur les prêts accordés : au cas où un client ne rembourserait pas son prêt, il serait possible de conserver son épargne en compensation partielle (avantage opérationnel) ;

- Elle est une source d'argent bon marché que l'IMF peut reprêter à ses clients sous forme de microcrédit, comme le font les banques commerciales classiques (avantage financier) – voir chapitre 11, p. 223.

Cependant la loi réglemente généralement les autorisations de collecte de l'épargne de manière stricte. En effet, le législateur cherche à éviter les cas où un client ne pourrait pas récupérer son épargne (par exemple, des faillites d'IMF). **Le point de vue de l'État et la réglementation seront abordés de manière détaillée au chapitre 16. Mais mentionnons dès à présent que les seules IMF autorisées à collecter l'épargne sont :**

- **Les mutuelles ou coopératives** d'épargne-crédit – mais uniquement l'épargne de leurs membres (c'est en partie leur raison d'être) ;

- **Certaines sociétés privées** : celles qui adoptent un statut de banque, d'établissement financier ou, dans certains cas, un statut spécifique de banque de microfinance mis en place par le législateur (voir ci-dessous).

En revanche, les IMF ayant un statut de projet ou d'association sont jugées trop précaires pour être autorisées à collecter l'épargne. Dans certains pays (en particulier ceux n'ayant pas encore adopté de cadre légal spécifique pour la microfinance), le gouvernement tolère que les IMF de forme associative collectent l'épargne de ceux qui sont déjà emprunteurs (en quelque sorte considérés comme des « membres »), au titre de garantie du prêt – mais pas l'épargne du public. Ce type d'autorisation fait généralement l'objet de restrictions sévères.

Avant le statut juridique : le « projet »

Définition et fonctionnement

On désigne par le terme de *projet* à la fois *l'activité* de microfinance à mettre en œuvre et *l'équipe* en charge de la réaliser. Cette équipe peut fort bien être dotée d'une organisation et d'un budget, mais elle n'est pas une entité juridique en tant que telle (une personne morale). Les salariés ne sont pas ceux d'une IMF mais d'un « projet », dépendant juridiquement d'un organisme tiers.

Il ne s'agit donc pas, à proprement parler, d'un statut juridique possible pour une IMF, mais plutôt de **la forme que prennent certaines IMF** *avant* **d'adopter un statut juridique durable** : on parle de *phase projet*.

Avantages et inconvénients

L'avantage de cette formule est de permettre de lancer un programme de microfinance sans se préoccuper, dans un premier temps, des aspects institutionnels – et donc de pouvoir **se concentrer sur son succès opérationnel, « sur le terrain »**. La question du statut juridique ne méritera d'être posée que si cette première étape est franchie avec succès.

Mais ce statut présente vite de **nombreux handicaps** :

▶ Incertitude sur le partage des responsabilités : qui a le pouvoir ultime sur l'organisation, à qui appartient-elle (le financeur, l'opérateur) ? Qui a la légitimité pour opérer les grands choix stratégiques et contrôler leur mise en œuvre ?

▶ Incertitude sur la propriété des actifs et des fonds transmis à ce « projet » par des bailleurs si la perspective d'un transfert à une future structure légale n'est pas prévue dès le début. En particulier, lorsque l'État est maître d'ouvrage du projet (cas de figure fréquent dans les projets des années quatre-vingt et quatre-vingt-dix), il peut se trouver en position de propriétaire et donc d'« arbitre » au moment de l'institutionnalisation du projet, ce qui lui confère un poids important dans les négociations ;

▶ Incertitudes sur sa pérennité : le projet est défini et financé sur une durée courte, en général inférieure à cinq ans. La durée du projet se confond avec celle de la convention de financement qui le finance. Que se passe-t-il à l'échéance de cette convention ?

▶ Souvent, impossibilité de collecter l'épargne (voir plus haut).

Ces inconvénients sont souvent rédhibitoires pour les partenaires externes (comme, par exemple, les banques), qui seront réticents à soutenir une IMF au statut si précaire.

Ainsi, la forme de projet peut dans certains cas être adéquate, le temps de l'expérimentation. Mais elle ne saurait être qu'un passage vers la formalisation juridique nécessaire à la pérennité.

Les handicaps de la condition de projet dans le cas d'ACEP Cameroun

ACEP Cameroun vise une clientèle de petits entrepreneurs à Yaoundé et Douala à qui elle octroie des crédits individuels. À la fin de l'année 2005, elle avait plus de 3 500 clients et un portefeuille de microcrédits de près de 4 millions d'euros.

L'IMF a démarré ses activités en 1999 sous la forme de projet avec pour objectif d'institutionnaliser l'IMF en société anonyme au bout de cinq années. Pendant la durée du projet, le financement de l'institution était apporté par l'Agence française de développement. Juridiquement, le projet était rattaché au ministère des PME camerounais par qui transitait ce financement.

Au terme des cinq années initialement prévues, l'IMF a atteint tous les objectifs qui avaient été fixés à l'opérateur du projet, ACEP Développement :

- Elle couvrait ses coûts opérationnels par ses revenus financiers, avec plus de 2 500 clients et près de 3 millions d'euros d'encours de microcrédits ;
- Un management local, prêt à assurer la direction de l'IMF était formé ;
- Le tour de table de la future société anonyme, incluant notamment une banque locale et un investisseur privé spécialisé en microfinance, était arrêté.

L'IMF était donc prête pour être transformée en société anonyme en 2003, conformément au planning initial. Le projet étant rattaché juridiquement à un ministère, cette transformation devait néanmoins être approuvée par l'administration camerounaise. Pour des raisons diverses, cette approbation a pris du retard. En 2004, au bout d'une année de *statu quo*, la situation opérationnelle de l'IMF est devenue problématique. Le financement accordé par l'AFD étant terminé en 2003, ACEP Cameroun était privé de ressources pour financer sa croissance, alors que la demande était forte. L'IMF était non seulement obligée de refuser les demandes de nouveaux clients mais devait également refuser les demandes d'augmentation de prêts de ses clients existants.

En raison de son statut de projet, rattaché à un ministère de l'État camerounais, il lui était de plus impossible d'emprunter pour financer sa croissance. Cela serait revenu à endetter l'État camerounais, ce qui juridiquement impose de multiples formalités et approbations. Alors que des membres du futur tour de table étaient prêts à la financer, l'IMF a donc dû attendre la fin du processus de transformation en société, à la fin de l'année 2005, pour recommencer à croître.

Le statut d'association à but non lucratif

Définition et fonctionnement

Une association à but non lucratif est une organisation créée par des fondateurs qui s'associent pour produire des biens et des services destinés à ceux qui en deviendront membres (ou plus généralement à la collectivité).

Conformément à son appellation, une association à but non lucratif ne poursuit pas un objectif d'enrichissement. Mais elle peut rémunérer des salariés et développer des activités commerciales servant son objectif, et dont les bénéfices éventuels resteront au sein de l'association, pour lui permettre de poursuivre son action. C'est donc **une forme cohérente avec la démarche de la plupart des initiateurs de programmes de microfinance, activité commerciale servant un objet social.**

En général, les membres d'une association se réunissent une fois par an en assemblée générale (AG), qui élit un conseil d'administration (CA). Ses membres, les administrateurs, ont la responsabilité d'élaborer la stratégie et de décider des grandes orientations. Ils nomment un directeur général qui supervise et anime l'ensemble de l'organisation.

Les sources de financement d'une association sont constituées des donations (ou subventions) qu'elle reçoit de personnes souhaitant soutenir son action, des bénéfices de ses activités commerciales et des cotisations de ses membres. Ses fonds propres sont constitués des donations reçues et des bénéfices réalisés ; elle n'a pas à proprement parler de capital (voir chapitre 11, p. 203).

Avantages et inconvénients

La forme associative présente des avantages certains :

- Sa **souplesse**, car le statut d'association implique généralement peu d'obligations légales ; les associations sont simplement tenues d'émettre des états financiers annuels et de les faire auditer (du moins si elles atteignent une certaine taille) ;

- Son caractère non lucratif peut garantir un certain **maintien de la mission sociale** de l'IMF, de nature à rassurer ceux qui craignent une dérive vers un objectif purement commercial ;

- C'est donc un statut qui facilite l'obtention de **subventions** ;

▶ Du fait de son but non lucratif, le statut donne souvent droit à des **avantages fiscaux** comme l'exonération d'impôt sur les bénéfices (qui sont entièrement réinvestis).

Cependant, le statut d'association présente **des limites** :

▶ Sur le plan de la **gouvernance**, la légitimité et la disponibilité des membres de l'AG et du CA (ces derniers n'étant pas ou très peu rémunérés) sont généralement faibles face au poids de la direction salariée, qui travaille à temps plein dans la structure et acquiert souvent une maîtrise technique supérieure. La question se pose avec d'autant plus d'acuité dans le cas d'une IMF créée par une organisation spécialisée cherchant, *a posteriori*, à constituer une assemblée générale et un conseil d'administration ;

▶ La faiblesse du CA peut empêcher un véritable pilotage stratégique de l'IMF, retarder certaines décisions difficiles. Toute direction salariée, aussi compétente soit-elle, a besoin d'être orientée et périodiquement évaluée. Si ce n'est pas le cas, l'IMF est confrontée à des risques variés, comme la dérive de ses objectifs ou la perte de contrôle de son rythme de développement (trop rapide ou au contraire trop routinier) ;

▶ Sur le plan de la « **culture interne** » de l'IMF, les employés de l'association peuvent avoir du mal à mettre en œuvre la discipline forte nécessaire en microfinance vis-à-vis des retards et fraudes ;

▶ Sur le plan des **financements** (voir chapitre 11, p. 203) :

  – La collecte de l'épargne n'est en général pas autorisée (voir plus haut) ;

  – Il est exclu de faire appel à des investisseurs, puisqu'il n'y a pas de capital ;

  – Mais il peut également s'avérer difficile de trouver des prêteurs, les banques commerciales ayant plus l'habitude de travailler avec des sociétés.

En conclusion, à leurs débuts de nombreuses IMF, financées par subventions, adoptent le statut flexible d'association. Certaines se contentent de conserver durablement ce statut. D'autres, une fois qu'elles ont atteint une taille significative impliquant de renforcer la gouvernance et de mobiliser des financements privés, sont amenées à envisager leur transformation en une structure de statut plus adapté à une activité financière menée à grande échelle.

Le statut de mutuelle ou coopérative

Définition et fonctionnement

Une *institution mutualiste* ou *coopérative d'épargne et de crédit* est « un groupement de personnes, doté de la personnalité morale, sans but lucratif et à capital variable, fondé sur des principes d'union, de solidarité et d'entraide mutuelle et **ayant principalement pour objet de collecter l'épargne de ses membres et de leur consentir des crédits[1]** ».

Contrairement aux clients des IMF d'autres statuts légaux, les clients d'une coopérative sont des « membres » ou sociétaires, puisqu'ils détiennent au moins une part du capital (une action) de l'IMF. Le prix de la part sociale est en général fixé à un niveau très faible pour ne pas freiner l'adhésion. Le nombre de parts sociales est illimité, permettant la croissance du nombre de membres.

Les membres sont généralement invités à se réunir une fois par an en assemblée générale (AG), qui vote sur une base démocratique : un homme, une voix – indépendamment du nombre de parts détenues. L'AG prend certaines décisions d'orientation et élit en son sein un conseil d'administration (CA). Ce dernier, qui est donc composé de représentants des clients, est en charge de la stratégie et nomme le directeur général.

Souvent, les membres constituent des caisses mutuelles au niveau d'un quartier ou d'un village. Ces caisses se regroupent ensuite en caisses régionales, parfois elles-mêmes fédérées par une caisse nationale. Celle-ci sert souvent de caisse de compensation (en prêtant l'argent des caisses excédentaires à celles qui ont des besoins de financement). Elle peut aussi s'endetter auprès d'institutions externes et prêter aux caisses régionales.

À chaque niveau, les membres élisent leurs représentants parmi les élus de l'échelon inférieur. **Le modèle mutualiste est donc théoriquement marqué par une forte implication des membres,** dans un système ascendant avec une représentation de la base dans les instances centrales.

---

1. Définition tirée de la loi Parmec pour l'Afrique de l'Ouest, article 2 (http://www.bceao.int/internet/bcweb.nsf/pages/inte2b).

Avantages et inconvénients

Ce statut offre un certain nombre d'avantages :

▶ Si la gouvernance de type démocratique fonctionne bien, une mutuelle est par elle-même un **vecteur de développement** (*empowerment*) pour les membres, et elle doit assurer une bonne adaptation des services à leurs besoins ;

▶ Par définition, il permet la **collecte de l'épargne** ;

▶ De même que le statut d'association, du fait de son but non lucratif, le statut de mutuelle donne souvent droit à des **avantages fiscaux**, comme l'exonération d'impôt sur les bénéfices (qui sont entièrement réinvestis).

Cependant, le statut de mutuelle présente **des limites** :

▶ **Le fonctionnement de la gouvernance est difficile.** Il implique un effort continu de formation des élus, qui n'ont pas toujours le niveau d'éducation suffisant ni l'implication nécessaire pour appréhender les enjeux de l'IMF dans leur globalité. De ce fait, leur capacité à contrôler le système et le management est faible. Il existe un risque qu'une catégorie de membres (par exemple, les plus éduqués) contrôle l'organisation et/ou que la mission ne soit pas maintenue dans le temps ;

▶ Il existe des **risques de conflits** entre élus et salariés, qui ont des intérêts divergents – par exemple, le niveau des salaires de l'équipe permanente ;

▶ Il existe des risques de **conflits entre la caisse centrale et les caisses locales** – par exemple, sur le niveau d'autonomie de ces dernières ou sur le coût de refinancement par la caisse centrale ;

▶ En général, **les financements de provenance externe à la mutuelle sont faibles** – parfois des emprunts ou une ouverture très limitée du capital à des actionnaires externes. Cependant, ces financements externes peuvent bouleverser les équilibres internes d'une gouvernance déjà fragile.

Le statut de société à capitaux privés

Définition et fonctionnement

De manière générale, une société à capitaux privés est formée par des actionnaires qui investissent des fonds, dont la somme constitue le capital social de la société, dans le but de fournir des biens ou des services et de dégager des bénéfices. Il existe de multiples statuts de sociétés à capitaux privés. Le plus fréquent dans le secteur de la microfinance est celui de la société anonyme (SA) : c'est celui que nous présenterons dans cet ouvrage.

Le capital d'une SA est divisé en actions. Chaque actionnaire est membre de l'assemblée générale de la SA, où il a droit de vote proportionnel au nombre d'actions qu'il détient. Si la société réalise des bénéfices et distribue des dividendes, ces dividendes sont distribués aux actionnaires au prorata des actions qu'ils détiennent.

L'assemblée générale des actionnaires élit un conseil d'administration dont les prérogatives sont la définition de la stratégie, nomination et évaluation du directeur général, approbation des plans et budgets annuels.

AMRET : la construction d'une société à capitaux privés[1]

Le projet de crédit lancé par le GRET au Cambodge en 1991 a bénéficié, comme les autres initiatives en microfinance dans ce pays, d'un contexte plutôt favorable dans les années quatre-vingt-dix : stabilisation économique, puis politique ; liberté de fixation des taux ; mise en place, enfin, d'un cadre légal et réglementaire qui a toujours suivi, et non précédé, les initiatives des opérateurs, à la faveur d'une politique de « laisser-faire » de l'État cambodgien.

Après la mise en place d'un cadre légal et réglementaire favorable à la microfinance, le projet appuyé par le GRET a pu être institutionnalisé en 2000, 9 ans après sa création sous le nom de EMT, devenu par la suite AMRET. L'IMF a été la première à obtenir l'agrément de la Banque nationale, en 2001.

En termes de statut juridique, la forme cambodgienne de SARL[2] (société anonyme à responsabilité limitée) est apparue la forme la plus souple et la plus adaptée (exigence de capital minimum plus faible que pour une

1. *La gouvernance en microfinance, grille d'analyse et d'études des cas*, CERISE, 2002 (http://www.cerise-microfinance.org).
2. La forme cambodgienne de la SARL est en fait assez proche du statut de société anonyme tel qu'on l'entend en France, avec notamment l'existence d'un conseil d'administration qui supervise la stratégie de l'entreprise.

SA) ; l'option d'un statut mutualiste avait d'emblée été écartée, les clients ne participant pas, dans les faits, ni à la gestion ni à la prise de décisions concernant l'IMF.

L'opérateur du projet, le GRET, est devenu actionnaire majoritaire de la structure, avec plus de 60 % du capital à l'époque ; la logique de ce positionnement était pour l'ONG d'accompagner la structure, le temps qu'une direction et une gouvernance solides soient mises en place. Plusieurs investisseurs privés spécialisés en microfinance ont rejoint le GRET dans le tour de table, entre 2000 et 2002 : SIDI d'abord, puis La Fayette Participation et Investisseur et Partenaire pour le Développement ; Proparco, filiale de l'AFD, a également été présente sur une période courte.

Une entrée des salariés au sein de l'actionnariat est envisagée à court terme, *via* la création d'une association intermédiaire regroupant les salariés intéressés.

Avantages et inconvénients

Le statut de SA offre des avantages importants :

▶ **La gouvernance est claire, la propriété de la structure est explicite.** Les actionnaires, et en premier lieu l'actionnaire majoritaire, sont responsables de l'IMF en dernier recours. Leur investissement financier est généralement le signe d'un réel engagement de leur part ;

▶ Sur le plan du *financement* :

  – **Le statut de SA peut permettre d'attirer les investissements d'actionnaires venant renforcer les fonds propres.** Ces investisseurs sont généralement des institutions ou des individus motivés par une adhésion au double objectif (social et financier) de l'IMF. Les investisseurs pour qui l'acquisition d'actions d'une IMF serait un pur investissement financier sont rares, étant donné la modestie des profits attendus au regard du risque encouru. Parmi les investisseurs potentiels, on peut trouver une grande variété d'acteurs : les fondateurs de l'IMF, des ONG locales ou internationales, les salariés de l'IMF, des institutions financières internationales, des banques commerciales locales ou des investisseurs éthiques (voir les chapitres 17, 18, 19, sur les financeurs de la microfinance) ;

- Le statut de SA peut aussi permettre d'obtenir plus de prêts de banques locales, habituées à traiter avec des sociétés ;
- Dans certains cas particuliers (statut de banque ou de banque de microfinance, voir ci-dessous), il peut permettre de collecter l'épargne.

Cependant, le statut de société comporte également des **inconvénients et des risques** :

▸ Sur le plan *juridique*, le statut de SA est en général légèrement plus contraignant que celui d'association (plus de formalisme) ;

▸ Sur le plan de la *stratégie*, **le statut de SA entraîne le risque d'une dérive menant l'IMF à oublier son objectif social** pour ne plus chercher qu'à maximiser son profit au bénéfice des actionnaires. Ceci pourrait par exemple se traduire par :

- La mise au point de produits destinés à des clients moins pauvres (des crédits de montant plus élevés garantis par des biens matériels) ;
- Le choix de zones géographiques peu risquées ;
- Un refus de baisser les taux d'intérêt, quand bien même la rentabilité le permettrait (à supposer que la concurrence ne force pas la baisse).

Seule une gouvernance forte est à même, sur le long terme, de maintenir l'équilibre entre objectif social et objectif financier de l'IMF. Pour cette raison, les IMF ne doivent ouvrir leur capital qu'à des actionnaires qui partagent leur vision et leurs objectifs fondamentaux. Leurs initiateurs s'efforcent souvent de conserver une majorité au conseil d'administration (seuls ou avec d'autres actionnaires de confiance), le temps de tester les intentions véritables des nouveaux actionnaires.

AMRET (Cambodge) et le CRG (Crédit rural de Guinée) : deux sociétés à capitaux privés très différentes

AMRET et le CRG sont toutes deux des IMF ayant choisi la forme de société à capitaux privés. Pourtant, la composition de leur capital diffère largement, impliquant des modes de gouvernance distincts.

Chez AMRET, les actionnaires sont essentiellement extérieurs à l'organisation : il s'agit de l'opérateur historique (le GRET) et d'investisseurs spécialisés en microfinance. Ce choix, opéré lors de la transformation en SARL en 2000, correspond au mode de fonctionnement réel de l'IMF, sans implication des clients dans la gestion.

À l'inverse, le capital du CRG est essentiellement détenu par des acteurs internes à l'IMF : des représentants élus des « caisses de crédit » locales en possèdent 40 % et les salariés 35 %. Les autres partenaires, minoritaires, sont l'État, l'opérateur historique (l'IRAM) et un investisseur spécialisé en microfinance (la SIDI).

Cette comparaison illustre la diversité des modes de fonctionnement possibles sous les divers statuts de sociétés à capitaux privés.

Le cas particulier des statuts de banque commerciale et de banque de microfinance

Une *banque commerciale* est une société autorisée par les autorités de son pays à réaliser des opérations financières variées. Dans chaque État, le ministère des Finances n'accorde aux banques leur agrément que si elles respectent un certain nombre d'obligations dont l'autorité de tutelle contrôle l'exécution. Ces conditions visent en particulier à s'assurer que la banque peut faire face à ses engagements et a suffisamment de liquidités pour assurer ses clients de la disponibilité de leur épargne.

Il existe des cas d'IMF ayant opté pour ce statut, qui leur **permet de mettre en œuvre une grande variété de services (octroi de crédit, collecte d'épargne, transferts de fonds…) dans un cadre très réglementé.** Mais les conditions posées par les autorités pour accorder une licence bancaire sont généralement hors de portée des IMF. Par exemple, elles n'atteignent tout simplement pas, en général, un niveau de capital suffisant.

Face à ce constat, **certains gouvernements ont décidé de mettre en place un cadre légal spécifique : un statut de *banque de microfinance*** (avec des appellations différentes selon les pays), dont les conditions d'agrément sont moins exigeantes que celles des banques « universelles ». En contrepartie, la licence de banque de microfinance ne permet pas de réaliser toutes les opérations qu'effectuent les banques universelles (comme, par exemple, des opérations de change) – mais elle autorise la collecte de l'épargne. Les obligations à respecter portent typiquement sur :

▶ Un montant minimum de capital ;

- Un plafond de pourcentage d'actions détenu par un actionnaire ;
- Le respect de seuils minimaux de ratios de solvabilité et de liquidité ;
- Des niveaux de compétence adéquats pour le management et le CA ;
- Un *reporting* fréquent aux autorités de tutelle sur l'activité, les résultats et les ratios clés, ce qui implique un système d'information et de gestion (SIG) sophistiqué ;
- Des agences présentant des conditions de sécurité de type bancaire (coffre, agent de sécurité…).

Dans les pays où des statuts de ce type ont été mis en place (comme, par exemple, les Philippines ou l'Ouganda), on voit un nombre croissant d'IMF désireuses de l'adopter. Certaines le choisissent dès leur création. D'autres débutent sous un autre statut juridique mais décident à un certain stade de leur développement d'en changer pour adopter celui de banque de microfinance : on parle alors de leur transformation.

Les transformations ou changements de statut juridique

Le terme de *transformation* désigne la transition d'une IMF d'un statut à un autre ; par exemple :
- Un projet adoptant la forme d'association ;
- Un projet adoptant la forme de société ;
- Une association adoptant la forme de société. Ce dernier cas va probablement être fréquent au cours des années à venir car de nombreuses IMF atteignent une taille le nécessitant. On désigne parfois ce type de transformation par le terme de *formalisation*. Dans certains cas, l'objectif est que la nouvelle société obtienne une licence de banque de microfinance.

De telles transformations sont des choix stratégiques majeurs qui répondent généralement à plusieurs impératifs simultanés : renforcer la gouvernance, diversifier les produits, accéder à des financements…

À titre d'exemple, la transformation d'une association en société privée est **un défi sur plusieurs plans** :
- **Sur le plan juridique**, il faut créer une société à laquelle transférer l'actif et le passif de l'association, ainsi que tous les contrats en cours. Il faut également élucider la question de la propriété du capital de l'IMF apporté à ses débuts par des donateurs, qui peuvent demander un droit de regard sur son devenir ;

▶ **Sur le plan opérationnel**, elle doit maintenir des performances élevées, poursuivre ou accélérer sa croissance pour atteindre une rentabilité suffisante et lancer des nouveaux produits ;

▶ **Sur le plan du financement**, il faut dans certains cas attirer au capital des investisseurs externes ;

▶ **Au niveau de la culture interne**, il faut motiver l'ensemble des équipes autour de la transformation, rassurer sur les craintes qu'elle peut engendrer, assurer des formations pour atteindre le niveau de productivité nécessaire aux nouveaux objectifs.

Pour faire face à ces défis, les IMF ont presque toujours besoin de subventions permettant de couvrir les coûts de l'assistance technique (conseil légal et fiscal, formation, informatique) et des équipements (en particulier le système informatique).

La transformation d'Uganda Women's Finance Trust[1]

Uganda Women's Finance Trust (UWFT) est une IMF créée en 1984 sous le statut d'association par des femmes de l'élite ougandaise, avec le soutien du réseau Women's World Banking. À la suite d'une croissance continue, elle atteignait en 2006 le nombre de 16 000 emprunteurs pour un portefeuille de 6 millions d'euros. Elle avait également collecté l'épargne de plus de 100 000 épargnants. À cette date, le parlement ougandais adopta une loi créant un statut de banques de microfinance (dites *Microfinance Deposit-taking Institutions* ou *MDI*). Les IMF du pays souhaitant poursuivre une activité de collecte de l'épargne disposaient d'un délai de deux années pour adopter ce statut.

Un processus fut donc engagé, qui aboutit en 2005 à l'obtention de la licence MDI, suite :

• Au recrutement d'une nouvelle équipe de direction plus expérimentée ;

• À un investissement dans des équipements de type bancaire (système d'information, équipement des agences) grâce à des subventions de la Banque mondiale et de la coopération britannique ;

• À la création d'une nouvelle entité, Uganda Finance Trust (UFT), société anonyme dont l'association UWFT fut le premier actionnaire ;

---

1. http://www.swwb.org.

- ... Avant d'attirer des investisseurs externes, spécialisés en micro-finance – Investisseur et Partenaire pour le Développement et Oiko-credit.

Ce montage a permis de satisfaire divers ratios financiers imposés par la Banque centrale d'Ouganda.

En conslusion sur les statuts juridiques, **il n'existe pas dans l'absolu *un* statut juridique idéal pour les institutions de microfinance.** Le choix dépend toujours du contexte interne et externe, des objectifs de l'IMF, de sa culture. En tout état de cause, ce n'est pas tant le choix du type de statut juridique qui compte que la formalisation d'un statut reflétant bien le fonctionnement réel et concret de la gouvernance de l'IMF.

Chapitre 11

La viabilité financière

Nous abordons maintenant le troisième aspect de la pérennité d'une IMF, *la viabilité financière*, que nous avons définie comme le fait **d'atteindre l'équilibre financier et de pouvoir financer la croissance.**

Ce chapitre vise à détailler les conditions de la viabilité financière. Afin que le propos reste abordable, même pour un lecteur peu familier de la comptabilité et de la finance, nous allons tout d'abord présenter, à un niveau général, les finances d'une IMF (traduites par ses états financiers : bilan et compte de résultat). Nous préciserons ensuite certains ratios financiers permettant une évaluation simple de la performance. Enfin, nous présenterons les grandes lignes de ce qui peut constituer la « politique financière » d'une IMF.

Bilan d'une IMF

Le *bilan comptable* d'une organisation est une photographie de son actif et de son passif à un moment donné.

L'actif

L'*actif* est la somme de ce que l'organisation possède. Il inclut donc logiquement :

▪ Les biens que l'organisation a en sa possession :
  – Ses biens immobilisés (par exemple, ses locaux si elle en est propriétaire, ses ordinateurs, véhicules…) ;

– Ses biens mobiliers (par exemple, l'argent disponible sur ses comptes en banque et dans ses propres caisses…) ;

▶ Ses créances sur d'autres organisations ou individus, c'est-à-dire les biens qui lui appartiennent mais se trouvent physiquement détenus par d'autres au moment du bilan. C'est le cas des *microcrédits* accordés : cet argent appartient à l'IMF, c'est une créance sur ses clients. À l'actif d'une IMF, on trouve donc son *encours* de micro-crédits (ou encore *portefeuille* de microcrédits), c'est-à-dire la somme de ce qui lui est dû par ses clients.

De manière générale, le portefeuille de microcrédits représente le poste d'actif le plus important, car une IMF détient peu de biens immobiliers et d'équipement.

Tous ces biens ont une valeur, et leur valeur totale (*l'actif total*) doit être *égale* au *total du passif* de l'IMF – c'est là une règle générale de comptabilité. En effet, tout bien appartenant à l'organisation a été financé, donc la somme des biens est nécessairement égale à la somme des financements.

Le passif

Le *passif* d'une organisation est la somme des financements, qui ont permis d'acquérir les biens possédés (les actifs). Les financements possibles des biens appartenant à l'IMF sont :

▶ Ses fonds propres :
  – Son capital : l'argent investi chez elle en échange d'actions (si c'est une société privée) ;
  – Les subventions qu'elle a reçues ;
  – Les bénéfices (ou pertes) accumulés au cours des années précédentes et qui ont été réinvestis dans l'organisation ;

▶ Son endettement :
  – Sa dette vis-à-vis de prêteurs externes comme, par exemple, des banques ou des fonds de financement spécialisés ;
  – L'épargne de ses clients (pour les IMF qui en collectent), qui du point de vue de l'IMF est bien une dette à leur égard.

Pourquoi une IMF s'endette-t-elle ? Dans la mesure où l'un de ses métiers est de prêter, une IMF se trouve sans cesse dans la situation de devoir mobiliser des fonds afin de pouvoir prêter plus. Cette situation est celle que connaissent les banques commerciales : elles empruntent sur les marchés monétaires et obligataires à un taux d'intérêt donné, et reprêtent cet argent à leurs clients à un taux d'intérêt supérieur.

L'analyse est essentiellement la même dans le cas d'une IMF. Pour pouvoir augmenter son portefeuille de prêts afin de servir un plus grand nombre de clients, elle doit sans cesse *mobiliser* des ressources financières (ou financements) à un taux d'intérêt aussi faible que possible, afin de pouvoir les reprêter à un taux d'intérêt équilibré, c'est-à-dire suffisamment faible pour satisfaire ses clients et suffisamment élevé pour que la marge lui permette de couvrir ses charges opérationnelles.

Ainsi, **le fait d'être endetté n'est pas en soi un signe de mauvaise santé pour une IMF ; en revanche, l'endettement est une prise de risque à bien mesurer.**

Le lien avec la question du statut juridique

D'une IMF à une autre, **on trouve des structures de passif très variées, qui dépendent largement de leur structure juridique et de leur fonctionnement** (voir chapitre 10) :

▸ **Association** : la collecte de l'épargne étant interdite (ou restreinte à celle des emprunteurs), la croissance du passif se fait par recherche de subventions et emprunts bancaires quand c'est possible (mais les banques n'acceptent généralement pour les associations qu'un niveau d'endettement relativement bas, compte tenu de la précarité de leur statut) ;

▸ **Mutuelle** : l'épargne des membres est généralement le poste principal du passif, ce qui n'exclut pas qu'elle reçoive aussi des subventions et puisse s'endetter ;

▸ **Société à capitaux privés** : le passif est composé du capital apporté par les actionnaires, de l'endettement auprès de banques ou de prêteurs internationaux (qui sont plus disposés à leur prêter) et, le cas échéant, de l'épargne collectée.

Le réinvestissement des bénéfices (après déduction des dividendes versés aux actionnaires dans le cas d'une société privée) vient aussi s'ajouter au passif.

Exemples de bilans simplifiés

Les deux exemples ci-dessous présentent les bilans simplifiés :

▶ d'AMRET (Cambodge), IMF au statut de société anonyme, essentiellement financée par emprunt ;

▶ De UM-PAMECAS (Sénégal)[1], IMF au statut de mutuelle, essentiellement financée par l'épargne de ses membres.

Bilan simplifié de l'IMF AMRET (société anonyme, Cambodge)[2]

En milliers d'euros	2006	2007	% en 2007
Actif			
Banque et trésorerie	3 088	4 479	17 %
Portefeuille de microcrédits	13 255	20 504	79 %
Immobilisations nettes	251	308	1 %
Autres	604	669	3 %
Total actif	**17 198**	**25 959**	**100 %**
Passif			
Dettes financières	12 240	19 218	74 %
Autres dettes	1 271	1 805	7 %
Fonds propres	3 686	4 935	19 %
Total passif	**17 198**	**25 959**	**100 %**

Le portefeuille de microcrédits d'AMRET est de 20,5 millions d'euros au 31 décembre 2007. L'IMF a en banque et en caisse environ 4,5 millions d'euros. Ses immobilisations sont très faibles, et ses autres actifs également. L'actif total est de 26 millions d'euros.

Cet actif est essentiellement financé par des emprunts auprès de prêteurs privés (19,2 millions d'euros). Les fonds propres sont plus réduits (4,9 millions d'euros). Enfin, on note que l'IMF ne collecte que très peu d'épargne de ses clients.

Entre 2006 et 2007, le portefeuille de microcrédits a progressé de 7,2 million d'euros (+55%), et l'actif total de 8,8 millions d'euros.

1. http://www.pamecas.org.
2. http://www.amret.com.kh.

Cette croissance de l'actif a été rendue possible, d'une part, par la progression des fonds propres (grâce au bénéfice de 1,7 millions d'euros réalisé en 2007) et, d'autre part, par la croissance de l'endettement (+7 millions d'euros).

Bilan simplifié de l'IMF UM-PAMECAS (mutuelle, Sénégal)[1]

En milliers d'euros	2006	2007	% en 2007
Actif			
Banque et trésorerie	6 456	9 102	18 %
Portefeuille de microcrédits	24 791	28 139	57 %
Immobilisations nettes	3 241	5 475	11 %
Autres	6 067	6 817	14 %
Total actif	**40 556**	**49 532**	**100 %**
Passif			
Dettes financières	2 589	5 901	12 %
Autres Dettes	4 101	1 299	3 %
Épargne collectée	24 839	31 148	63 %
Fonds propres	9 025	11 181	23 %
Total passif	**40 553**	**49 529**	**100 %**

L'Union des mutuelles de PAMECAS est une union régionale de caisses mutuelles, initialement soutenues par le groupe canadien Développement international Desjardins (DID). Le nombre d'emprunteurs était de 69 000 au 31 décembre 2007, et le nombre d'épargnants de 184 000.

Le portefeuille de microcrédits de PAMECAS était de 28,1 millions d'euros au 31 décembre 2007. L'IMF a en banque et en caisse environ 9,1 millions d'euros. Ses immobilisations et ses autres actifs représentent 12,3 millions d'euros.

En tant que mutuelle, PAMECAS collecte l'épargne de ses membres – c'est même son activité première. L'épargne représente donc logiquement la plus grande partie de son financement (63 %). Ses fonds propres

---

1. Source : états financiers 2007 de PAMECAS,
   accessibles depuis le site http://www.mixmarket.org.

représentent 23 % de son actif total. En revanche, l'IMF n'a à cette date qu'un niveau très faible niveau d'endettement auprès des banques.

Entre 2006 et 2007, le portefeuille a progressé de 3,3 millions d'euros, et l'actif total de 9 millions d'euros. Cette croissance a été rendue possible à la fois par la progression de l'épargne collectée (+6,3 millions d'euros) et par l'augmentation des fonds propres (+2,2 millions d'euros). Cette dernière résulte du bénéfice de l'année, des subventions reçues et d'une augmentation du capital.

Les exemples d'AMRET et de PAMECAS sont deux cas très différents : la distinction principale est qu'AMRET ne collecte presque pas d'épargne, alors que l'épargne est au contraire la principale source de financement de PAMECAS.

Compte de résultat d'une IMF

Le *compte de résultat* d'une organisation présente ses revenus et ses charges (autrement dit, les coûts qu'elle doit supporter) pendant une année, d'où l'on déduit son résultat (bénéfice ou perte).

Les charges d'une IMF

Pour mettre en œuvre ses activités, une IMF fait face à des charges de différents types :

▶ Des charges opérationnelles, par exemple :
  - Salaires et charges sociales (qui représentent une part prépondérante des charges, en général) ;
  - Loyers (du siège et des agences) ;
  - Frais de transport (par exemple, les déplacements des agents de crédit) ;
  - Formation des équipes ;
▶ Des pertes sur les prêts non remboursés, car chaque année :
  - L'IMF passe des provisions sur les créances à risque. Une provision est une charge correspondant à une perte probable, anticipée par prudence ;
  - L'IMF passe en pertes une partie des créances déjà provisionnées – celles qui sont définitivement non recouvrables ;

▶ Des frais financiers : comme nous l'avons vu, il est fréquent qu'une IMF ait recours à des emprunts, généralement auprès de banques, pour financer son portefeuille de microcrédits. Sur ces emprunts, elle paye des intérêts qui constituent des frais financiers.

Les revenus d'une IMF

Pour faire face à ces charges, l'IMF réalise différents types de revenus :

▶ Des revenus d'intérêt sur les microcrédits accordés, payés par ses clients ;

▶ Des commissions éventuellement facturées lors de l'octroi des prêts (frais de dossier…) ;

▶ Les revenus éventuels d'autres produits (par exemple, commissions sur transferts de fonds) ;

▶ Dans certains cas, des subventions reçues de bailleurs publics ou privés, pour couvrir une partie des charges de l'IMF.

Le *taux d'intérêt effectif* de l'IMF est calculé en incluant, sur des périodes comparables (en général une année) :

▶ Le taux d'intérêt affiché (ou taux nominal) ;

▶ Les commissions et autres frais.

Par ailleurs, l'IMF réalise également des emprunts, qu'elle rémunère à un certain taux.

Le *taux de marge* de l'IMF est la différence entre :

▶ Le taux d'intérêt effectif facturé aux clients ;

▶ Le taux payé aux prêteurs de l'IMF.

Cette marge permet de dégager un *produit net bancaire*. Le produit net bancaire indique si l'activité même de l'institution (l'offre de services financiers) est rentable. Puis, si ce produit est supérieur aux charges opérationnelles de l'IMF, cette dernière dégage un résultat d'exploitation positif.

Exemples de comptes de résultat simplifiés

Les deux encadrés qui suivent font apparaître les comptes de résultat des deux IMF dont nous avons présenté les bilans plus haut, en commençant cette fois par Pamecas.

Compte de résultat simplifié
de l'IMF UM-PAMECAS (mutuelle, Sénégal)[1]

En milliers d'euros	2006	2007	Variation
Revenus d'intérêt et commissions	6 115	7 401	21 %
Frais financiers	- 76	- 195	- 156 %
Dotations aux provisions pour créances douteuses	- 590	- 590	0 %
Produit net bancaire	5 449	6 616	21 %
Charges opérationnelles	- 4 631	- 5 537	20 %
dont charges de personnel	*- 1 807*	*- 2 648*	*47 %*
Résultat d'exploitation	817	1 079	32 %
Résultat exceptionnel	515	646	25 %
Résultat avant impôt	1 332	1 726	30 %
Impôt sur les sociétés	0	0	
Résultat net	1 332	1 726	30 %

Nous proposons ici un format classique de compte de résultat bancaire.

La partie supérieure du compte de résultat fait apparaître un produit net bancaire de 6,6 millions d'euros ; chez PAMECAS, les frais financiers sont très faibles : les ressources financières proviennent surtout des fonds propres et de l'épargne de ses membres.

En revanche, l'IMF fait face à des dépenses opérationnelles importantes de 5,5 millions d'euros (dont la moitié sont des charges de personnel).

Elle dégage donc un résultat d'exploitation de 1 million d'euros, auquel vient s'ajouter un résultat exceptionnel de 0,6 million d'euros, portant son résultat final à 1,7 million d'euros – l'IMF, comme toutes les mutuelles en Afrique de l'Ouest, n'étant pas soumise à l'impôt sur les sociétés (voir chapitre 16, p. 275).

Ce bénéfice est venu augmenter les fonds propres, permettant à l'IMF d'étendre son activité et de toucher de nouveaux clients.

---

1. Source : états financiers de PAMECAS, accessibles depuis le site http://www.mixmarket.org.

Compte de résultat simplifié
de l'IMF AMRET (société anonyme, Cambodge)[1]

En milliers d'euros	2006	2007	Variation
Revenus d'intérêt et commissions	4 465	6 596	48 %
Dépenses opérationnelles	- 1 907	- 2 423	27 %
Dont charges de personnel	*- 926*	*- 1 309*	*41 %*
Provisions pour créances douteuses	1	- 30	- 4 044 %
Résultat opérationnel	2 558	4 142	62 %
Frais financiers	- 1 296	- 2 082	61 %
Résultat avant subvention	1 263	2 061	63 %
Subventions	1	3	348 %
Résultat avant impôt	1 263	2 064	63 %
Impôt sur les sociétés	- 251	- 390	55 %
Résultat net	1 042	1 674	65 %

Pour AMRET, nous proposons ici une autre présentation du compte de résultat. Elle ne fait pas apparaître le produit net bancaire, mais le résultat opérationnel *avant* frais financiers. Cette présentation propose une vision de l'IMF comme une entreprise de « production de microcrédits » qui se développe sous contrainte de financement. Elle met en avant l'objectif de dégager une marge suffisante entre les revenus et les coûts opérationnels pour pouvoir couvrir les frais financiers – alors que la présentation adoptée plus haut dans le cas de PAMECAS met en avant l'objectif de dégager une marge suffisante entre les intérêts perçus et le coût des financements pour financer les coûts opérationnels.

En 2007, les revenus d'AMRET ont été de l'ordre de 6,6 millions d'euros. Ces recettes font plus que couvrir ses dépenses opérationnelles, permettant de dégager un résultat opérationnel de 4,1 millions d'euros.

Ce résultat permet de couvrir les frais financiers et, au total, de dégager un bénéfice après impôt de l'ordre de 1,7 million d'euros (l'IMF étant logiquement fiscalisée en tant que société anonyme).

---

1. Source : AMRET, rapport annuel 2007.

Une petite fraction de ce bénéfice a été distribuée aux actionnaires ; sa grande majorité est restée dans l'IMF, venant s'ajouter aux fonds propres et permettant ainsi de financer la croissance, comme nous l'avons vu plus haut.

La performance rapportée au portefeuille de microcrédits

Une méthode utile pour évaluer la performance financière d'une IMF est de rapporter les différents éléments du compte de résultat à la valeur du portefeuille de microcrédits. Cette méthode permet de se demander concrètement quels résultats on atteint pour chaque tranche de 100 euros prêtés.

Le portefeuille de crédits évoluant au cours de l'année (généralement à la hausse), il convient, pour une analyse juste, de prendre comme base de calcul le *portefeuille moyen*, c'est-à-dire la moyenne de sa valeur au début de l'exercice et à la fin de l'exercice.

Reprenant le format du compte de résultat retenu plus haut pour AMRET, cette méthode va donc nous amener à examiner les ratios suivants :

Ratio	Formule	Pour 100 euros prêtés...
Rendement du portefeuille	[Revenus d'intérêt + commissions]/ portefeuille moyen	... À combien s'élèvent mes revenus ?
Ratio de charges opérationnelles	Dépenses opérationnelles/ portefeuille moyen	... Combien dois-je dépenser pour les prêter ? (hors frais financiers)
Coût du risque	Provisions/portefeuille moyen	... Combien représentent mes pertes dues aux mauvais payeurs ?
Rentabilité opérationnelle du portefeuille	Résultat opérationnel/ portefeuille moyen	... Combien me reste-t-il avant frais financiers ?
Coût du financement	Frais financiers/ portefeuille moyen	... Combien dois-je payer à mes prêteurs ?
Rentabilité nette du portefeuille	Résultat net/ portefeuille moyen	... Quel est mon résultat final après subventions éventuelles et paiement de l'impôt ?

Le passage suivant illustre cette approche avec l'exemple d'AMRET.

Compte de résultat d'AMRET
en pourcentage du portefeuille annuel moyen

En % du portefeuille annuel moyen	2006	2007
Rendement	39 %	39 %
Ratio de charges opérationnelles	- 16 %	- 16 %
Coût du risque	- 0,01 %	- 0,18 %
Résultat op./portefeuille	22 %	25 %
Ratio de charges financières	- 11 %	- 12 %
Résultat avant subv/portefeuille	11 %	12 %
Subventions/portefeuille	0,01 %	0,02 %
Résultat avant impôt/portefeuille	11 %	12 %
Impôt sur les sociétés/portefeuille	- 2 %	- 2 %
Résultat net/portefeuille	9 %	10 %

Le portefeuille moyen d'AMRET est de 11,6 millions d'euros en 2006 et 16,9 millions d'euros en 2007 (soit la moyenne de 13,3 et 20,5, voir le bilan plus haut).

En 2007, pour 100 euros prêtés, AMRET touche des revenus de 39 euros. Ceci revient à dire que le taux d'intérêt effectif payé par les clients (commissions comprises) est de l'ordre de 39 %. Ce taux d'intérêt peut paraître excessif dans des standards occidentaux, mais il est nécessaire pour atteindre l'équilibre financier (voir p. 217) et force est de constater qu'étant plus faible que les taux des prêteurs informels, il ne décourage pas les clients, toujours plus nombreux. On observe une baisse de ce taux d'intérêt depuis 2003, décidée par le conseil d'administration de l'IMF, et rendue possible par l'amélioration de la productivité.

Pour cette même somme de 100 euros, l'IMF a des charges opérationnelles de 16 euros – ce que cela coûte d'apporter l'argent jusqu'aux clients et de le récupérer. Ce ratio est une mesure assez directe de *l'efficacité* de l'IMF – même s'il ne permet pas nécessairement des comparaisons justes d'une IMF à une autre, car chacune fait face à un contexte spécifique et vise peut-être une clientèle différente. Son évolution dans le temps traduit la capacité de l'IMF à dépenser moins pour chaque euro prêté.

Ce ratio n'est que la traduction chiffrée d'une réalité qui n'est pas financière mais opérationnelle. Il est important de noter qu'il est parfois le seul sur lequel l'IMF ait directement prise, car elle a peu de marges de manœuvres sur les taux d'intérêt qu'elle facture à ses clients et qu'elle paye à ses prêteurs. Nous y reviendrons.

L'IMF parvient au total à dégager un résultat net qui représente 10 % de son portefeuille moyen sur l'année, ce qui est une performance remarquable – en particulier pour une IMF qui prêtait en moyenne des crédits de 90 euros en 2008 !

Autres ratios financiers importants[1]

Plusieurs autres indicateurs sont utilisés de manière standard pour analyser la performance des IMF ; nous ne présenterons ici que les principaux.

Le volume de l'activité et du portefeuille

Les indicateurs classiques pour évaluer la taille d'une IMF sont :

▶ La *valeur* du portefeuille de microcrédits et de l'épargne collectée ;

▶ Le *nombre* d'emprunteurs et le nombre d'épargnants – que l'on définit comme la *portée* de l'IMF.

Rappelons que la portée est un objectif en soi : c'est bien le but de l'IMF que de rendre ses services accessibles à un grand nombre de clients, au sein de la cible qu'elle s'est fixée.

La qualité du portefeuille[2]

On ne saurait évaluer l'activité d'une IMF seulement par le volume des prêts accordés : la question qui suit immédiatement est celle de la qualité des remboursements – par raccourci, on parle de *qualité du portefeuille.*

---

1. Définitions issues de « Appraisal Guide for Microfinance Institution » Jennifer Isern, Julie Abrams, Matthieu Brown, CGAP, March 2008.
2. Sur cet aspect particulier, voir CGAP, Étude spéciale n° 3 « Mesurer des taux d'impayés en microfinance, les ratios peuvent être dangereux pour votre santé », 1999.

Un crédit est dit *sain* s'il est remboursé à la date d'échéance. Un crédit est dit *à risque à x jours* s'il a connu au moins un retard de paiement de plus de x jours par rapport à l'échéancier prévu. Dans ce cas, on considère que la totalité de la somme restant due par l'emprunteur est à risque (et non pas seulement le montant de l'échéance en retard). En effet, l'expérience montre que si une échéance d'un crédit est en retard, cela indique souvent que le client sera en retard sur les échéances suivantes.

Le ratio le plus communément utilisé est celui du *portefeuille à risque à 30 jours (ou PAR 30 jours)* :

$$\frac{[\text{montant total des créances à risque à plus de 30 jours}]}{[\text{montant total du portefeuille de prêts}]}$$

C'est une mesure du poids des créances « douteuses » par rapport à l'ensemble des créances de l'IMF sur ses clients. Cette mesure a l'avantage d'être globale, contrairement à des indicateurs de type « taux de remboursement du mois », utilisés par certaines IMF, mais qui ne reflètent que la qualité des prêts arrivant à échéance au cours du mois considéré.

Jusqu'à quel niveau de PAR peut-on considérer que le portefeuille est de bonne qualité ? Bien entendu, il ne saurait exister de règle universelle, tant les contextes diffèrent. Cependant, **à titre indicatif, on peut dire qu'un PAR 30 jours inférieur à 3 % est généralement jugé satisfaisant, et un PAR 30 jours supérieur à 7 %, généralement inacceptable pour une IMF visant la pérennité financière.** Par exemple, à fin 2006, le PAR 30 jours d'AMRET était de 0,06 %. Celui de Pamecas était de 9,9 %.

La productivité

La *productivité* d'une IMF est généralement mesurée par les deux indicateurs suivants :

 ▶ Le nombre d'emprunteurs par agent de crédit ;
 ▶ La valeur du portefeuille de microcrédits par agent de crédit.

Le nombre d'emprunteurs par agent de crédit

Il dépend bien évidemment du contexte, de la population cible et de la méthodologie employée. Dans le cas de prêts de groupe en milieu rural, un agent de crédit peut servir jusqu'à 700 clients, comme chez AMRET, par exemple. En effet, les organisations villageoises et les comités villageois aident à l'organisation du travail administratif d'octroi et de recouvrement des prêts – le temps consacré par l'agent de crédit à chaque emprunteur est donc restreint. À l'inverse, dans le cas de prêts individuels et de montants plus importants, la relation entre l'agent de crédit et son client prend plus d'importance et le processus administratif est plus poussé et individualisé. Cela nécessite plus de temps pour l'agent de crédit et limite le nombre de clients qu'il peut suivre.

Il faut donc se méfier des comparaisons entre IMF et se garder de dire que l'une est plus productive que l'autre, du simple fait que le nombre d'emprunteurs par agent de crédit diffère de l'une à l'autre. Il se peut que leurs objectifs ou leurs contextes soient différents[1]. En revanche, pour une IMF donnée, le suivi dans le temps du nombre d'emprunteurs par agent de crédit donne une indication utile de *l'évolution de sa productivité*.

Augmenter le nombre d'emprunteurs par agent suppose à la fois :

▶ D'améliorer les méthodes de travail pour économiser le temps des agents (optimisation de l'organisation et des méthodes) ;

▶ De convaincre de nouveaux clients de rejoindre le programme – ce qui nécessite de bien comprendre leurs besoins afin de leur proposer des produits adaptés (marketing) ;

▶ De former les agents pour améliorer leurs qualités relationnelles avec les clients (sens commercial).

De manière générale, c'est un défi pour les IMF que d'y parvenir, tout en maintenant une bonne qualité de portefeuille.

Le portefeuille par agent de crédit

Un autre indicateur fondamental est le *portefeuille par agent de crédit*, qu'on obtient en divisant la valeur du portefeuille de microcrédits par le nombre d'agents de crédit. En multipliant cet indicateur par le taux d'intérêt facturé aux clients, on trouve le montant des revenus d'intérêt que rapporte en moyenne chaque agent de crédit dans une période donnée – c'est-à-dire sa productivité, en termes monétaires.

---

1. La revue *Microbanking Bulletin* (MBB) réalise des comparaisons entre IMF d'objectifs et de contextes proches (« groupes de pairs »). Voir « http://www.mixmbb.org ».

Par définition, le portefeuille par agent de crédit est égal au produit du nombre d'emprunteurs par agent de crédit, par le *montant moyen restant dû à l'IMF par chaque client*[1].

Il existe donc deux façons d'augmenter le portefeuille par agent (qui ne sont d'ailleurs pas incompatibles) :

▶ Augmenter le nombre d'emprunteurs par agent (voir ci-dessus) ;
▶ Augmenter le montant moyen des prêts octroyés.

Augmenter le montant moyen des prêts octroyés peut donc sembler, à court terme, un moyen simple d'augmenter la rentabilité de l'IMF (et de satisfaire une demande fréquente des clients). **Mais il convient d'être très prudent sur ce point**, qui comporte plusieurs risques :

▶ Changement du type de clientèle si le montant des prêts augmente beaucoup (et donc dérive par rapport à la mission originelle de l'IMF) ;
▶ Risque de dégradation de la qualité des remboursements.

L'évolution du montant du prêt moyen n'est donc pas seulement un déterminant de la productivité : c'est aussi un enjeu central pour l'IMF, qui doit être cohérent avec l'ensemble de sa stratégie. Nous y reviendrons au chapitre 12, p. 227.

L'autosuffisance[2]

Nous avons déjà mentionné trois types de coûts auxquels fait face une IMF :

▶ Les charges d'exploitation ;
▶ Les provisions pour créances douteuses ;
▶ Les charges financières.

L'autosuffisance opérationnelle est un indicateur essentiel, qui évalue la capacité d'une IMF à couvrir ces trois types de charges. Elle est mesurée par le ratio :

$$\frac{[\text{Revenus d'intérêt et commissions}]}{[\text{Charges d'exploitations + provisions pour créances douteuses} + \text{charges financières}]}$$

---

1. Le montant moyen restant dû à l'IMF par chaque client est environ égal à la moitié du montant moyen des crédits octroyés aux clients, car à un instant t, si chaque prêt en est à un stade différent de son remboursement, ils sont *en moyenne* à la moitié de leur remboursement.
2. Joanna Ledgerwood, *Manuel de microfinance*, Éditions Banque Mondiale, 1998.

Une IMF dont le ratio de viabilité financière est inférieur à 100 % est une institution qui subit des pertes. À titre d'exemple, à partir des états financiers présentés plus haut, on peut calculer les taux d'autosuffisance opérationnelle :

▶ de PAMECAS :
7 401 000/(5 537 000 + 590 000 + 135 000) = 117 %

▶ d'AMRET :
6 596 000/(2 423 000 + 30 000 + 2 082 000) = 145 %

Ces deux IMF couvrent leurs charges à hauteur de 117 % et 145 %, respectivement, ce qui signifie qu'elles réalisent des bénéfices.

Cependant, il existe pour une IMF un quatrième type de charges, le *coût du capital*, qui est la charge à laquelle l'IMF *aurait à faire face* :

▶ *Si* elle devait financer son fonds de crédit sans recevoir de subvention et sans bénéficier de crédits à des taux bonifiés. Ses charges de financement seraient alors égales à ses emprunts moyens sur l'année, multipliés par le taux de l'emprunt sur le marché. De ce montant, il faut soustraire les charges de financement réellement payées par l'IMF dans l'année pour connaître le surcoût qu'aurait connue l'IMF en l'absence de subventions. Ce surcoût est donc égal à :

[(emprunts moyens) × taux de l'emprunt]
– charges de financement réelles

▶ *Et si* elle devait maintenir la valeur de ses fonds propres malgré l'inflation. En effet, l'inflation a pour effet de réduire la valeur des fonds propres de l'IMF en termes réels – à l'exception des immobilisations (terrains, bâtiments…) dont on peut supposer que la valeur réelle n'est pas affectée par l'inflation. L'IMF doit donc générer des revenus suffisants pour compenser l'effet de l'inflation sur ses fonds propres nets de ses immobilisations, un effet qui est égal à :

taux d'inflation
× (fonds propres moyens – immobilisations moyennes)

Le coût du capital est donc égal à la somme de ces deux termes :

[(emprunts moyens) × taux de l'emprunt]
– charges de financement réelles
+
taux d'inflation
× (fonds propres moyens – immobilisations moyennes)

Dès lors, on peut évaluer la capacité de l'IMF à couvrir l'ensemble de ses quatre catégories de coûts en calculant son ratio d'*autosuffisance financière* :

$$\frac{[\text{Revenus d'intérêt et commissions}]}{[\text{Charges d'exploitations + provisions pour créances douteuses}\\ \text{+ charges financières + coût du capital}]}$$

Seules les IMF dont le ratio d'autosuffisance financière est supérieur à 100 % pourront durablement poursuivre leurs activités sans subventions et sans voir leurs fonds propres diminuer. D'autres indicateurs permettent de mesurer l'autonomie financière des IMF[1]. **De manière générale, les IMF évoluent d'abord progressivement vers l'autosuffisance opérationnelle, avant d'atteindre, à plus long terme, l'autosuffisance financière.**

La politique financière d'une IMF

Les principaux concepts de l'analyse financière d'une IMF étant maintenant définis, nous pouvons porter un regard plus éclairé sur les conditions de la viabilité financière. Une politique financière visant à la pérennité de l'IMF devra statuer sur trois aspects essentiels :

▶ Fixer le taux d'intérêt facturé aux clients ;

▶ Obtenir les financements nécessaires à la croissance ;

▶ Anticiper et planifier la croissance.

Fixer le taux d'intérêt facturé aux clients[2]

Pour atteindre l'équilibre financier, une IMF doit pouvoir fixer un taux d'intérêt suffisamment élevé pour couvrir ses charges. Un taux d'intérêt trop faible la condamnerait aux déficits.

Mais un taux d'intérêt inutilement élevé pénaliserait ses clients (contredisant la mission sociale de l'IMF). L'IMF pourrait perdre ses clients au

---

1. SDI (*Subsidy Dependance Index*) notamment, qui mesure la dépendance d'une IMF envers les subventions qu'elle reçoit. Yoron et Manos, Determining the self-sufficiency of microfinance institutions, 2007.

2. Voir les passages sur le taux d'intérêt (page 230) et sur la concurrence (page 245).

profit d'IMF concurrentes s'il en existe. Il faut mentionner, en outre, que les taux d'intérêt sont plafonnés dans certains pays (voir chapitre 16, p. 275).

Quand elle existe, la concurrence devrait tirer les taux vers le bas. Comme dans tout marché libre, elle a pour effet de réduire les marges des entreprises (ici les IMF) au profit des clients. La limite à la réduction des taux d'intérêt, c'est la couverture des coûts de l'IMF. Les IMF cherchent donc à diminuer leurs coûts de fonctionnement pour ne pas être moins productives que leurs concurrentes, ce qui les forcerait à être plus chères.

Pour un portefeuille de microcrédits donné, la fixation par une IMF du taux d'intérêt d'équilibre dépend donc des coûts auxquels elle fait face. Le lecteur pourra se reporter à la formule précise proposée par le CGAP[1] – par souci de simplicité, nous ne la reprenons pas ici, mais proposons de considérer schématiquement que le taux d'intérêt doit couvrir :

▶ Les frais opérationnels ;

▶ les pertes sur créances douteuses ;

▶ Les frais financiers de l'IMF ;

▶ L'inflation du pays.

Si l'on suppose par exemple que quand elle prête 100 euros, l'IMF :

▶ À des dépenses opérationnelles de 15 euros (salaires, transports, etc.) – ce qui est à peu près le cas d'AMRET ;

▶ Subit des pertes de 3 euros du fait de ses clients mauvais payeurs ;

▶ Paye des intérêts de 12 euros à ses propres prêteurs ;

▶ Dans un pays où l'inflation est de 5 %.

Elle doit, pour atteindre l'équilibre financier, facturer à ses clients un taux d'intérêt nominal qui est approximativement de 15 + 3 + 12 +5 = 35 % par an.

---

1. Brigit Helms et Xavier Reille, « Les taux d'intérêt et la microfinance : qu'en est-il à présent ? » Étude spéciale n° 9, CGAP, septembre 2004.

Un tel taux d'intérêt (qui n'est qu'un exemple) peut paraître très élevé, mais il est couramment pratiqué pour trois raisons majeures :

▸ Les clients sont prêts à le payer, car les solutions de l'économie informelle leur coûtent plus cher encore (voir chapitre 1) ;

▸ Pour les clients empruntant pour financer une activité générant des revenus, la rentabilité attendue de leur investissement est supérieure à ce taux d'intérêt ;

▸ Avec un taux d'intérêt inférieur, aucune structure ne parviendrait à couvrir les coûts générés, en particulier les coûts opérationnels par euro prêté, qui sont élevés pour des prêts de montants aussi faibles.

De nombreuses IMF ont encore du mal à évaluer finement leur tarification de par leur incapacité à analyser leurs coûts. Pour les y aider, un outil de calcul du coût des produits a été mis au point par le CGAP[1]. Il détermine la structure des coûts opérationnels de chacun des produits de l'IMF ; il permet de comprendre la source et la nature de ces coûts et de voir comment chaque produit contribue (ou non) à la viabilité financière globale de l'IMF.

Obtenir les financements nécessaires à la croissance

Nous avons vu plus haut qu'une IMF peut avoir recours à différents types de financements :

▸ Fonds propres :
  – Capital investi en actions (si c'est une société privée) ;
  – Subventions reçues ;
  – Cumul de résultats positifs des années précédentes ;

▸ Emprunts :
  – Prêts de banques ou de prêteurs internationaux spécialisés en microfinance ;
  – Épargne des clients (pour les IMF qui en collectent).

Les financements possibles dépendent notamment du statut juridique de l'IMF (voir p. 186).

1. Brigitte Helms et Lomé Grace, *Outils de calcul du coût des produits en microfinance*, développé et testé par le CGAP, 2004.

Chaque type de financement présente pour l'IMF des avantages et des inconvénients :

Les subventions

Elles sont par définition gratuites et sont donc un mode de financement privilégié, en particulier par les IMF en création (voir chapitre 7, p. 151).

Cependant, **les subventions sont rares, difficiles à obtenir sur la durée et, surtout, elles sont souvent incertaines car soumises à des aléas politiques ou administratifs.** Les conditions imposées par les financeurs publics pour l'accès à ces subventions peuvent aussi être contraignantes pour l'IMF – par exemple, le choix d'une zone géographique privilégiée par le financeur public, mais qui ne correspond pas à la stratégie de l'IMF. De plus, les procédures des bailleurs sont telles que les demandes de subvention exigent un investissement important en temps et en énergie (ce qui remet en cause, au fond, l'idée de départ, à savoir leur gratuité…).

Les investissements en capital

Les investissements en capital par des investisseurs externes ne sont possibles que dans les sociétés à capitaux privés. Ils ont pour avantage de :

▶ Ne pas augmenter les frais financiers de l'IMF – puisque par définition, ils ne sont pas rémunérés par un taux d'intérêt, mais par des dividendes. Ces derniers étant fonction des bénéfices réalisés par l'IMF, ils ne seront versés que si la rentabilité de l'institution le permet ;

▶ Augmenter la capacité de l'IMF à emprunter auprès des banques. En effet, une banque n'accepte de prêter à une organisation que dans la mesure où le rapport de son endettement à ses capitaux propres (ou « levier ») reste raisonnable ;

▶ Maintenir un niveau important de capital relativement à l'actif total, ce qui constitue une saine gestion et, dans certains cas, une exigence réglementaire.

Cependant, **attirer des investisseurs en capital n'est encore envisageable que pour une petite minorité d'IMF qui ont atteint un degré très avancé de maturité organisationnelle et financière.** De plus, les attentes de ces investisseurs privés doivent être soigneusement examinées, tant du point de vue des dividendes qu'ils attendent que de la stratégie qu'ils envisagent pour l'IMF. En effet, leur participation au capital leur donnant un certain poids dans les prises de décision, il est essentiel de s'assurer que les objectifs qu'ils poursuivent sont bien en ligne avec ceux de l'IMF.

L'emprunt auprès de banques commerciales

L'endettement auprès de banques commerciales est une option ouverte à un nombre croissant d'IMF. En effet, un certain nombre de banques commerciales et de fonds de financement spécialisés en micro-finance reconnaissent de plus en plus les IMF comme des clients fiables et peu risqués, et leur proposent des lignes de crédit.

Mais ce mode de financement présente certains inconvénients :

▶ Son coût est souvent élevé (à titre d'exemple, le coût moyen d'un emprunt en riels au Cambodge est de l'ordre de 12,5 %) ;

▶ Les prêts sont parfois accordés en dollars ou en euros, faisant prendre à l'IMF un risque de devise important (le montant à rembourser devenant plus important si la devise locale se déprécie) ;

▶ Les prêts sont souvent accordés pour des durées courtes, obligeant l'IMF à sans cesse négocier leur renouvellement (maintenant une incertitude relative) ; cela restreint pour l'IMF la possibilité d'accorder aux clients des crédits à plus long terme. C'est en effet une règle de saine gestion que de financer des actifs de longue durée par des passifs de longue durée également.

La collecte de l'épargne

La collecte de l'épargne n'est généralement possible que pour les mutuelles et certaines sociétés privées ayant le statut de banque ou banque de microfinance. Certaines associations y sont autorisées de manière restreinte. Ce mode de financement a plusieurs avantages :

▶ Il est relativement bon marché ; même rémunérée, l'épargne des clients reçoit un taux d'intérêt bien inférieur à celui qu'exigent les banques quand elles prêtent aux IMF ;

▶ Il renforce l'autonomie de l'IMF vis-à-vis des subventions ou de prêteurs externes ;

▶ Il apporte aux clients un service qu'ils désirent souvent (voir chapitre 1) et qui les fidélise, même dans des périodes où ils cessent d'emprunter ;

▸ Dans certains cas, l'épargne sert aussi de garantie pour les microcrédits accordés (il s'agit en général de l'épargne obligatoire).

Mais ce mode de financement présente certains inconvénients :

▸ L'obligation en général, pour y avoir droit, d'avoir un statut légal particulier (mutuelle ou banque de microfinance) impliquant le respect de ratios financiers exigeants ;

▸ Un coût élevé de collecte et de gestion, surtout s'il faut assurer une multitude de toutes petites transactions (dépôts ou retraits) avec un service de proximité (ce qui relativise le caractère bon marché du financement par l'épargne) ;

▸ Une saine gestion implique que seule la partie de l'épargne qui ne sert pas de garantie pour les microcrédits peut normalement être reprêtée ; en général, il est interdit (ou fortement déconseillé) de « recycler » en crédits l'épargne à vue, qui doit pouvoir être retirée par les clients à tout moment.

En conclusion, là encore, il n'existe pas *un* mode de financement optimal pour les IMF. Tout dépend des objectifs qu'elles se donnent, de leur mode de fonctionnement et des contraintes légales auxquelles elles font face, selon les contextes.

Anticiper et planifier la croissance

D'année en année, l'atteinte ponctuelle de l'équilibre budgétaire est un exercice souvent délicat pour une IMF. Planifier les exercices suivants l'est encore plus et exige un effort de prévision et une maîtrise technique avancée.

Mais **l'anticipation des besoins de financement est d'autant plus nécessaire que les IMF sont en quelque sorte « structurellement en croissance »**, pour deux raisons :

▸ Elles font face à un marché souvent important d'emprunteurs potentiels ;

▸ Les microcrédits qu'elles accordent sont fréquemment renouvelés, et leur montant tend à progresser avec l'accroissement des capacités de remboursement de leurs clients.

De ce point de vue, même si *chaque* microcrédit est techniquement une créance à court terme (très souvent d'une durée de 4 à 12 mois), le *portefeuille* de microcrédits ne peut pas être considéré, *globalement*, comme une créance à court terme. En effet, l'IMF a en quelque sorte un engagement implicite envers ses clients de leur renouveler leurs prêts si le remboursement se passe bien – avec un montant au moins égal. De ce fait, il est plus judicieux d'analyser le portefeuille de microcrédits comme une sorte d'immobilisation qui a vocation à toujours croître et pour laquelle il faut trouver des financements. Par contraste, une banque classique peut décider, en cas de nécessité, de cesser d'octroyer certains crédits, sans que cela ne remette en cause l'ensemble de son activité.

Les financements courts qu'obtiennent généralement les IMF ne sont donc pas adaptés pour financer un portefeuille voué à être durablement immobilisé. Si l'on suppose qu'une IMF n'obtienne soudain plus le renouvellement de ses emprunts bancaires, et ne puisse plus de ce fait renouveler ses microcrédits à ses clients, il est probable que ces derniers, même si légalement l'IMF ne leur doit rien, se sentiront trahis – et que la réputation de l'IMF en sera gravement affectée, avec éventuellement des conséquences sur les remboursements des autres clients.

Ainsi, **la notion de pérennité implique à la fois l'atteinte d'un équilibre budgétaire (donc une maîtrise des coûts) et un accès sans cesse croissant à des financements dont la nature est amenée à évoluer dans le temps** (subvention, prêts, épargne, éventuellement investissement en capital) selon le cycle de vie de l'IMF.

Même si les différents financeurs ont des attentes variées (selon qu'il s'agit de bailleurs de fonds, de banques ou prêteurs privés, d'investisseurs ou des clients qui déposent leur épargne), tous se trouveront d'autant plus convaincus d'accorder leur confiance à l'IMF que celle-ci aura :

▶ Une vision et une stratégie explicite et cohérente, partagée par ces financeurs ;

▶ Une politique financière s'inscrivant dans cette stratégie ;

▶ Une organisation et une gouvernance solides, dégageant une image de nature à rassurer sur la continuité de son action ;

▶ Une situation opérationnelle et financière suffisamment saine pour pouvoir faire face aux attentes de rémunération des financeurs (sauf dans le cas des subventions).

Par ailleurs, les financements ne peuvent être acceptés à tout prix. Une IMF se doit de maintenir une structure de financement qui réponde à ses besoins en termes de coût (par rapport à sa marge opérationnelle), de niveau de fonds propres et de liquidités.

L'ensemble de ces considérations implique qu'il est capital pour une IMF qui vise la pérennité de **planifier sa croissance souhaitée afin de ne jamais se trouver en situation de ne pouvoir l'assumer.** Un tel effort implique concrètement, au-delà du budget annuel, la projection d'états financiers prévisionnels (par exemple, à deux ou trois ans), régulièrement révisés en fonction des évolutions constatées.

Il faut souligner enfin que la politique financière ne peut réussir que si elle s'inscrit dans une stratégie globale cohérente : choix de la population cible et de produits, renforcement de l'organisation, statut juridique, rythme de la croissance… Un équilibre doit être recherché entre toutes ces composantes.

Chapitre 12

La stratégie d'une IMF, un équilibre à trouver

Une IMF doit concilier trois grands objectifs stratégiques :

- ▶ **La portée** : atteindre un nombre important de clients ;
- ▶ **L'impact** : apporter à chaque client un service correspondant à ses besoins et lui donnant satisfaction, tout en maintenant un ciblage spécifique ;
- ▶ **La viabilité** : construire une organisation viable sur tous les plans pour être apte à continuer dans la durée.

Le sens de ces objectifs étant à présent défini, ainsi que les options possibles pour les atteindre, nous sommes maintenant en mesure de les replacer dans une perspective stratégique globale. Cela permettra de montrer les complémentarités, mais aussi les tensions, qui peuvent exister entre eux.

Dans le schéma ci-dessous, le triangle représente l'IMF, et chaque angle l'un de ses objectifs stratégiques : portée, impact, viabilité[1].

1. Manfred Zeller et Richard L. Meyer, *The triangle of microfinance*, The John Hopkins University Press, 2002.

Une représentation d'une IMF et de ses objectifs stratégiques

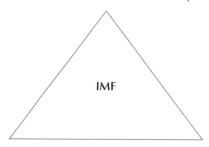

Impact :
Ciblage d'un public spécifique
Adéquation des services proposés
Satisfaction des clients et fidélité à l'IMF
Amélioration de leur condition économique et social

Portée :
Nombre de clients
Étendue géographique

Viabilité financière :
Couverture des coûts
Financement de la croissance
Politique financière maîtrisée

Complémentarités et renforcements mutuels entre les trois objectifs

Le graphique qui suit fait bien apparaître les complémentarités entre les objectifs stratégiques :

▶ Si l'impact sur les clients est bon, un nombre croissant de personnes souhaitera devenir client, d'où une progression de la portée ;

▶ Un impact satisfaisant signifie que les micro-entreprises des clients se portent bien, ce qui se traduit par de fortes volontés et capacités à rembourser les microcrédits ;

▶ Cette croissance permettra des économies d'échelle (coûts opérationnels inférieurs par euro prêté), renforçant la viabilité financière ;

▶ La bonne santé financière permettra d'accéder à des financements et donc, en retour, d'accentuer la croissance ;

▶ De plus, les clients auront tendance à être plus nombreux (en particulier, les épargnants) si l'IMF est solide et arrive à convaincre qu'elle continuera à les servir dans la durée ;

▶ Les résultats financiers permettront aussi de financer des efforts d'amélioration des produits ou de lancement de nouveaux produits, améliorant l'impact.

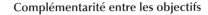

Complémentarité entre les objectifs

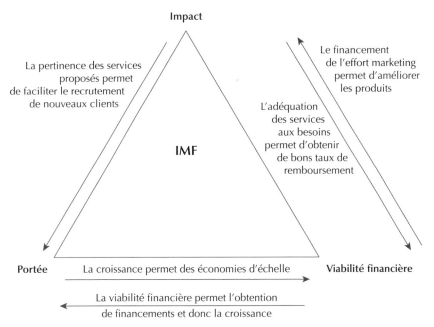

Tensions entre les objectifs, risques majeurs

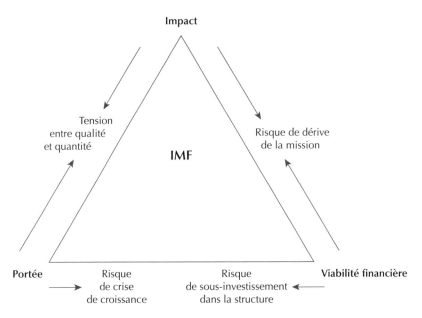

La coexistence des trois objectifs stratégiques peut aussi être source de tensions et de risques (voir page précédente) :

▶ La priorité donnée à la portée, et donc à la croissance quantitative, peut se faire au détriment de la qualité du service rendu – et donc de l'impact ;

▶ Si la priorité est donnée à la croissance (pour elle-même et/ou pour atteindre la viabilité financière) mais que, dans le même temps, les efforts de structuration de l'IMF (formalisation des procédures, formation des équipes…) sont insuffisants, une crise de croissance est probable, entraînant une perte de contrôle de l'organisation et une dégradation des taux de remboursement ;

▶ Enfin, si la priorité est donnée à l'atteinte de la viabilité financière, la tentation risque d'être forte de privilégier des prêts de montants de plus en plus élevés à des clients de moins en moins pauvres. Il y a là un risque de dérive par rapport à la mission originelle de l'IMF (et, de plus, un risque d'échec de cette stratégie, qui pourrait ne pas correspondre au savoir-faire de l'IMF). Ce point illustre parfaitement les arbitrages auxquels font face les dirigeants d'IMF, et mérite un développement particulier.

Illustration : la question centrale du montant moyen des prêts octroyés (ou « prêt moyen »)

Nous avons vu au chapitre 11, p. 217, qu'il existe un lien très direct entre le montant moyen des prêts et la productivité que peut espérer atteindre l'IMF – et donc sa viabilité financière. Une IMF donnant la priorité à la viabilité financière peut donc juger souhaitable d'augmenter le montant moyen de ses prêts, *toutes choses égales par ailleurs.*

Supposons – cas d'école – une IMF dont le prêt moyen augmente d'année en année, alors que le nombre d'employés et d'emprunteurs, ainsi que le taux d'intérêt auquel elle emprunte, restent constants. Son portefeuille de microcrédits croît et son bénéfice augmente (ou sa perte diminue). Mais, dans la réalité, chez les clients, que traduit l'augmentation du prêt moyen ? On peut distinguer deux cas de figure :

Soit l'IMF continue de servir le même type de clients :

- Dans ce cas, il est bien possible que l'IMF soit en train de gagner son pari : son intervention permet aux clients de développer leurs revenus et, dans le même temps, de gagner la confiance de l'IMF, qui leur consent des prêts de montants croissants ;

- Mais le risque est que les agents de crédit, souvent guidés par des objectifs chiffrés en termes de volume de portefeuille, accordent des prêts croissants à des emprunteurs qui surestiment leur capacité de remboursement. Les clients risquent de se retrouver en défaut de paiement, ce qui nuira à leur réputation, à leur position sociale, à leurs biens (éventuellement pris en garantie) et à leur capacité d'emprunter de nouveau. L'IMF verra la qualité de son portefeuille de microcrédits se dégrader, minant sa rentabilité et sa réputation auprès des clients (risque de « contagion » du comportement des mauvais payeurs) et de ses financeurs.

Soit l'IMF sert des clients de moins en moins pauvres, attirés par des prêts plus élevés :

- Elle s'éloigne de sa mission – ce qui remet en cause sa raison d'être et la continuation des différents soutiens qu'elle reçoit (subventions, appui technique…) ;

- Elle risque là encore d'être confrontée à une dégradation de ses taux de remboursement : d'une part, parce que ses méthodes et produits ne sont pas adaptés à ce nouveau segment de clientèle ; d'autre part, parce que la clientèle moins pauvre, ayant plus d'options pour accéder à des services financiers, tend à être moins fidèle à ses engagements vis-à-vis de l'IMF.

En conclusion, la question du prêt moyen est un défi technique – mais aussi « existentiel ». Pour une IMF, l'augmentation du prêt moyen est à la fois une double nécessité (pour répondre à la demande de ses clients et couvrir ses propres coûts) et un double risque (risque de s'éloigner de son « cœur » de clientèle, risque de moins bien maîtriser ses opérations). Dans certains cas, cette augmentation est un indicateur de la réussite de l'IMF et de ses clients. Le risque est qu'elle soit une solution de facilité à très court terme, porteuse de difficultés pour la suite.

Les taux d'intérêt, traduction de la stratégie d'une IMF et de son évolution dans le temps

Le taux d'intérêt est un élément clé de la stratégie d'une IMF qui touche à la fois la question de sa mission sociale (plus les taux sont bas, plus les crédits sont accessibles et moins ils pèsent sur les revenus des bénéficiaires), de sa viabilité financière et donc de sa portée.

Il est vrai qu'avec plus de cent trente millions de clients dans le monde, la diffusion du microcrédit est massive (voir chapitre 13), malgré des taux élevés. Ce constat s'explique par le fait que les clients trouvent les produits proposés par les IMF compétitifs aussi bien en termes de qualité de service (rapidité de l'accès au crédit notamment) que de coût du service. Les IMF appliquent, en effet, des taux d'intérêts bien inférieurs à ceux des prêteurs informels (qui peuvent atteindre, dans bien des cas, 200 % à 1 000 % par an).

Mais ce constat ne doit pas exonérer les professionnels du secteur d'une réflexion sur les taux. La mission sociale des IMF suppose a priori une volonté de fixer le taux à un niveau qui rend le crédit accessible au plus grand nombre de clients. D'ailleurs, comme nous l'avons vu dans le chapitre 4, leur fixation est un sujet sensible et la critique porte souvent sur le niveau des taux, que les détracteurs jugent trop élevés. D'un autre côté, le montant faible des crédits offerts et l'impératif de rentabilité des IMF leur impose des taux d'intérêt importants. Face à cette contradiction, la stratégie des IMF consiste souvent à diminuer au cours du temps leur taux d'intérêt, mais très progressivement.

Pour une IMF, la fixation du taux d'intérêt relève d'une véritable décision stratégique qui doit prendre en compte les objectifs sociaux de l'institution, ses objectifs financiers et son environnement.

Le niveau optimal des taux pour une IMF dépend :

▶ du montant moyen des crédits offerts ;

▶ du niveau de ses coûts et donc notamment de sa taille et de son efficacité (facteurs internes) ;

▶ de l'environnement concurrentiel, du marché et de l'inflation (facteurs externes).

▶ de l'environnement juridique - dans certains pays, la réglementation fixe un taux d'intérêt maximal dit « taux de l'usure », au nom de la lutte contre la pauvreté, bien qu'une telle politique présente des effets pervers potentiels (voir chapitre 16).

La question des coûts est primordiale. En effet, la baisse des taux dans le temps est limitée par l'impératif de rentabilité de l'IMF. Nous avons étudié au chapitre 11 les différents coûts que les revenus d'intérêt doivent couvrir :

▶ Le coût du capital prêté, car les IMF empruntent en partie leurs fonds auprès d'acteurs financiers à des taux variant généralement entre 8% et 20%, taux sur lesquels elles ont peu de contrôle ;

▶ les pertes liées au non-remboursement de certains clients, même si dans les bonnes IMF ces pertes sont très faibles ;

▶ les frais opérationnels (salaires, transports, loyers...). Ces frais sont élevés dans la microfinance car les prêts sont petits, et par conséquent les charges fixes générées par chaque prêt sont proportionnellement élevées.

Le défi économique des IMF est donc de gagner en productivité, ce qu'elles peuvent faire en augmentant le montant du prêt moyen (voir encadré précédent), par des méthodes spécifiques à la microfinance (prêts à des groupes d'emprunteurs solidaires, proximité avec les clients...) ou par la réalisation d'économie d'échelle. Une IMF mature peut ainsi, grâce à sa croissance et à son avancement sur la courbe d'apprentissage, baisser ses taux. Elle peut également le faire en diminuant le coût de ses ressources financières.

Cependant, on observe généralement que même les IMF les plus *sociales*, qui ne visent que la rentabilité nécessaire à leur pérennité, ne baissent pas toujours leurs taux. Elles profitent des gains de productivité pour mieux servir leur mission – par exemple, toucher des clients plus pauvres et financer sa croissance.

En réalité, le véritable moteur de la baisse des taux, c'est la concurrence entre IMF[1]. En effet, la concurrence croissante entre IMF impose à chacune d'elles de réduire ses taux d'intérêts afin de rester compétitive sur le marché du crédit (voir chapitre 13, passage sur la concurrence).

---

1. Sébastien Boyé, Jérémy Hajdenberg et Michaël Cheylan, Le Monde de l'Economie, 16 janvier 2007.

Sous l'impulsion de ces différents facteurs (atteinte de la profitabilité et concurrence), les IMF ont déjà considérablement réduit leurs taux d'intérêt, en baisse de 3,3 % par an entre 2000 et 2005.[1]

En 2006, le taux d'intérêt médian des 700 IMF répertoriées dans le benchmark annuel du Mix Market[2] est de 30 % (22 % nets de l'inflation). Sur le même échantillon, le taux d'intérêt moyen est de 34 % (26 % nets de l'inflation). Mais cette moyenne recouvre des réalités très différentes selon les pays (cf. panorama ch.13).

Ainsi, la question des taux, qui sont déterminés à la fois par des mécanismes de marché (concurrence), des logiques financières (la couverture des coûts) et la mission sociale de l'IMF (rendre le crédit plus accessible), est un enjeu central de la stratégie des IMF tout au long de leur évolution. Le niveau élevé des taux s'avère nécessaire à la pérennisation et au développement des IMF, mais elles doivent savoir réaliser des gains de productivité pour baisser leurs taux afin de s'adapter à la concurrence et réaliser plus efficacement leur mission sociale.

---

1. Richard Rosenberg, Entretien, CGAP Portfolio 2/2008 - Questions stratégiques d'actualité. Sur la base des données concernant l'ensemble des IMF pour lesquelles le MIX Market a des informations pluriannuelles, pondérées en fonction du nombre d'emprunteurs.
2. Richard Rosenberg, Entretien, CGAP Portfolio 2/2008 - Questions stratégiques d'actualité. Source : Benchmark MFI 2006, Mix Market. La moyenne de 34% est la moyenne non pondérée des rendements financiers (intérêts et commissions) des portefeuilles des 700 IMF participant au Benchmark du MIX Market. Selon l'auteur, la moyenne pondérée par la taille des portefeuilles des IMF serait plus faible car les plus grandes IMF ont des taux d'intérêt inférieurs à ceux des plus petites.

Chapitre 13

Panorama des IMF

L'exposé des principes de fonctionnement des IMF a mis en lumière la grande diversité des institutions. L'objectif de ce chapitre est de donner une vision synthétique des IMF existantes à ce jour et de leur situation, d'abord avec une perspective géographique, ensuite en s'interrogeant sur leur viabilité au plan financier.

Perspective géographique[1]

Dans l'introduction générale de ce livre, nous avons mentionné le chiffre de **10 000 IMF dans le monde**, couramment cité dans le secteur. Parmi elles, **3 552 sont répertoriées** par la Campagne du sommet du microcrédit fin 2007[2]. La carte présentée ici est celle des 3 360 IMF qui sont situées dans des pays en développement, et qui touchent au total **150 millions de clients**. Elle ne tient donc pas compte des clients touchés par les autres IMF existantes, qui sont pour l'essentiel de toutes petites structures intervenant à l'échelon local (un village, un quartier).

Les cercles dessinés pour chacune des grandes zones sont proportionnels au nombre de clients servis. La carte indique en outre le nombre d'IMF par zone, et la dette moyenne par client (c'est-à-dire

1. Cette section s'appuie sur le travail de Maria Nowak, *On ne prête (pas) qu'aux riches* (Jean-Claude Lattès, 2005) et de FIDA/CERISE, *Decision Tools for Rural Finance*, mai 2002 .(http://www.ifad.org/ruralfinance/dt/index.htm) ainsi que sur les données du Microcredit Summit Campaign et du MixMarket

2. State of the Microcredit Summit Campaign Report 2009 http://www.microcreditsummit.org

l'endettement moyen ou « capital restant dû » des clients, et non pas le montant moyen des prêts accordés au moment de leur décaissement)[1].

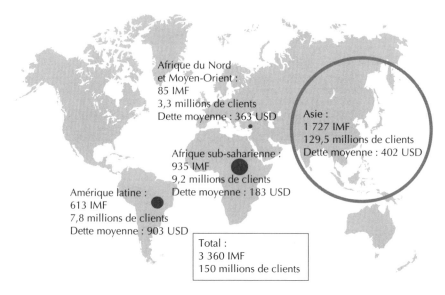

Afrique du Nord
et Moyen-Orient :
85 IMF
3,3 millions de clients
Dette moyenne : 363 USD

Asie :
1 727 IMF
129,5 millions de clients
Dette moyenne : 402 USD

Afrique sub-saharienne :
935 IMF
9,2 millions de clients
Dette moyenne : 183 USD

Amérique latine :
613 IMF
7,8 millions de clients
Dette moyenne : 903 USD

Total :
3 360 IMF
150 millions de clients

L'accès à la microfinance est très inégal selon les continents[2]. En rapportant l'accès à un compte d'épargne auprès d'une IMF au marché total estimé pour la microfinance, l'Afrique sub-saharienne est le continent le moins bien servi par la microfinance, avec seulement 10% de la demande potentielle couverte. À l'inverse, l'Asie du Sud-est, Inde y compris, atteint des taux de couverture de marché estimés à 50 % en moyenne. L'Amérique Latine se situe entre ces deux extrêmes, avec des résultats assez disparates selon les pays et le milieu (urbain ou rural).

L'Asie (129,5 millions de clients)[3]

Ces chiffres consacrent le poids écrasant de l'Asie qui compte à elle seule près de **85 % des clients servis dans le monde** – précisons que

---

1. Sources : sur le nombre d'IMF et de clients par zone, State of the Microcredit Summit Campaign Report 2009, dont les données correspondent à fin 2007, http://www.microcreditsummit.org; sur le prêt moyen par zone, Microbanking bulletin, Spring 2008, dont les données correspondent à fin 2006, http://www.mixmbb.org/Templates/PreviousIssues.aspx
2. A.C. Creusot et C. Poursat, 2009, Revue Tiers Monde, n° 197, « Pour une meilleure inclusion financière, renforcer les institutions intermédiaires ».
3. Scott Gaul et Hind Tazi, Benchmarking Asian Microfinance 2006, A Report from the Microfinance Information eXchange, décembre 2007.

63 % de la population pauvre dans le monde vit en Asie[1] ; c'est le continent où les besoins estimés en microfinance sont les plus importants. La forte densité générale de la population dans certaines zones (Asie du Sud, Indonésie), même en milieu rural, a permis à la microfinance de se déployer dans cette région plus rapidement qu'ailleurs.

La microfinance en Asie est marquée par le poids de quelques IMF de taille très importante. **Les sept institutions qui comptent plus d'un million d'emprunteurs sont toutes asiatiques** ; parmi les premières d'entre elles on trouve la Grameen Bank (6,7 millions d'emprunteurs), BRAC (6,4 millions), ASA (5,4 millions) et Proshika (1,6 millions), toutes les quatre situées au Bangladesh. En Indonésie, la BRI (voir encadré p. 281) comptait, en 2006, 3,5 millions d'emprunteurs et 31 millions d'épargnants ! La concentration des IMF est ainsi particulièrement forte en Asie : on considère que le premier décile d'IMF les plus importantes en taille couvre 80 % des clients de la microfinance du continent. Cette tendance va se conforter puisque les IMF de taille importante connaissent des taux de croissance supérieurs à ceux des autres IMF, notamment en Inde.

Les IMF en Asie ont pu se développer, y compris dans des zones rurales, avec une approche de développement et de lutte contre la pauvreté assez marquée. Elles continuent à cibler une clientèle pauvre en proposant des prêts dont les montants sont faibles par rapport aux autres régions du monde. Le modèle de la Grameen Bank (voir encadrés p. 52) a eu une influence forte sur beaucoup d'institutions dans la région. Citons également l'importance des Self Help Groups, modèle indien de groupes de solidarité autogérés refinancés par des banques, qui joue un rôle très important dans la diffusion des services de microfinance dans le pays (voir p. 140). Ce positionnement relativement social n'a pas empêché la majorité des IMF asiatiques[2] communiquant leurs données financières au Mix Market[3] (ce qui exclut sans doute surtout les plus petites et certaines de taille moyenne) d'atteindre la rentabilité.

---

1. La population pauvre se référant ici à la population vivant avec moins d'1US$ par jour ; State of the Microcredit Summit Campaign Report 2009.
2. Sur la base des IMF ayant envoyé leurs informations au Mix Market en 2006, soit un échantillon de 194 institutions, représentant 35 millions d'emprunteurs et 47 millions d'épargnants.
3. Mix Market : Microfinance Information eXchange, site issu du CGAP et regroupant une information en provenance de nombreuses IMF et de nombreux financeurs de la microfinance.

Malgré ces caractéristiques communes, on distingue trois régions en Asie qui ont chacune leurs spécificités[1] :

▶ En Asie du Sud (Inde, Bangladesh, Pakistan, Sri Lanka…), les IMF utilisent en général une méthodologie de prêts de groupe progressifs. Cela a permis aux IMF d'atteindre un très bon niveau de productivité des agents et d'étendre rapidement leurs services à de nombreux clients. Bien que le nombre d'IMF soit important, le paysage de la microfinance est dominé par quelques très grandes IMF qui offrent principalement des produits de crédit. Du fait de législations peu favorables, elles ne collectent généralement pas d'épargne, ce qui les handicape (voir p. 223 sur les avantages de l'épargne pour les IMF) ainsi que leurs clients demandeurs de ce service.

▶ En Asie de l'Est et Pacifique, les IMF enregistrent des taux de croissance plus faibles ; mais les IMF de cette région ont l'avantage d'offrir des services d'épargne à une large population, notamment au travers de la BRI et des banques rurales qui sont nombreuses en Indonésie et aux Philippines.

▶ L'Asie centrale et le Caucase abritent des IMF rentables qui facturent des taux d'intérêt élevés, dans une région où les densités de population et la concurrence sont faibles.

Si la microfinance a atteint des résultats spectaculaires en Asie en termes de taille et de portée, il lui reste du chemin à parcourir :

▶ La collecte de l'épargne est encore trop rare dans certains pays.

▶ Les taux de pénétration de la microfinance sont variables d'un pays à l'autre. Si au Bangladesh, au Vietnam et au Sri Lanka, la microfinance sert plus du quart de la population pauvre, seuls 2 % à 3 % des pauvres en Inde et au Pakistan auraient accès à ces services[2].

Enfin, si la plupart des institutions rentables à ce jour le doivent à une efficacité opérationnelle remarquable, qui leur permet de facturer des taux d'intérêt relativement faibles (de l'ordre de 25 % au Bangladesh pour l'ensemble des IMF)[3], d'autres IMF sont encore dépendantes de taux

---

1. Scott Gaul et Hind Tazi, 2007 Mix Asia 100, Ranking of Microfinance Institutions
2. Scott Gaul et Hind Tazi, Benchmarking Asian Microfinance 2006, A Report from the Microfinance Information eXchange, Inc, Décembre 2007
3. David Porteous, CGAP Focus Note n° 33, Février 2006

d'intérêt élevés pour couvrir leurs coûts. Les taux d'intérêt atteignent 40 % au Kazakhstan et 41 % aux Philippines[1]. Cette situation contrastée n'empêche cependant pas la région asiatique d'enregistrer un taux d'intérêt réel moyen de 22 %[2], bien inférieur à celui d'autres régions. Dans quatre pays, les IMF ont du mal à atteindre l'équilibre : en Afghanistan et au Pakistan, les IMF ont des structures de coûts trop importantes ; en Chine et au Vietnam les coûts sont, au contraire, bien maîtrisés, mais les IMF souffrent de la concurrence de programmes de prêts gouvernementaux massifs et très subventionnés.

Les 10 plus grandes IMF asiatiques, par portefeuille de prêts

	Nom	Pays	Porte-feuille (M USD)	Nombre de clients	Encours de crédit moyen (en USD)	Statut juridique
1	BRI	Indonésie	3 036 [b]	3 456 000	878	Banque
2	VBSP	Vietnam	2 182 [a]	5 648 000	386	Banque publique
3	Grameen Bank	Bangladesh	532 [a]	6 707 000	79	Banque
4	BRAC	Bangladesh	529 [a]	6 398 000	83	ONG
5	Khan Bank	Mongolie	414 [a]	283 000	1 463	Banque
6	ASA	Bangladesh	362 [a]	5 423 000	67	ONG
7	ACLEDA	Cambodge	311 [a]	185 000	1 681	Banque
8	Spandana	Inde	181 [c]	1 189 000	152	Institution financière non bancaire
9	SHARE	Inde	148 [c]	990 000	149	Institution financière non bancaire
10	SKDRDP	Inde	85 [c]	607 000	140	ONG

a. 31/12/2007   b. 31/12/2006   c. 31/03/2008

---

1. Pour le Kazakhstan et les Philippines, nous avons calculé la moyenne des rendements des portefeuilles des 3 ou 4 IMF les plus importantes du pays, à partir des données du Mix Market : KMF, ORDA, TAT Senim au Kazakhstan ; 1st Valley Bank, CARD NGO, Green Bank aux Philippines. Ces rendements sont légèrement surestimés car ils incluent les revenus de la trésorerie disponible de ces IMF, souvent investis en placements de court terme et ils incluent l'inflation. Il en est de même de tous les calculs d'intérêt nationaux dans ce chapitre.
2. Source : Benchmark annuel 2007 du Mix, réalisé sur la base de 890 IMF dans le monde (qui représentent 71 millions d'emprunteurs actifs), dont 244 en Asie. Les taux d'intérêt réel moyens régionaux énoncés dans ce chapitre sont des taux nets d'inflation et non pondérés par la taille des IMF (http://www.themix.org/publication_detail.aspx?publicationID=255).

L'Afrique sub-saharienne (9,2 millions de clients)[1]

La microfinance en Afrique est marquée par le **poids des réseaux mutualistes** et des coopératives d'épargne-crédit. C'est particulièrement le cas en Afrique de l'Ouest, où la législation limitait, jusqu'à récemment, l'adoption de statuts non mutualistes (voir encadré p. 274) et en Afrique Centrale. En Afrique de l'Est, le poids des institutions coopératives reste très fort mais certains pays (Kenya, Ouganda, par exemple) ont vu émerger des institutions de microfinance viables, à statut privé. Les IMF sous forme de banques ou d'institutions privées non bancaires progressent cependant fortement en Afrique : entre 2005 et 2006, la majorité des nouveaux prêts et des nouveaux clients ont été servis par des IMF privées plutôt que par des coopératives et des ONG. On assiste également à la naissance de nouvelles IMF supportées par des réseaux internationaux comme ProCredit, Opportunity International ou BRAC (voir encadré ch.5, page 138).

Le secteur de la microfinance en Afrique est divisé entre une minorité de grandes IMF pérennes et efficaces – comprenant 16 IMF de plus de 50 000 emprunteurs, une échelle certes modeste par rapport aux grandes IMF asiatiques – et une **multitude de petites IMF** : en 2006, la taille médiane des IMF africaines communiquant leurs données au Mix Market (ce qui exclut sans doute les plus petites) était de 10 000 emprunteurs et la moitié des IMF avait un encours de crédit inférieur à 2 millions de dollars.[2] Cependant, ce recensement est très incomplet, du fait de la faiblesse des systèmes d'information de très nombreuses IMF africaines.

Une particularité de la microfinance africaine est l'importance accordée aux services d'**épargne** : le nombre d'épargnants est supérieur au nombre d'emprunteurs et il croît fortement. En 2006, les activités d'épargne des IMF ont doublé alors que le crédit n'augmentait que d'un tiers.

---

1. Anne-Lucie Lafourcade, Benchmarking de la Microfinance en Afrique 2006, Un rapport du Microfinance Information eXchange.
2. Sur la base des IMF ayant envoyé leurs informations au MIX Market en 2006, soit 119 IMF africaines représentant 3,8 millions d'emprunteurs et 5,7 millions d'épargnants.

La microfinance africaine doit encore répondre à des défis importants :

▶ **L'atteinte de la rentabilité** : Elle est rendue difficile par un environnement opérationnel coûteux (en particulier, défaillance des infrastructures et niveau de salaires des travailleurs qualifiés, plus élevé qu'ailleurs par rapport au revenu moyen). Un tiers seulement des IMF africaines atteint l'équilibre financier. Mais ces IMF rentables, qui sont les plus grandes, servent les deux tiers des clients de la microfinance en Afrique ;

▶ **Le service aux populations des zones enclavées** : les mutuelles sont traditionnellement issues du monde rural. Cependant, dans les faits, elles ont tendance à se concentrer dans les zones rurales les plus aisées (cultures de rente) et dans les zones urbaines, laissant des zones rurales pauvres et difficiles d'accès assez peu couvertes. L'utilisation d'innovations technologiques dans la gestion des prêts (téléphones portables par exemple) peut contribuer à des progrès sur ce plan (voir p. 86).

Le niveau des taux d'intérêt est très disparate en Afrique : En Ouganda, malgré une concurrence croissante, les taux des plus grandes IMF restent élevés (50 %)[1] alors qu'en Afrique de l'Ouest, ils sont plafonnés par la BCEAO à 27 % (voir chapitre 16 sur le plafonnement des taux d'intérêt), ce qui peut limiter la capacité des IMF à toucher des clientèles ou des zones moins « rentables ». Globalement, le taux d'intérêt réel moyen des IMF africaines avoisine 29 %[2].

Les 10 plus grandes IMF d'Afrique par portefeuille de prêts

	Nom	Pays	Porte-feuille (M USD)	Nombre de clients	Encours de crédit moyen (USD)	Statut juridique
1	Equity Bank	Kenya	349 [a]	393 000	888	Banque
2	Capitec Bank	Afrique du Sud	284 [d]	580 000	490	Banque
3	Centenary Bank	Ouganda	118 [a]	66 000	1 788	Banque
4	CMS	Sénégal	114 [a]	59 000	1 932	Coopérative/Union de crédit

---

1. Calcul des taux réalisé sur les 3 IMF les plus importantes en Ouganda à partir des données du Mix Market : Centenary Bank, UML, CML.
2. Source : Benchmark annuel 2007 du Mix, réalisé sur la base de 890 IMF dans le monde, dont 159 en Afrique

5	ACSI	Ethiopie	111 [a]	598 000	186	Institution financière non bancaire
6	DECSI	Ethiopie	98 [a]	424 000	231	Institution financière non bancaire
7	RCPB	Burkina Faso	84 [a]	99 000	848	Coopérative/Union de crédit
8	K-Rep	Kenya	81 [a]	154 000	526	Banque
9	CamCCUL	Cameroun	78 [a]	27 000	2 889	Coopérative/Union de crédit
10	KWFT	Kenya	60 [a]	165 000	364	Institution financière non bancaire

a. 31/12/2007   d. 29/02/2008

L'Amérique latine (7,8 millions de clients)[1]

La microfinance en Amérique latine s'est développée d'abord dans des **zones urbaines**, orientée en priorité vers le financement des pauvres « économiquement actifs » possédant une micro-entreprise.

La microfinance latino-américaine a assumé tôt une **vision assez « commerciale »**, avec un accent particulier sur la pérennité financière des IMF. Le secteur est ainsi marqué par l'importance d'institutions à statut privé, mobilisant refinancements et investisseurs internationaux. Les IMF de ce type concentrent plus de la moitié des clients servis. La microfinance latino-américaine a réussi à financer sa croissance en attirant notamment des montants importants de fonds privés, qui s'élèvent maintenant à 2,4 milliards de dollars, soit 25 % du portefeuille global de crédit des IMF. De nouvelles formes de financement privé sont apparues, y compris des introductions en bourse comme celle (controversée) de Compartamos au Mexique en 2007 (voir p. 340).

Cependant, au sein du continent sud-américain, la situation de la microfinance est très contrastée. Elle est marquée par un fort dynamisme dans les pays andins (Bolivie, Pérou, Équateur, Colombie) et d'Amérique Centrale (Mexique, Guatemala, Salvador, Nicaragua), avec des IMF pérennes et des taux de pénétration de la microfinance élevés. La microfinance est moins avancée dans certains autres pays comme l'Argentine (où elle a commencé à émerger après la crise de 2000-2001, mais souffre d'un cadre juridique peu favorable et d'une

---

1. Matthew Gehrke et Renso Martinez, Benchmarking Latin America Microfinance 2006, A Report from the Microfinance Information eXchange

approche gouvernementale de la microfinance fortement orientée vers les subventions), le Brésil (où les IMF sont peu nombreuses, le crédit à la consommation des banques privées très développé et où des programmes nationaux proposent des taux subventionnés) et le Chili[1].

Malgré la maturité déjà relativement avancée des marchés latino-américains, les IMF continuent à croître fortement, avec un encours de microcrédits qui a augmenté de 33 % en 2006 sur le continent. Cependant, la croissance du nombre d'emprunteurs est plus modérée que celle du portefeuille, ce qui signifie que c'est le montant du prêt moyen par emprunteur qui s'est élevé. Le risque existe que la hausse du prêt moyen n'éloigne les IMF des populations les plus pauvres (voir chapitre 12 sur les enjeux liés au montant moyen des prêts). En revanche, la hausse du prêt moyen a engendré une amélioration de l'efficacité opérationnelle des IMF, ce qui leur a permis de conforter leurs profits en 2006 tout en diminuant leurs taux d'intérêt sous l'effet de la compétition. Les IMF boliviennes ont ainsi réduit significativement leurs taux : ils sont passés de 50 % au milieu des années 90 à 21 % actuellement. Au Pérou ils se situent aux alentours de 31 %. Le Mexique, quant à lui, affiche encore des taux élevés, de l'ordre de 67 % en moyenne[2] et la microfinance latino-américaine continue plus généralement à présenter un taux d'intérêt réel moyen supérieur aux autres régions (31 %[3]).

La concurrence qui règne sur les marchés latino-américains pousse les IMF à **diversifier leurs produits et à s'intéresser aux marchés ruraux**. Elle les incite également à la **concentration**. Cela est particulièrement vrai en Bolivie, au Nicaragua et au Pérou. Dans ces trois pays, les quatre plus grandes IMF servent respectivement 70 %, 67 % et 46 % de la clientèle nationale totale de la microfinance[4].

---

1. 2008 Microscope on the Microfinance Business Environment in Latin America and the Caribbean, October 2008, Economist Intelligence Unit en collaboration avec l'Inter-American Development Bank et la Corporación Andina de Fomento;
http://www.iadb.org/mif/microscope.cfm?lang=en

2. Idem et http://www.eiu.com/site_info.asp?info_name=latinam_microfinance&page=noads&rf=0

3. Source : Benchmark annuel 2007 du Mix, réalisé sur la base de 890 IMF dans le monde, dont 283 en Amérique Latine-Caraïbes

4. Pour chacun de ces 3 pays, le ratio exprime le nombre de clients servis par les 4 plus grandes IMF du pays (selon le Mix Market) par rapport au nombre de clients servis par la totalité des IMF du pays répertoriées dans le Mix Market

L'augmentation du prêt moyen, l'adoption de prêts plus risqués (prêts à la consommation plus élevés et sans garantie) et la souscription de prêts multiples par un même emprunteur ne sont néanmoins pas exempts de **risques**. Aussi, la prévention du surendettement, le maintien des taux de remboursement et de la mission sociale des IMF seront-ils des points à surveiller pour la microfinance latino-américaine dans les années à venir.

Les 10 plus grandes IMF d'Amérique latine par portefeuille de prêts

	Nom	Pays	Porte-feuille (M USD)	Nombre de clients	Encours de crédit moyen (USD)	Statut juridique
1	BSCS	Colombie	2 393 a	737 000	3 247	Banque
2	Caja Popular Mexicana	Mexique	1 157 a	779 000	1 485	Coopérative/Union de crédit
3	Banco Estado	Chili	820 a	207 000	3 961	Institution financière non bancaire
4	Caja Libertad	Mexique	582 a	339 000	1 717	Coopérative/Union de crédit
5	MiBanco	Pérou	501 a	286 000	1 752	Banque
6	Compartamos	Mexique	378 a	839 000	451	Banque
7	BANTRA	Pérou	345 a	768 000	449	Banque
8	Financiera Independencia	Mexique	307 a	834 000	368	Institution financière non bancaire
9	Banco Los Andes ProCredit	Bolivie	271 a	94 000	2 883	Banque
10	CMAC Arequipa	Pérou	250 a	127 000	1 969	Institution financière non bancaire

a. 31/12/2007

L'Afrique du Nord et le Moyen-Orient (3,3 millions de clients)

Dans cette région, **le décollage de la microfinance a été plus tardif**. Parmi les raisons invoquées : un cadre juridique peu propice aux initiatives « informelles » d'ONG, ou une histoire marquée par une intervention directe de l'État dans le secteur (Tunisie et Algérie, notamment).

Néanmoins, depuis quelques années, les progrès de la microfinance en Afrique du Nord et au Moyen-Orient sont très rapides. Fin 2006, on comptait dans la zone presque deux millions de clients, soit une augmentation de plus de 90 % en deux ans.

Malgré un potentiel important, la situation de la microfinance est encore inégale. Le Maroc et l'Egypte rassemblent 80 % des clients de la zone. Au Maroc, la mise en place d'un cadre spécifique à la microfinance, le soutien des bailleurs de fonds, des pouvoirs publics locaux et du secteur bancaire marocain ont permis à quelques IMF pionnières (Al Amana et la Fondation Zakoura) de devenir des modèles. Cependant on observe une dégradation récente qui semble être le signe que la croissance passée, trop rapide, a été mal maîtrisée. En Egypte, le secteur de la microfinance est tiré par des banques locales qui offrent directement des services de microcrédit et de grandes ONG. La Tunisie et la Jordanie connaissent également une croissance rapide, mais centrée sur une poignée d'IMF.

De façon générale, le secteur de la microfinance dans la région est marqué par le poids des IMF à statut associatif (84 % des IMF). Or, les règlementations en vigueur limitent strictement la capacité des associations à mobiliser l'épargne. La collecte d'épargne par les IMF est par conséquent très faible (moins de 1 % des encours de crédit des IMF en 2006). La situation est cependant en train de changer : d'un côté, la règlementation du secteur financier devient plus favorable à la création d'établissements financiers ou de banques de microfinance et, de l'autre, de plus en plus d'IMF travaillent sur des évolutions institutionnelles pour pouvoir élargir leur gamme de services, notamment vers l'épargne.

Les taux d'intérêt des grandes IMF sont modérés dans cette région du monde: 33 % en Egypte, 23 % au Maroc et 18 % en moyenne en Jordanie[1]. Le taux d'intérêt réel moyen de cette région est de 21 %[2].

---

1. Calcul des taux réalisé sur les 3 ou 4 IMF les plus importantes à partir des données du Mix Market : ABA, ESED et DBACD en Egypte ; Al Amana, Zakoura et FBPMC au Maroc ; DEF, MFW, Tamweelcom et MEMCO en Jordanie
2. Source : Benchmark annuel 2007 du Mix, réalisé sur la base de 890 IMF dans le monde, dont 46 en Afrique du Nord et Moyen Orient

Les 10 plus grandes IMF d'Afrique du Nord et du Moyen-Orient par portefeuille de prêts

	Nom	Pays	Porte-feuille (M USD)	Nombre de clients	Encours de crédit moyen (USD)	Statut juridique
1	Al Amana	Maroc	306 [a]	481 000	636	ONG
2	FBPMC	Maroc	134 [a]	177 000	757	ONG
3	Zakoura	Maroc	83 [b]	316 000	263	ONG
4	DEF	Jordanie	45 [a]	16 000	2 813	Autre
5	BdC (Banque du Caire)	Egypte	35 [e]	94 000	372	Banque
6	FONDEP	Maroc	27 [b]	76 000	355	ONG
7	Enda	Tunisie	27 [f]	74 000	365	ONG
8	ABA	Egypte	21 [a]	69 000	304	ONG
9	ARDI	Maroc	19 [a]	74 000	257	ONG
10	ESED	Egypte	18 [a]	94 000	191	ONG

a. 31/12/2007   b. 31/12/2006   e. 30/06/2006   f. 31/05/2008

Ainsi, ce panorama met en relief la diversité des contextes et les spécificités de la microfinance selon les régions. Cependant, il est une tendance commune à tous les continents : le développement de la concurrence entre IMF.

La concurrence, moteur de l'amélioration des services et de la baisse des taux des IMF

Dans de nombreux pays, le paysage de la microfinance devient de plus en plus concurrentiel : au Bangladesh, on compte plus de 700 IMF, en Ouganda plus de 100. Chaque IMF s'efforce de croître rapidement pour devenir rentable et pérenne. Cette situation induit une concurrence pour toucher et fidéliser les emprunteurs.

La compétition entre les IMF se joue à différents niveaux. Au début, lorsque les IMF sont encore peu nombreuses, elles peuvent gagner des clients en augmentant leur présence géographique. Lorsque la concurrence s'intensifie, les IMF se différencient par les caractéristiques de leurs prêts (durée, montants, méthodologie de prêt de groupe ou de prêt individuel), la qualité du service (temps de traitement de dossier, services d'épargne ou de microassurance en complément du prêt) et le niveau des taux d'intérêt.

L'intensification de la concurrence entre les IMF présente des avantages pour les clients :

▶ Elle leur donne la possibilité de choisir leur IMF et incite ces dernières à proposer des services plus adaptés à leurs besoins et de meilleure qualité ;

▶ Les IMF sont incitées à baisser leurs taux d'intérêt et donc pour cela à devenir plus efficaces (voir partie sur les taux d'intérêt, chapitre 12). En Bolivie, au Cambodge, par exemple, les IMF ont réussi à réduire leurs coûts (cf. compte de résultat d'AMRET p. 211) et les taux d'intérêt ont considérablement diminué sous la pression concurrentielle (voir ci-dessus). Néanmoins, la pression de la concurrence sur les taux d'intérêt n'est pas automatique à court terme. Dans certains pays, tel l'Ouganda, les taux d'intérêts restent élevés malgré une concurrence forte. Pour que la baisse des taux s'enclenche, il faut notamment que les IMF soient suffisamment rentables pour pouvoir se permettre de réduire ainsi leurs revenus, sans mettre en danger leur pérennité. Il faut aussi que le niveau des taux soit un argument décisif pour les emprunteurs et qu'ainsi les IMF aux taux plus faibles gagnent des parts de marché sur leurs concurrentes. Cela n'est pas toujours le cas : d'une part, les emprunteurs sont souvent plus intéressés par le montant, les caractéristiques du prêt et la qualité du service, que par le taux. D'autre part, la comparaison des taux est parfois rendue difficile par les faibles connaissances financières des emprunteurs et par le manque de transparence sur les taux affichés par les IMF.[1]

Néanmoins, une concurrence exacerbée peut comporter des risques :

▶ L'exigence accrue de rentabilité pousse parfois les IMF à se concentrer sur un segment de clientèle plus lucratif et moins pauvre, auquel elles proposent des prêts plus importants. Cela les éloigne de leur mission sociale initiale de distribution de petits prêts aux plus pauvres[2] ;

▶ Les IMF peuvent parfois être tentées de se lancer dans une course à la part de marché à tous prix, en étant moins regardantes sur les capacités de remboursement de leurs clients, au détriment de la qualité de leur portefeuille ;

---

1. David Porteous, Focus Note n° 33, « Competition and Microcredit Interest Rates », CGAP, Février 2006

2. Craig McIntosh et Bruce Wydick, « Competition and Microfinance », Mars 2002

▶ La concurrence s'exerce aussi au niveau des ressources humaines : les IMF ont tendance à débaucher chez les IMF concurrentes des cadres locaux qualifiés. Ceux-ci sont donc en position de force pour demander des salaires plus élevés, qui sont difficiles à assumer pour les IMF ;

▶ Enfin, les clients peuvent souscrire plusieurs prêts auprès d'IMF concurrentes, ce qui augmente leur risque de surendettement et de non remboursement de leurs emprunts.

La Bolivie a ainsi connu les effets pervers d'une concurrence intense (voir encadré ci-dessous). D'autres pays tels que le Bénin ou le Bangladesh sont actuellement dans des situations semblables. En Inde, des cas de surendettement important des clients des IMF, avec des conséquences sociales sévères, ont également été observés (voir page 121).

Expansion et limites de la microfinance en Bolivie

Dans ce pays d'Amérique latine, la microfinance s'est développée dans les années quatre-vingt-dix à un rythme très rapide, sous l'impulsion d'un cadre réglementaire favorable et grâce à la réussite exemplaire de BancoSol. De nombreuses IMF ont été créées sur le même modèle, fondé sur le crédit à court terme à destination des petits entrepreneurs en milieu urbain. Des banques et des sociétés de crédit à la consommation, attirées par les excellents résultats des meilleures IMF, sont également entrées sur le marché.

La concurrence exacerbée s'est traduite par une surenchère des montants octroyés, alors que les taux d'intérêt facturés aux clients restaient assez élevés. Les clients ont alors eu tendance à s'endetter auprès de plusieurs institutions. Ce surendettement a été à l'origine de la crise du secteur à la fin des années quatre-vingt-dix : dégradation massive des taux de remboursement et difficultés financières pour les IMF.

L'élément frappant dans cette crise est que parallèlement à cette concurrence acharnée sur le segment des petits entrepreneurs urbains, des pans entiers de la population bolivienne, particulièrement en milieu rural, sont restés exclus de l'accès aux services financiers.

Les pouvoirs publics des pays concernés ont un rôle à jouer pour favoriser une concurrence saine. Les autorités de tutelle en charge du secteur financier, d'une part, peuvent exiger plus de transparence sur les taux, renforcer leur rôle de surveillance du secteur en n'agréant que des IMF présentant de bonnes garanties de viabilité, et contribuer à prévenir les crises par une inspection régulière et efficace des structures. Les gouvernements, d'autre part, peuvent lutter contre les distorsions de concurrence en évitant d'accorder des subventions inégales selon les IMF et de distribuer en direct, ou *via* des programmes étatiques, des crédits à des taux très subventionnés, qui risquent de distordre fortement le marché.

Enfin, les gouvernements peuvent combattre le risque de surendettement en incitant à la création de bureaux de crédit (aussi appelés centrales de risques). Ceux-ci recensent, selon les cas, les mauvais payeurs et les incidents de paiement (information négative) ou plus globalement les clients des IMF, leurs prêts en cours ainsi que d'autres informations (information positive). Ils peuvent être publics ou privés, spécialisés en microfinance ou non. Cependant, le développement de bureaux de crédit nécessite un cadre politique approprié qui garantit le respect du droit du consommateur et le secret bancaire. L'existence d'un système efficace de protection de la vie privée des clients est un pré-requis à l'instauration de ce type de système afin d'en empêcher les dérives[1].

Les IMF existantes sont-elles viables financièrement ?

On estime qu'environ un millier d'IMF dans le monde sont viables au plan financier, ou sont en passe de le devenir[2]. Cela représente environ un tiers des IMF recensées dans le panorama ci-dessus, mais seulement un dixième du nombre total d'IMF incluant les petites structures locales, dont la pérennité est loin d'être assurée.

Ce chiffre souligne l'immensité des efforts qui restent à accomplir pour renforcer les IMF existantes et leur permettre d'élargir le nombre de familles qu'elles peuvent servir.

1. Betty Wampfler, « La centralisation des risques : une nécessité pour la microfinance ? », BIM 16 novembre 2004
2. Ce chiffre est notamment avancé par Renée Chao Béroff, « Les perspectives de la microfinance et le rôle des ONG dans la microfinance de demain », EI-Expert Meeting on Microfinance, 2005 (http://microfinancement.cirad.fr/fr/news/bim-2005/BIM-05-04-05.pdf).

Mais ce chiffre d'un millier d'IMF viables peut aussi être vu comme un **grand accomplissement**, car qui aurait cru, il y a seulement quinze ans, qu'un tel nombre de structures puisse atteindre l'équilibre financier en servant des clients réputés non bancables ?

Surtout, en 2004, **ces IMF viables servaient 44% des clients de la microfinance**[1], qui avaient ainsi accès à des services pérennes. Ce chiffre a certainement augmenté depuis.

De plus, parmi les IMF rentables, certaines ont démontré depuis plusieurs années qu'elles pouvaient avoir des **performances financières équivalentes, voire supérieures aux banques** elles-mêmes, comme l'illustre le graphique ci-après.

Les IMF les plus perfomantes
comparées aux banques les plus rentables du pays[2]

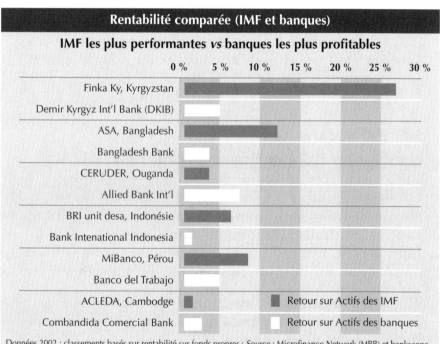

Données 2002 ; classements basés sur rentabilité sur fonds propres ; *Source* : Microfinance Network (MBB) et bankscope

---

1. Adrian Gonzales et Richard Rosenberg, *The State of microfinance - Outreach, Profitability and Poverty*, 2006..
2. Elizabeth Littlefield et Richard Rosenberg, "Microfinance and the Poor : Breaking Down the Walls between Microfinance and Formal Finance", *Finance & Development 41*, n° 2, juin 2004.

Le bilan est donc contrasté, avec, d'un côté, une majorité d'IMF dont la pérennité n'est pas encore acquise, et, de l'autre, un nombre non négligeable de structures qui ont réuni les conditions de la viabilité, et dont certaines ont des performances qui dépassent même celles de banques commerciales.

Troisième partie

LES ACTEURS
DU SECTEUR DE LA MICROFINANCE

La deuxième partie de cet ouvrage a permis d'exposer le fonctionnement des IMF et leur répartition géographique. La troisième partie va présenter le rôle des autres intervenants du monde de la microfinance.

Comme nous le rappelions en introduction de cet ouvrage, la microfinance a connu depuis une trentaine d'années un développement remarquable. À l'origine de cette croissance, de nombreux intervenants ont contribué à faire émerger des IMF viables et pérennes. L'ensemble de ces acteurs constituent ce qu'on appelle communément le « secteur de la microfinance ». Les Anglo-Saxons vont même jusqu'à parler de *microfinance industry*.

L'objectif de cette partie est d'abord de donner une vision structurée d'un secteur en pleine ébullition (chapitre 14), puis de présenter chacune des principales catégories d'acteurs : services d'appui (chapitre 15), États (chapitre 16), financeurs (chapitres 17, 18, 19).

Nous conclurons ce chapitre par un éclairage sur le débat concernant la « commercialisation » du secteur de la microfinance (chapitre 20).

Chapitre 14

Cartographie du secteur de la microfinance

L'objet du schéma ci dessous est de donner une vision globale du secteur de la microfinance et des interactions entre les différents acteurs que nous présenterons au fil des prochains chapitres.

Les acteurs du monde de la microfinance

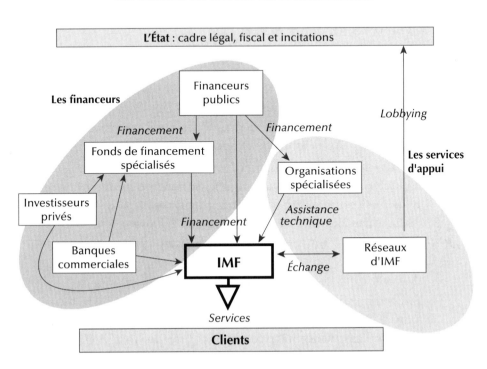

Autour des IMF, gravitent de nombreux acteurs. Nous en avons dénombré sept types, regroupés en trois catégories :

▶ **Les services d'appui (chapitre 15) :**

– *Les organisations spécialisées :* comme évoqué dans le chapitre 7, leur rôle est central au démarrage des IMF, puis en accompagnement du développement sur certains chantiers spécifiques (transformation institutionnelle, changement de système d'information). Leur rôle a évolué, certaines de ces organisations mettant en place des fonds d'investissement, ou investissant directement dans des IMF qu'elles ont appuyées sur la durée ;

– *Les réseaux d'IMF :* ils peuvent être de plusieurs natures : association nationale ou régionale, ou réseau d'IMF créés par une même organisation spécialisée. Ils ont un rôle important dans la structuration du secteur ;

▶ **L'État (chapitre 16) :** c'est un acteur un peu à part, responsable de mettre en place le cadre légal et réglementaire, définissant dans son pays les règles du jeu du secteur de la microfinance. L'État peut aussi intervenir plus directement, soit par une politique sectorielle spécifique, soit en refinancement *via* une banque publique ;

▶ **Les financeurs (chapitres 17, 18, 19) :**

– *Les financeurs publics* (Banque mondiale, Agence Française de Développement…). Leur position, au sommet du schéma, n'est pas un hasard. Ils ont joué et continuent de jouer un rôle fondamental dans le financement du secteur. Leurs financements sont destinés soit à des IMF directement, soit à des organisations spécialisées, soit à des fonds de financement spécialisés ;

– *Les banques commerciales.* Elles manifestent un intérêt relativement récent mais croissant pour le secteur de la microfinance. Elles ont commencé à intervenir au niveau local en accordant directement des financements à des IMF. Devant le développement croissant du secteur et sa médiatisation récente, de nombreux groupes bancaires internationaux ont ensuite adopté une stratégie d'intervention plus globale en microfinance.

– *Les fonds de financement spécialisés.* Ils sont apparus à la fin des années quatre-vingt-dix et se sont multipliés ces dernières années. Les financeurs publics ont joué un rôle décisif dans l'émergence de ce type d'acteurs. Aujourd'hui, ils sont clairement le vecteur principal de l'investissement privé dans le secteur de la microfinance, en mobilisant des ressources au Nord pour aller les investir (généralement sous forme de prêts) dans des IMF au Sud. Ils financent les IMF les plus performantes.

Chapitre 15

Les services d'appui

Les organisations spécialisées

Nous commencerons la présentation des acteurs du secteur de la microfinance par ceux qui ont véritablement « inventé » d'un point de vue opérationnel la microfinance : les organisations spécialisées.

Présentation des organisations spécialisées en microfinance[1]

Pour plus de clarté, nous reprendrons dans cette partie certains des éléments évoqués dans le chapitre 6 sur l'analyse du cycle de vie d'une IMF et le rôle souvent décisif que jouent les organisations spécialisées à leur démarrage.

La mise en place d'un programme de microfinance implique un ensemble de compétences et d'expertises qu'il est parfois difficile de rassembler dans les pays du Sud, en particulier dans les zones les plus pauvres. Pour ces raisons, le lancement d'un programme de microfinance demande souvent l'intervention d'une organisation ayant développé une expertise spécifique d'accompagnement des institutions de microfinance. Ces *organisations spécialisées* jouent un rôle qui peut aller

1. CERISE, « Les modes d'intervention en microfinance », *Techniques financières et Développement*, n° 59-60, novembre 2000
(http://www.cerise-microfinance.org/publication/pdf/intervention/modes_1511.pdf).

de la simple assistance sur une problématique technique précise (mise en place d'un système d'information, par exemple), à celui de direction générale de l'IMF.

Pour appuyer la mise en place d'IMF pérennes, ces organisations spécialisées peuvent intervenir à plusieurs titres :

▶ *Opérateur* : l'organisation spécialisée joue un rôle central dans le management et le développement de l'IMF puisque c'est elle qui assure la direction générale de l'institution. C'est une configuration typique de lancement d'un programme de microfinance : un ou plusieurs experts de l'organisation spécialisée sont envoyés sur place pour assumer les principaux postes à responsabilité de l'organisation. Ils assurent le recrutement d'une équipe locale, mettent en place les produits et l'organisation, puis animent et développent l'institution avec l'objectif d'atteindre la pérennité financière rapidement. Parallèlement, l'opérateur doit préparer son retrait en faisant émerger une équipe de management locale forte. La formation de l'équipe locale recrutée est donc centrale.

   On considère généralement qu'il faut entre 5 et 12 ans à un opérateur pour atteindre le double objectif de rendre une IMF viable sur les plans financier et organisationnel (avec un management local pouvant prendre la relève) ;

▶ *Assistant technique* : l'organisation intervient de façon plus ponctuelle, sur des chantiers spécifiques. Les problématiques abordées peuvent être techniques (systèmes d'information, développement de nouveaux produits) ou plus générales et managériales (appui à une équipe de direction, diagnostic stratégique, appui à la gouvernance).

Ces deux approches ne sont pas exclusives : les organisations spécialisées sont souvent à la fois opérateurs auprès de certaines IMF et assistants techniques pour d'autres. Généralement, le retrait d'un opérateur n'est pas brutal : son rôle glisse de celui d'opérateur à celui d'assistant technique, intervenant de façon plus ponctuelle au fur et à mesure que les besoins de l'IMF évoluent. Par exemple, l'appui à la gouvernance, qui consiste à faire émerger un vrai conseil d'administration local et à animer ses relations avec la direction générale, est typiquement un besoin long qui perdure une fois l'autonomie opérationnelle atteinte. Il demande une intervention de l'organisation spécialisée, certes plus légère, mais sur une durée longue.

Les organisations spécialisées ont souvent un statut légal associatif, hérité du rôle historique des ONG de développement dans l'émergence du secteur de la microfinance. Elles peuvent également prendre la forme de bureaux d'études ou de sociétés de conseil privées.

Les principales organisations spécialisées en France et à l'international

Sans prétendre à l'exhaustivité, les principales organisations spécialisées françaises sont les suivantes :

Nom de l'organisation	Site Internet	Principaux pays d'intervention en microfinance
ACEP Développement	www.acep-cameroun.org www.acepsenegal.com	Sénégal, Madagascar, Cameroun
CIDR (fondateur de PAMIGA)	www.groupecidr.org	Afrique de l'Ouest (Mali, Burkina-Faso, Cameroun) et de l'Est (Éthiopie, Kenya, Tanzanie), Madagascar
CICM	www.cmutuel.com/cicm/default.htm	Centrafrique, Congo, Philippines, Sénégal, Cambodge, Cameroun, Mali
FIDES	www.fidesgroup.org	Algérie, Ghana, Sénégal, Mali, Namibie, Moldavie, Albanie
GRET	www.gret.org	Cambodge, Vietnam, Birmanie, Mauritanie, Madagascar, Comores, Mexique
Horus Development Finance (fondateur de ADVANS)	www.horus-groupe.com	Tous pays
IRAM	www.iram-fr.org	Guinée, Togo, Niger, Madagascar, Mozambique, Comores, Mexique
Entrepreneurs du Monde	www.entrepreneursdumonde.org	Myanmar, Cambodge, Vietnam, Philippines, Inde, Madagascar, Haïti, Ghana, Bénin, Burkina-Faso
PlaNet Finance (fondateur de MICROCRED)	www.planetfinancegroup.org	Tous pays

À l'échelle internationale nous ne listerons que les plus connues, avec leur site Internet.

Nom de l'organisation	Site Internet	Siège	Nombre d'IMF partenaires
ACCION	www.accion.org	USA	35 IMF
CRS	www.catholicrelief.org	USA	36 IMF
Développement international Desjardins (DID)	www.did.qc.ca	Canada	~ 30 IMF
FINCA International	www.villagebanking.org	USA	22 IMF
IPC (Procredit)	www.ipcgmbh.com	Allemagne	22 IMF
LFS	www. lfs-consulting.de	Allemagne	7 IMF
Opportunity	www.opportunity.org	USA	28 IMF
Pro-Mujer	www.promujer.org	USA	5 IMF

ACCION[1]

ACCION est une ONG américaine fondée dans les années 60, avec pour objectif de lutter contre la pauvreté dans les bidonvilles latino-américains. Dès 1973, ACCION a été l'une des premières organisations à lancer des activités de microcrédit, avec un programme dans la ville brésilienne de Recife.

Sur la base de ces premières expériences, l'ONG a développé des programmes de microfinance dans 14 pays d'Amérique latine, avec une méthodologie de prêt à des groupes de 4 à 5 personnes (souvent des commerçants) se portant caution solidaire.

En 1992, ACCION a participé à la création de BancoSol, en Bolivie, première institution de microfinance ayant adopté un statut de banque commerciale, modèle vers lequel l'ensemble des programmes gérés par ACCION allait tendre. Aujourd'hui, 15 IMF du réseau ACCION ont adopté un statut d'institution financière privée et régulée. Au-delà du réseau ACCION, c'est l'ensemble de la microfinance en Amérique latine qui a été influencée par le modèle BancoSol/ACCION.

---

1. Site Internet : « http://www.accion.org ».

À la fin de l'année 2008, le réseau des 35 IMF partenaires d'ACCION couvrait 20 pays (dont 16 pays latino-américains et 3 pays africains) mais aussi 30 villes aux États-Unis. En tout, cela représente 3,6 millions de clients servis et un portefeuille de plus 3,5 milliards de dollars.

Au-delà de son rôle initial d'assistant technique/opérateur, ACCION est devenu un réseau d'appui financier et technique : en plus de mettre à disposition de ses partenaires des services de formation et d'assistance technique « classique », il apporte, à travers des outils d'investissement qu'il a créés, des fonds propres, des garanties de prêts ou des ressources d'urgence.

PlaNet Finance[1]

Le Groupe PlaNet Finance est une organisation internationale dont la mission est de lutter contre la pauvreté en soutenant le développement de la microfinance. Créé par Jacques Attali en 1998, le groupe PlaNet Finance a beaucoup contribué à la médiatisation de la microfinance et à sa connaissance par le grand public et par les décideurs publics et privés.

Le Groupe fournit aux acteurs de la microfinance une gamme de services étendue via des entités indépendantes et spécialisées :

- Planet Rating est une agence de notation en microfinance (voir p. 327, présentation de la méthodologie Girafe) ;

- PlaNIS est l'unité spécialisée dans le conseil aux fonds de microfinance, la structuration et la gestion ;

- MicroCred est une société d'investissement en microfinance ;

- PlaNet Finance Advisory Services propose assistance technique et conseils aux acteurs de la microfinance ;

- PlaNet Guarantee, spécialiste de la microassurance, vise à développer ce type de produits auprès des IMF.

- En France, PlaNet Finance a lancé en 2007 FinanCités, société de capital-risque pour les entrepreneurs situés en zone urbaine sensible.

En particulier, PlaNet Finance Advisory Services est une organisation à but non lucratif. Son expertise au service des différents acteurs de la microfinance (institutions de microfinance (IMF), gouvernements, banques,

---

1. Site Internet : « http://planetfinancegroup.org ».

compagnies d'assurance, fonds d'investissement, réseaux et fédérations d'IMF, et dans le cadre de certains programmes les microentrepreneurs directement) recouvre trois principaux types de métiers :

a) les services de conseil et d'assistance technique en microfinance ;

b) les programmes Microfinance Plus (liant microfinance et programme de développement sociaux en particulier dans les domaines de la santé, l'éducation et l'environnement) ;

c) les programmes d'appui sectoriel en microfinance.

L'évolution du rôle des organisations spécialisées

Les interventions des organisations spécialisées sont souvent, au démarrage, entièrement prises en charge par des subventions de financeurs publics. Ce sont en effet des opérations assez lourdes que des jeunes organisations de microfinance ne peuvent pas financer. La relation entre l'organisation spécialisée et le bailleur de fonds est donc capitale.

Nous allons voir plus loin que le rôle des financeurs publics a évolué dans le temps et que leurs subventions se raréfient. Cette évolution rend plus difficile le démarrage de nouvelles institutions et d'initiatives innovantes, pour lesquelles des subventions restent indispensables.

Par ailleurs, les organisations spécialisées sont confrontées à d'autres facteurs qui les poussent à évoluer dans leurs modes d'intervention et redéfinissent les jeux d'alliances/concurrence avec les autres acteurs :

▶ L'émergence d'une expertise locale en microfinance dans les pays en développement, expertise détenue soit par des cadres désormais bien formés, soit par des ONG locales se spécialisant dans ce secteur ;

▶ L'intérêt croissant des banques, qui apportent également des compétences techniques et financières ;

▶ La nécessité de prévoir très en amont l'institutionnalisation des projets, et de plus en plus sous forme de sociétés à capitaux privés. Cela oblige les organisations spécialisées à constituer très tôt un « tour de table » d'investisseurs, en s'alliant à de nouveaux partenaires privés.

Dans ce contexte, certaines organisations spécialisées ont choisi de devenir actionnaires des institutions qu'elles ont contribué à créer. Comme nous le verrons dans le chapitre 19, quelques acteurs ont même créé à cet usage des outils d'investissement qui leur permettent d'investir dans des IMF, et parfois d'en garder le contrôle.

Le GRET[1] :
l'évolution du mode d'intervention d'un opérateur

Le GRET (Groupe de recherche et d'échanges technologiques), association créée en 1976, est actif en microfinance depuis le début des années quatre-vingt-dix, avec l'objectif d'appuyer ou mettre en place des IMF pérennes. Il intervient soit comme opérateur, soit en appui à des institutions locales, en Asie du Sud-Est, en Afrique et en Amérique centrale. Il mène en parallèle une activité de diffusion d'outils et de documents de référence pour les acteurs francophones (traductions, mise en place du portail Internet http://www.lamicrofinance.org avec ADA, animation de la liste de discussion Espace Finance).

D'opérateur, le GRET a évolué dans ses modes d'intervention pour accompagner des IMF au-delà de leur institutionnalisation. Au Cambodge, après avoir appuyé la transformation d'un projet de crédit en IMF (devenue EMT, puis AMRET), le GRET s'est positionné comme actionnaire majoritaire de cette société cambodgienne de capitaux, à partir de 2000. Le transfert de la capacité de gestion n'étant pas totalement achevé, le GRET a poursuivi son appui technique à l'IMF jusqu'en 2003, tout en présidant le conseil d'administration. Aujourd'hui, le GRET reste actionnaire d'AMRET (20 % des parts) mais n'intervient plus en appui technique et n'assure plus la présidence du CA. Il estime que son rôle est d'accompagner AMRET comme actionnaire minoritaire tant que la gouvernance de l'IMF n'est pas stabilisée. L'ONG joue ce double rôle d'« opérateur-investisseur » également auprès de deux autres IMF, au Mexique (Semisol) et à Madagascar (Mahavotse).

1. Site Internet : http://www.gret.org.

Les réseaux et les portails d'information

Autour des organisations spécialisées qui ont développé un savoir-faire technique et opérationnel, d'autres organismes se sont créés avec l'objectif de faire circuler l'information, de diffuser les meilleures pratiques et de rendre le secteur plus transparent.

Les réseaux d'institutions de microfinance

Un premier type de réseau regroupe des IMF créées ou appuyées par une même organisation spécialisée. Ces institutions utilisent en général des outils très proches (méthodologie, système d'information…). Elles ont bénéficié de l'appui des mêmes experts. Elles tissent des liens informels et échangent leurs expériences. Par exemple, les membres du management d'une IMF en création par une organisation spécialisée peuvent se former auprès d'autres IMF de ce réseau.

Ces réseaux peuvent se formaliser sous la forme d'association. C'est le cas, par exemple, des IMF créées par ACCION (voir encadré page 262).

Au niveau français, PAMIGA[1] a été créée par le CIDR pour soutenir le développement d'IMF africaines (28 membres à ce jour).

Les réseaux « géographiques » constituent le deuxième type de réseaux. Ils regroupent les institutions d'un même pays ou d'une même région. Au niveau d'un pays, il s'agit d'associations professionnelles, généralement soutenues à leur création par des bailleurs de fonds, avec l'idée de faire émerger un cadre favorable au développement de la microfinance. Elles jouent un rôle classique d'échanges, de capitalisation, de représentation du secteur face aux pouvoirs publics et, dans certains cas, de formation.

Des réseaux d'un troisième type regroupent des IMF partageant la même philosophie, la même cible ou la même méthodologie : par exemple, la microfinance en milieu rural, la microfinance comme outil d'émancipation des femmes, ou les institutions issues de la méthode Grameen. Ces réseaux cooptent leurs membres et alimentent les

---

1. Site Internet : « http://www.pamiga.org ».
    PAMIGA (Groupe Microfinance Participative pour l'Afrique) propose trois services aux IMF,
    Réseau, Conseil et Fonds.

réflexions autour des thèmes qui les fédèrent. Le réseau Women's World Banking présenté dans l'encadré ci-dessous en est un exemple emblématique.

Women's World Banking[1]

Women's World Banking (WWB) est une organisation qui a vu le jour dans la fin des années soixante-dix avec l'objectif de promouvoir l'accès aux services financiers pour les femmes pauvres.

L'organisation, basée à New York, compte aujourd'hui une trentaine de salariés. Le principal levier d'action de WWB est un réseau d'une quarantaine d'IMF cooptées, réparties dans une vingtaine de pays. Les critères de sélection comprennent des éléments de performance financière et institutionnelle, mais aussi des données sur la représentation des femmes dans la clientèle et dans la gouvernance de l'IMF. En devenant membres du réseau, les IMF s'engagent à envoyer un *reporting* régulier permettant de mesurer dans le temps la performance de l'IMF sur ces critères de sélection.

Les IMF membres de WWB bénéficient de l'appui du réseau sur deux plans :

• Sur le plan technique, WWB apporte une assistance en fonction des besoins exprimés par l'IMF membre. Cela peut aller de l'appui conseil dans le cadre d'un changement de système d'information, à l'envoi d'un assistant technique pour accompagner la transformation institutionnelle d'une IMF ;

• Sur le plan financier, WWB a pour objectif d'aider ses affiliés à capter des ressources. Cet appui peut être direct, *via* un fonds destiné à garantir des prêts de banques locales aux IMF membres. Ce soutien financier se fait également de façon indirecte, à travers la création d'outils ou d'événements destinés à faciliter les contacts entre les membres et les organismes prêteurs.

WWB est principalement financée par des subventions de financeurs publics ou de fondations privées.

---

1. Site Internet : « http://www.swwb.org ».

Notons au passage que beaucoup de ces réseaux, à l'image de ce que fait WWB, offrent à leurs membres des prestations d'assistance technique et pourraient, à ce titre également, être considérés comme des organisations spécialisées (décrites plus haut).

Enfin, il faut évoquer un quatrième type de réseaux : ceux qui ne regroupent pas des IMF, mais d'autres intervenants du secteur. Il existe ainsi des réseaux regroupant des organisations spécialisées. C'est le cas de CERISE en France (voir ci-après) ou encore du réseau Small Entreprise Education and Promotion (SEEP[1]) qui regroupe plus de 70 organisations de tous pays intervenant dans le champ de l'appui à la micro-entreprise et à la microfinance dans les pays en développement.

CERISE, réseau français d'organisations spécialisées

Initié en 1998, CERISE (Comité d'échange, de réflexion et d'information sur les systèmes d'épargne-crédit) regroupe trois des principales organisations spécialisées françaises : le CIDR, le GRET et l'IRAM, et deux partenaires de recherche, le CIRAD et le CNEARC. Il s'agit d'une plate-forme commune de capitalisation, d'échange d'expériences, de proposition et d'information sur la microfinance.

CERISE a par exemple coordonné des « revues croisées » entre ses membres : les activités de microfinance de chacune des organisations ont été analysées et évaluées par une équipe constituée de professionnels des autres organisations membres.

En matière de capitalisation des connaissances et de recherche, CERISE a publié des études et articles qui sont devenus des références[2] – et dont un grand nombre sont mentionnés dans ce livre. Ses thèmes de recherche ont notamment porté sur :

• La mesure de l'impact et les performances sociales ;

• La gouvernance et la viabilité sociale des IMF ;

• Le financement de l'agriculture.

---

1. Site Internet : « http://www.seepnetwork.org ».
2. Ces publications sont accessibles sur le site Internet de l'organisation (http://www.cerise-microfinance.org).

Les portails d'information

Depuis le milieu des années 1990, un effort substantiel a été fait pour faire circuler l'information au sein du secteur de la microfinance, notamment par la mise en place de plates-formes d'information accessibles par Internet.

Le tableau ci-dessous reprend les principaux sites disponibles aujourd'hui sur le secteur.

www.microfinancegateway.org	Le site de référence (en anglais), créé par le CGAP. Il inclut une bibliothèque virtuelle de documents de référence du secteur pour la plupart en ligne (étude de cas, articles de recherche, notes d'orientation du CGAP), des dossiers thématiques, des outils (grille d'analyse d'une IMF ou « Comment fixer son taux d'intérêt »), des groupes de discussion et contacts (organisations, consultants).
www.lamicrofinance.org	Le portail francophone de la microfinance a été lancé en 2005 sur le même modèle que le Microfinance Gateway, à l'initiative du GRET, de l'ONG luxembourgeoise ADA et du CGAP. Il offre un large accès aux références francophones disponibles. Des « dossiers thématiques » proposent des synthèses et analyses par grand sujet (le financement agricole, la diversification des produits, etc.).
www.microfinance.lu	Site créé et animé par ADA. Contient notamment un centre de documentation virtuel complet.
www.cerise-microfinance.org	Le site de CERISE (voir plus haut) offre un accès aux travaux de capitalisation et de recherche réalisés dans le cadre du réseau.
www.mixmarket.org	Ce site donne accès à un grand nombre de données du secteur (résultats financiers des IMF, comparatifs par pays, région…) et permet des échanges entre les institutions de microfinance à la recherche de financement et les fonds d'investissement spécialisés. À fin juin 2009, le Mix Market regroupe le profil de plus de 1 400 IMF et de plus de 100 fonds spécialisés.

Citons également Espace Finance[1], liste de diffusion sur Internet, qui regroupe plus de 600 acteurs francophones de la microfinance. Animée par les organisations spécialisées GRET et CIRAD, elle

1. « http://microfinancement.cirad.fr/fr/forum/echanges.shtml ».

publie notamment une fois par semaine le *Bulletin d'Information du Mardi* (BIM). Ces courts articles présentent une synthèse et des références sur un thème, suscitant des réactions, discussions et compléments d'information.

Chapitre 16

Le rôle de l'État

Dans chaque pays, l'État joue un rôle décisif dans le développement du secteur de la microfinance. C'est en effet l'État qui détermine le cadre légal et fiscal de la pratique de la microfinance, dont on a vu l'importance pour assurer la viabilité d'une IMF. Certains éléments de la politique financière de l'État, comme la fixation du taux d'usure (taux maximal pouvant être facturé par une institution financière) ou la définition de politiques publiques sectorielles (lutte contre la pauvreté, politique agricole…), peuvent avoir un impact important pour les IMF. Dans certains pays, l'État joue même un rôle plus direct en participant au refinancement des institutions de microfinance ou en créant un programme de crédit à destination des plus pauvres.

Réglementation et supervision

Pourquoi et comment réguler le secteur financier ?

L'État réglemente et supervise le secteur financier avec essentiellement deux objectifs :

▶ **La prévention des risques de faillite systémique** : les institutions financières d'un pays sont généralement assez dépendantes les unes des autres et les risques de faillites en chaîne peuvent être importants. Conformément à ces objectifs, **les activités d'intermédiation** financière (collecte d'épargne, octroi de crédits) **sont dans tous les pays systématiquement régulées et supervisées** par un organisme de contrôle public.

Les réglementations conditionnent la pratique de certaines activités, surtout la collecte de l'épargne, à l'obtention de licences accordées par l'autorité de supervision – généralement, la banque centrale. L'obtention de ces licences implique le respect et le maintien de conditions financières (capital minimum, ratios financiers à respecter, dits prudentiels), institutionnelles (statut juridique, structure du capital) et organisationnelles.

Les institutions régulées sont soumises à la supervision des autorités de tutelle. Ces dernières s'assurent du maintien des conditions d'obtention de la licence grâce à des *reportings* financiers transmis par les institutions financières, validés par des audits réguliers.

▶ **La protection des épargnants** : par nature, celui qui place son épargne auprès d'une institution financière prend un certain risque : celui de ne pas la récupérer, dans le cas où cette institution serait momentanément privée de liquidités ou, à l'extrême, ferait faillite. Sans compter les cas de fraude où des salariés disparaissent tout simplement avec l'épargne collectée…

Récemment, un objectif plus large de « protection des consommateurs » contre les abus possibles des IMF (vente forcée, manque de transparence sur les taux, dérives dans le recouvrement des impayés) a pris de l'importance dans le secteur. Un nombre croissant d'États cherchent à adopter des mesures réglementaires portant notamment sur la transparence des taux (par exemple, la loi de 2002 en Afrique Centrale impose la mention de taux effectifs dans les contrats de prêts).

Réglementer le secteur de la microfinance

Dans beaucoup de pays, **la microfinance s'est d'abord développée à l'initiative d'acteurs informels ou d'ONG, en dehors de toute régulation bancaire officielle.** Après une longue période de développement « spontané », plus ou moins bien toléré par l'État, la question de la réglementation de la microfinance finit par se poser, souvent à la demande des acteurs du secteur eux-mêmes (IMF ou financeurs publics).

La question de savoir *quand* l'État doit intervenir et réglementer le secteur de la microfinance est essentielle. Imposer un cadre légal trop tôt peut « tuer » l'initiative par les lourdeurs inhérentes à la réglementation, ou en imposant un statut juridique contraignant. Intervenir trop tard peut aussi freiner le secteur en rendant difficile, même pour des IMF performantes mais non régulées, l'accès à certains types de financements comme la collecte de l'épargne ou l'emprunt auprès de banques.

Pour l'État, la supervision des activités de microfinance est par ailleurs difficile et coûteuse. Les IMF sont en général nombreuses et de petite taille. Leur portefeuille est très éclaté, et la nature informelle des clients rend difficile la mesure de la qualité du portefeuille. Ainsi, aux Philippines, en 1997, les 824 banques rurales relevant de la microfinance représentaient 2 % seulement des actifs gérés par le système bancaire, mais 83 % du nombre d'institutions sous tutelle de la Banque centrale[1].

On distingue généralement, de la part des États, deux approches de la réglementation du secteur de la microfinance : les réglementations par le statut et les réglementations par l'activité.

Les réglementations « par le statut »

Dans cette approche, aucune réglementation spécifique ne vise le « secteur de la microfinance » en tant que tel. En revanche, l'État réglemente les activités financières pouvant être conduites par les établissements financiers et bancaires en fonction de leur statut juridique (société à capitaux privés, association, mutuelle…). Ce type de réglementation impose généralement des conditions d'exercice d'activité très contraignantes et lourdes pour les sociétés à capitaux privés, qui par défaut sont soumises à la loi bancaire classique. Les conditions d'exercice sont souvent beaucoup plus souples pour les institutions à statut associatif ou mutualiste : capital minimum nettement inférieur, supervision allégée, fiscalité avantageuse. Les activités autorisées sont alors plus limitées mais suffisent largement pour l'exercice d'activités basiques de microfinance. Ce type de réglementation crée donc pour les IMF **un véritable appel d'air vers les statuts « privilégiés »**, bénéficiant de conditions d'exercice plus souples ou d'avantages fiscaux.

---

1. Robert Peck Christen et Richard Rosenberg, *Regulating microfinance. The Options,* décembre 2000.

La loi Parmec[1]

L'exemple emblématique d'une réglementation par le statut a longtemps été la loi Parmec, concernant les pays membres de l'Union économique et monétaire d'Afrique de l'Ouest – UEMOA (Bénin, Burkina-Faso, Côte d'Ivoire, Guinée Bissau, Mali, Niger, Sénégal et Togo).

La loi Parmec (plus précisément « *loi portant réglementation des institutions mutualistes ou coopératives d'épargne et de crédit* ») avait été adoptée en 1993 avec l'objectif d'accompagner et réglementer le secteur des coopératives d'épargne-crédit, alors en plein essor :

- Elle réglementait l'organisation, la gouvernance et le fonctionnement des institutions et réseaux mutualistes ;

- Elle donnait un cadre de supervision simple et léger sous la tutelle du ministère des Finances et de la Banque Centrale ;

- Elle prévoyait des dispositions fiscales très avantageuses puisque les institutions mutualistes étaient « *exonérées de tout impôt direct ou indirect, taxe ou droit afférents à leurs opérations de collecte de l'épargne et de distribution du crédit* ».

Elle offrait donc un cadre très favorable au développement des établissements financiers à statut mutualiste. Elle évoquait aussi le cas des institutions financières n'ayant pas un statut coopératif ou mutualiste en précisant qu'elles sont régies soit par la réglementation bancaire classique, soit par une convention particulière d'une durée maximale de cinq ans, signée et négociée avec le ministère des Finances.

Concrètement, une institution exerçant des activités de microfinance avait donc les alternatives suivantes :

- Adopter un statut mutualiste ou coopératif sous le régime avantageux de la loi Parmec.

- Adopter un autre statut juridique (association ou société à capitaux privés) et choisir une des deux options suivantes :

  - Se soumettre à la loi bancaire dont les exigences financières et modalités de supervision sont beaucoup trop lourdes pour des activités de microfinance ;

---

1. Le texte de la loi Parmec est consultable sur le site Internet de la Banque centrale des États d'Afrique de l'Ouest (BCEAO), à l'adresse suivante : http://www.bceao.int/internet/bcweb.nsf/pages/inte2b.

- Négocier avec le ministère une convention dérogatoire d'une durée de cinq ans. La renégociation de la convention à l'échéance n'était pas acquise ; cette incertitude était difficile à assumer pour une IMF pérenne se projetant sur le long terme.

Une nouvelle loi en cours d'adoption dans les pays de l'UEMOA en 2009, englobant l'ensemble des IMF présentes dans la sous-région. À la différence de la loi Parmec, elle offre un agrément unique aux IMF quel que soit leur statut.

La réglementation par le statut semble avoir **deux effets pervers** :

▷ Bien évidemment, elle **freine le développement de modèles alternatifs** (au modèle mutualiste, dans le cas de la loi Parmec). Elle empêche notamment certaines IMF qui le souhaitent d'adopter le statut de société à capitaux privés, qui leur permettrait pourtant de lever des ressources financières plus facilement (en dette ou en capital) ;

▷ D'autre part, ce type de réglementation impose de fait aux IMF une évolution vers le statut mutualiste, même si leur activité ou leur gouvernance n'est pas fondamentalement « d'essence coopérative », les clients n'étant pas réellement impliqués dans la gestion de l'IMF. À terme, cela implique pour ces IMF de sérieux **problèmes de gouvernance**, mettant en cause leur viabilité.

C'est d'ailleurs le constat de l'inadaptation de la loi Parmec aux enjeux du secteur qui a conduit la BCEAO, à partir de 2005, à s'engager dans un processus de révision du cadre légal de l'UEMOA en microfinance, en concertation avec les principaux acteurs du secteur.

Les réglementations spécifiques au secteur de la microfinance

Un nombre croissant d'États, considérant la microfinance comme un secteur à part entière, adaptent leur législation pour permettre son développement.

Certains amendent leur loi bancaire, en créant des conditions d'agréments plus souples pour les IMF. D'autres adoptent une réglementation spécifique. Dans les deux cas, l'approche est alors *sectorielle* : **une IMF est définie par le type de services financiers qu'elle propose, et non par son statut juridique.**

Au Cambodge, la mise en place lente et concertée d'un cadre réglementaire souple

Au Cambodge, la microfinance a été lancée par des ONG au tout début des années quatre-vingt-dix et a connu un développement rapide, avec notamment l'émergence d'institutions pérennes (dont AMRET). Ce développement rapide a été incontestablement encouragé par une politique de « laisser-faire » du gouvernement. Ce dernier n'a jamais remis en cause la libre fixation des taux d'intérêt – permettant aux institutions de couvrir leurs coûts rapidement –, ni mis en place précocement de réglementation contraignante.

La définition d'un cadre réglementaire a fait l'objet d'un réel processus de discussions entre l'État et les principaux bailleurs de fonds et acteurs du secteur, à partir de 1995.

La nouvelle loi bancaire votée par les députés en 1999 a prévu un régime dérogatoire pour les IMF, réglementées par un décret spécifique pris par la Banque nationale. Ce décret, voté en 2000, fixe les normes prudentielles, les limitations d'activité et les conditions de supervision de la microfinance. Celles-ci sont beaucoup moins contraignantes que pour les banques (par exemple, capital minimum de 28 millions d'euros pour les banques commerciales et de 60 000 euros pour les IMF). Les autorités ont ensuite laissé aux IMF une période d'adaptation assez longue pour se conformer aux conditions fixées par la nouvelle réglementation.

Plus récemment, une licence spécifique de « Microfinance Deposit Taking Institution » a été créée pour permettre aux plus grosses IMF de collecter l'épargne sans devoir pour autant accéder au statut de banque.

En juin 2009, 19 IMF sont sous licence de la Banque nationale du Cambodge.

Fiscalité des IMF

L'État joue également un rôle important dans l'orientation du secteur par la fiscalité appliquée aux institutions de microfinance.

Deux points peuvent être soulignés en particulier :

▸ De façon générale, l'application de la TVA sur les intérêts collectés par les IMF est pénalisante pour le secteur de la microfinance. En effet, la clientèle de la microfinance, très majoritairement informelle, ne peut récupérer cette TVA. C'est donc sur les clients des IMF que porte le poids de cette taxe quand elle est appliquée ;

▶ Dans de nombreux pays, la fiscalité dépend du statut juridique choisi. Les institutions à statut mutualiste ou associatif sont généralement considérées comme des organisations à objectif « non lucratif ». Elles sont donc traditionnellement moins fiscalisées que les sociétés à capitaux privés, créant ainsi des distorsions de concurrence qui peuvent être importantes.

Ainsi, en Afrique de l'Ouest, dans la zone UEMOA, les mutuelles sont non seulement exonérées d'impôts sur les bénéfices, mais également de TVA sur les intérêts (ce point a été maintenu dans la nouvelle loi en cours d'adoption). Les sociétés à capitaux privés sont tenues en revanche de facturer à leurs clients une taxe sur les intérêts, variant de 10 % à 20 % selon les pays.

Enfin, il faut une période assez longue (cinq à dix ans, parfois plus) pour qu'une IMF puisse parvenir à l'équilibre financier. Pour appuyer le développement du secteur de la microfinance, il serait donc souhaitable que, dans l'intervalle, une IMF puisse être exonérée de toute fiscalité, ou du moins bénéficier d'une fiscalité allégée. Dans beaucoup de pays, c'est loin d'être le cas : au Mexique, une institution de microfinance, quel que soit son statut juridique, est taxée à hauteur de 34 % sur les subventions reçues de l'étranger, rendant difficile l'intervention de financeurs publics – pourtant décisive au démarrage d'une institution.

Plafonnement des taux d'intérêt

Certains États contrôlent les taux d'intérêt pratiqués par les établissements financiers en imposant un plafonnement des taux d'intérêt. Le taux maximum autorisé est appelé communément le « taux d'usure ». Ces mesures partent en général d'une bonne intention : il s'agit de favoriser l'accès des pauvres au crédit, en limitant le coût de l'endettement pour eux. Mais il est aujourd'hui largement reconnu qu'elles ont en réalité des effets contre-productifs[1].

---

1. Pour connaître l'exemple éclairant du Vietnam, voir A.C. Creusot et Q. Tran Thi Thanh, *La microfinance a-t-elle encore sa place lorsque l'offre publique de crédit s'étend ?*, Coopérer aujourd'hui n° 33 , GRET, 2003 (http://www.gret.org/ressource/pdf/cooperer33.pdf)

▶ **Frein au développement des IMF et réduction de l'accès au crédit des plus pauvres** : le plafonnement des taux d'intérêt à un niveau trop bas ralentit fortement le développement des IMF qui peinent à couvrir leurs coûts. De plus, il induit presque toujours un abandon, par ces IMF, des clientèles les plus pauvres et des zones les plus enclavées, par souci de rentabilité. Le schéma ci-dessous, repris d'une étude du CGAP[1], montre clairement l'impact négatif d'un plafonnement des taux en termes d'accès au crédit.

Taux de pénétration du marché par la microfinance dans des pays qui plafonnent et dans des pays qui ne plafonnent pas les taux d'intérêt, 2004

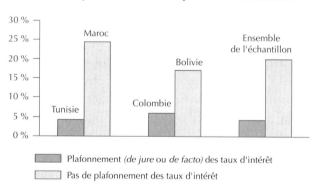

Comparaison des taux de pénétration du marché

▶ **Dégradation de la transparence des conditions de prêts** : le plafonnement des taux d'intérêt incite généralement les IMF à compenser une partie de leur manque à gagner par la mise en place de charges et commissions qui masquent le coût réel du crédit. Cette perte de transparence rend la mise en concurrence entre différentes institutions plus difficile et, à terme, ralentit la baisse des taux d'intérêt théoriquement alimentée par cette concurrence.

Ainsi, au Nicaragua où le taux d'usure était fixé à moins de 8 % en janvier 2004, les deux tiers des revenus des IMF proviennent de commissions liées à l'octroi du crédit ! Pour un client, cela rend presque impossible la comparaison du coût réel du crédit entre différentes institutions, car chacune calcule ces commissions différemment.

---

1. Brigit Helms et Xavier Reille, Étude spéciale n° 9, « Le plafonnement des taux d'intérêt en microfinance : qu'en est-il à présent ? » CGAP, septembre 2004 (http://www.cgap.org/gm/document-1.9.2652/OccasionalPaper_09_fr.pdf).

Refinancement, politique sectorielle ou intervention directe

Certains États interviennent également dans le secteur par la mise en place de politiques sectorielles spécifiques à la microfinance. Ils peuvent aussi être tentés par une intervention directe (offre de crédit gérée par des agences de l'État ou des banques publiques), ou par une politique incitative à l'égard des IMF (subventions, incitations fiscales) visant à cibler certaines populations ou secteurs d'activité.

L'appui à des stratégies sectorielles de microfinance

Face à des IMF en croissance rapide, et manifestement fragiles, les gouvernements sont de plus en plus sensibilisés à la nécessité de soutenir le secteur de la microfinance, mais aussi de le réguler, de le sécuriser et de le contrôler. Cette préoccupation a conduit à la définition de « politiques nationales de microfinance » mises en œuvre soit dans le cadre de programmes d'appui sectoriel spécifiques, soit comme des volets de programmes plus généraux de lutte contre la pauvreté. Cette démarche est en démarrage ou en cours de mise en œuvre dans de nombreux pays, principalement en Afrique (Niger, Burkina-Faso, Mali, Mauritanie, Cameroun, Madagascar…). Les objectifs généraux sont de **structurer et sécuriser le secteur** (notamment par l'émergence d'associations professionnelles), d'améliorer **l'articulation entre secteur de la microfinance et marché financier formel** et de favoriser le refinancement des IMF (par exemple, en mettant en place une structure *ad hoc*).

Pour définir dans un pays une véritable « stratégie nationale de microfinance », il faut que tous les acteurs nationaux (État, IMF, organisations spécialisées) et internationaux (financeurs publics) se coordonnent. De ce fait, la mise en place d'une stratégie réellement efficace est **toujours longue et complexe**.

Par ailleurs, une stratégie nationale de microfinance n'est efficace que si elle est **prise en compte dans la politique globale du pays**, et notamment si elle s'articule avec les autres grandes politiques nationales, en particulier les politiques de lutte contre la pauvreté. Un problème récurrent en finance rurale est par exemple l'articulation entre les politiques de financement (et spécifiquement la microfinance) et les politiques agricoles. Il y a souvent des cloisonnements entre ces deux dimensions des politiques publiques, débouchant parfois sur des malentendus (par exemple, « la microfinance ne peut pas financer l'agriculture ») ou sur des conflits (en particulier, sur les taux d'intérêt).

L'intervention directe

L'État peut souhaiter intervenir directement en microfinance dans le but, par exemple, d'accélérer une politique de lutte contre la pauvreté. **La création de programmes directement gérés par l'État est le plus souvent déconseillée**, au vu d'un long historique d'échecs dans ce domaine. Les raisons de ces échecs sont en général les suivantes :

▶ La tentation est forte pour un gouvernement d'utiliser les programmes de microfinance pour améliorer sa popularité, particulièrement dans les contextes préélectoraux. Les décisions de gestion essentielles comme la fixation du taux d'intérêt, le ciblage des clients ou les décisions d'octrois peuvent être soumises à des pressions fortes et contradictoires avec les pratiques nécessaires à la pérennité financière du programme ;

▶ Dans de nombreux cas, les taux d'intérêt pratiqués par les programmes étatiques sont insuffisants pour permettre un équilibre financier ; ce choix, souvent dicté par la volonté de toucher les pauvres, aboutit donc à une offre non pérenne. Plus grave, elle met en danger la pérennité des IMF préexistantes ;

▶ Le remboursement des crédits octroyés par l'État est considéré dans beaucoup de pays comme facultatif. Cela est particulièrement le cas des vagues d'octroi soudaines avant les élections.

Il existe aussi quelques cas de réussite de programmes de microfinance menés par des banques publiques, principalement en Asie. L'encadré ci-après reprend l'un des exemples les plus connus.

La Bank Rakyat Indonesia (BRI)[1]

La Bank Rakyat Indonesia gère un portefeuille de prêts de 2 milliards de dollars et compte 30 millions d'épargnants en Indonésie (ce qui en fait la première IMF au monde, en volume). C'est un exemple célèbre à la fois en raison des erreurs « classiques » commises dans les années soixante-dix par l'État, puis du spectaculaire redressement effectué à partir du milieu des années quatre-vingt.

Les agences BRI ont été créées en 1970 dans le cadre d'un programme d'intensification de la riziculture mis en place par le gouvernement indonésien. Le rôle principal des agences consistait à distribuer le crédit subventionné aux riziculteurs. Si la partie agricole a été un succès relatif, le volet crédit s'est soldé par un échec retentissant, pour plusieurs raisons :

- Les termes, conditions et plafonds des prêts étaient imposés par le gouvernement. La réglementation gouvernementale stipulait par exemple que les emprunteurs devaient payer un taux d'intérêt (subventionné) de 12 % sur les crédits, tandis que l'épargne devait être rémunérée à 15 % !

- Les emprunteurs étaient sélectionnés par des comités dépendant du gouvernement, mais c'est à la BRI que revenait la responsabilité du recouvrement. Dans la pratique, les prêts subventionnés profitaient surtout aux élites rurales et encourageaient la corruption et le népotisme ;

- Le management de la banque était approximatif, avec notamment très peu de suivi décentralisé (pas de calcul de rentabilité des agences) et un personnel mal formé, peu motivé et mal supervisé.

Au début des années quatre-vingt, beaucoup étaient d'avis de fermer les agences mais il fut finalement décidé d'utiliser l'infrastructure mise en place pour développer une IMF commerciale.

En 1983, une réforme autorisa notamment les banques d'État à fixer leurs propres taux d'intérêt sur la plupart des produits de prêt et de dépôt. Par ailleurs, le gouvernement annonça que le financement des agences BRI serait assuré pendant deux ans et qu'au-delà, celles qui n'auraient pas démontré leur potentiel de rentabilité seraient fermées.

---

1. Marguerite S. Robinson, *The Microfinance Revolution : Sustainable Finance for the Poor,* Banque mondiale, 2001.

Le programme de crédit subventionné fut maintenu mais à une échelle beaucoup plus restreinte, les agences se concentrant sur l'octroi de microcrédits commerciaux. Ces réformes radicales s'accompagnèrent d'un fort investissement managérial sur le changement de culture de la banque, fondé sur la professionnalisation et la responsabilisation des agences. Des efforts particuliers furent réalisés pour mettre en place un système d'information performant et décentralisé, permettant de transformer ces agences en centres de profit indépendants.

Les résultats de cette transformation ont été spectaculaires : la rentabilité financière a été atteinte dès 1986. Dans le même temps, l'encours de prêts gérés a été multiplié par sept entre 1984 et 1990 (727 millions de dollars), pour atteindre 2 milliards de dollars en 2004.

Chapitre 17

Les financeurs publics

La question du financement est centrale pour une IMF : au démarrage de l'activité, pour financer les appuis nécessaires à la mise en place de l'institution, puis tout au long de son développement, pour financer une croissance souvent rapide et très consommatrice de ressources financières. L'épargne collectée par les IMF joue bien sûr un rôle réel dans ce financement : les clients sont des financeurs clés pour les IMF. Une étude de 2005 estimait ainsi que l'épargne représente en moyenne 15 à 20% des ressources des IMF[1]. Les autres ressources sont externes, locales ou internationales.

Les financements externes d'une IMF peuvent être de trois types : (i) des subventions ou (ii) des prêts à taux concessionnels (inférieurs aux taux du marché), (iii) des financements à vocation commerciale.

Les trois chapitres à venir (17 à 19) ont pour objectif de présenter les principaux financeurs de la microfinance : financeurs publics (chapitre 17), banques (18), fonds de financement spécialisés et nouveaux acteurs privés de plus en plus nombreux et divers (19).

Il y a bien sûr des liens entre ces différents groupes d'acteurs, et en particulier entre financeurs publics et investisseurs privés. Les multiples financeurs actuels de la microfinance s'allient souvent pour proposer des types de financements complémentaires, voire une gamme d'instruments financiers allant de la subvention aux financements commerciaux.

---

1. MicroBanking Bulletin n° 11, août 2005 (http://www.mixmbb.org/en/mbb_issues/11/MBB11.pdf).

Historiquement, les financeurs publics ont joué un rôle central dans l'émergence, le développement et les orientations de la microfinance, notamment au cours de la période charnière des années 90. Aujourd'hui, si leur place est toujours centrale, l'arrivée de nouveaux financeurs conduit à une redéfinition des rôles.

Qui sont les financeurs publics ?

▶ **Les donateurs publics** : Certains États mettent en place au sein de leur administration des structures de financement de l'aide au développement. On parle alors de coopération bilatérale, ou donateurs publics bilatéraux. L'Agence Française de Développement (AFD) pour la France ou US Agency for International Development (USAID) pour les États-Unis sont des exemples de ces agences de développement créées par les pays du nord. D'autres donateurs publics sont multilatéraux : il s'agit d'organisations regroupant plusieurs pays, à un niveau régional (Banque Asiatique de Développement, Banque Africaine de Développement, Banque Interaméricaine de Développement) ou global, comme la Banque Mondiale et les agences des Nations Unies (BIT[1], FENU[2]...).

L'Agence Française de Développement et les financements publics français en microfinance

L'AFD est l'agence publique chargée de mettre en œuvre la coopération française dans les pays en développement. L'AFD a accordé depuis 1988 près de 300 millions d'euros à une soixantaine de projets de microfinance, pour la moitié sous forme de subventions, et pour l'autre moitié sous forme de prêts ou de garanties. Les principales zones concernées par ces financements sont l'Afrique sub-saharienne, le Maghreb, l'Asie du Sud-Est et la zone Caraïbes.

La stratégie de l'AFD consiste d'une part à renforcer les capacités des gouvernements, des banques centrales ainsi que l'environnement réglementaire et juridique (y compris associations professionnelles,

---

1. Bureau International du Travail.
2. Fonds d'Equipement des Nations Unies.

auditeurs), et d'autre part à soutenir directement les IMF par des instruments financiers innovants (accès aux financements en monnaie locale, garanties) et des appuis techniques ciblés (systèmes de gestion et nouvelles technologies, services aux clients migrants).

Si le principal instrument financier a été la subvention jusqu'en 2001, les formes d'intervention sont devenues aujourd'hui très variées selon les contextes des pays, les types d'IMF (rurale ou urbaine, en création ou en cours d'autonomisation) et la nature des besoins (innovation ou croissance).

Aujourd'hui l'AFD dispose de plusieurs types d'instruments financiers :

- la subvention pour le renforcement de capacités et les opérations les plus risquées ;
- le prêt, plus ou moins bonifié selon les cas, en monnaie locale ou en devise ;
- la garantie permettant à des IMF d'emprunter auprès des banques locales des montants allant jusqu'à plusieurs millions d'euros ;
- des investissements en fonds propres, soit par l'AFD elle-même, soit par le biais de Proparco, sa filiale dédiée au financement du secteur privé.

▶ **Les investisseurs publics** sont les organismes créés par les donateurs publics bilatéraux ou multilatéraux pour intervenir de façon « privée », en prêtant ou investissant à des taux commerciaux (non concessionnels) : la SFI[1] créée par la Banque mondiale ou la KFW (Allemagne) en sont des exemples. Avec un portefeuille de plus de 5 milliards de USD investis en microfinance, ces acteurs ont acquis un rôle très important dans le financement du secteur.

Un rôle en évolution…

Les financeurs publics peuvent jouer un rôle dans le secteur à trois niveaux distincts (tableau page suivante) :

Historiquement, les financeurs publics (bilatéraux et multilatéraux) ont joué un rôle essentiel au niveau « micro », c'est-à-dire au niveau de l'émergence et de l'accompagnement des IMF. Toutes les institutions

---

1. Société Financière Internationale.

Niveau	Cible et objectifs	Exemples d'intervention	Outils
Les IMF (niveau micro)	Faire émerger et accompagner le développement d'IMF	Financer l'assistance technique au démarrage ou à des moments critiques de la croissance de l'IMF	Subventions
		Financer la croissance de l'institution	Prêts, garanties et plus rarement subventions
Le secteur (niveau méso)	Donner les moyens aux IMF de se développer en renforçant les infrastructures financières	Appuyer la création de fonds de financement spécialisés et les financer	Prêts, garanties ou investissement en capital
		Créer une centrale de risques	Subventions à un assistant technique
L'environnement (niveau macro)	Mettre en place un environnement propice au développement du secteur	Faire évoluer le cadre réglementaire et légal, appuyer la mise en place de « politiques sectorielles » incluant offre de formation, renforcer des associations professionnelles, etc.	Assistance technique directe Lobbying Subventions ponctuelles (ex. associations profess-sionnelles

aujourd'hui matures ont bénéficié, à leur démarrage et au cours de leur développement, de l'appui de financeurs publics. Pendant longtemps le schéma « classique » du développement d'une IMF était le suivant :

- Au démarrage, le coût de l'assistance technique est pris en charge par un financeur public, par subvention ;
- Tant que l'IMF n'est pas viable, des subventions viennent compenser ses pertes ;
- Le financement de la croissance du portefeuille de crédit peut être également l'objet de financements : soit par subventions, soit par prêts à taux concessionnels.

Ce scénario est toujours très présent. Cependant, le rôle des financeurs publics a changé au fur et à mesure de l'évolution du secteur de la microfinance.

Des appuis financiers à des conditions plus « commerciales »

L'appui en subvention aux IMF existantes est aujourd'hui devenu plus rare de la part des financeurs publics. De plus en plus souvent, le financeur exige, pour apporter une subvention, des engagements explicites de l'IMF sur leur utilisation, et un cofinancement de la part de l'IMF ou de ses investisseurs privés, comme par exemple la prise en charge d'une part des frais de formation.

Les financeurs publics privilégient aujourd'hui des modes d'intervention très diversifiés autres que les subventions : prêts aux IMF, participations à des fonds d'investissement spécialisés (voir chapitre 19), garanties pour l'obtention de prêts auprès de banques locales ou garanties d'émission obligataire. S'ils permettent de lever des montants plus importants, ces instruments sont par nature réservés à des institutions ayant déjà atteint un certain degré de maturité ; ils tendent à exclure les plus petites institutions.

Ces tendances contribuent à gommer les frontières entre fonds subventionnés et fonds commerciaux.

La création de nouvelles IMF

Accompagner des IMF existantes, mais limitées dans leur développement en raison de problèmes de gouvernance, de défaillances managériales ou de fonds propres insuffisants, est considéré comme complexe et risqué par les financeurs. Aussi a-t-on pu voir ces dernières années une tendance à préférer l'appui à la création de nouvelles IMF, qui en général répliquent les schémas d'IMF créées dans d'autres pays avec l'assistance d'organisations d'appui reconnues des financeurs. Ces IMF (dites « greenfields ») ciblent principalement une clientèle de microentrepreneurs et de très petites entreprises urbaines, permettant une viabilisation rapide ; elles s'appuient généralement sur un réseau, contrôlé par une holding commune (voir page 320).

Une prise de risque plus limitée

La microfinance a fait de gros efforts (encouragés notamment par le CGAP, voir plus bas) pour définir de vrais indicateurs d'efficacité et de qualité. Il est assez aisé aujourd'hui de suivre la performance d'une IMF par des indicateurs très clairs, comme la qualité des remboursements ; des agences de notations évaluent les IMF, des bases de données permettent des comparaisons internationales. Les exigences en termes d'efficacité et de mesure d'impact sont mises en œuvre plus facilement que dans d'autres secteurs du développement (éducation ou santé par exemple).

Si cette transparence est un élément fondamental pour l'efficacité de l'aide, elle peut aussi avoir un impact négatif : certains financeurs publics ont pu limiter leurs engagements en microfinance, de crainte d'afficher des résultats considérés comme peu valorisants.

...mais qui reste indispensable pour l'avenir du secteur

Pour simplement répondre à la demande potentielle de crédit (280 milliards de USD estimés), en dehors des appuis techniques à apporter aux IMF, il faudrait encore multiplier par plus de 10 le montant du capital investi en microfinance (25 milliards d'USD[1] en 2006). Les besoins de financements sont donc considérables. S'il est clair que les fonds des investisseurs privés seront indispensables, les financeurs publics ont encore un rôle décisif à jouer – de même que les ressources financières locales (épargne, refinancement par des banques locales).

Plusieurs objectifs sont aujourd'hui essentiels :

Apporter des fonds subventionnés reste nécessaire

Les besoins de financement du secteur, notamment pour l'assistance technique et le renforcement des capacités des IMF, ou encore la création de nouvelles institutions, ne pourront être satisfaits par les seuls capitaux privés, et nécessitent des subventions.

Or la tendance actuelle est préoccupante : les fonds publics consacrés au renforcement de capacité des IMF ont cessé d'augmenter ces dernières années. Il existe pourtant un fort besoin en subventions pour appuyer les besoins croissants des IMF en formation, assistance technique et appui à la gestion.

Échapper à la concentration géographique

L'offre de microfinance est très concentrée géographiquement sur quelques marchés porteurs bien définis, présentant un risque important de saturation dans certains cas. 85 % des clients de la microfinance sont en Asie et une majorité d'IMF leaders sont implantées dans cette région, comme la Grameen Bank avec ses 6,2 millions de clients

---

1. SeepNetwork, 2006. Ces chiffres ne peuvent pas être considérés comme rigoureusement fiables étant donné les difficultés méthodologiques à établir de telles projections. Ils donnent néanmoins un ordre de grandeur intéressant

en 2006. Même en Afrique, continent pourtant trop peu desservi, les fonds sont encore mal répartis : 30 % des fonds sont destinés à seulement six pays – le Mali seul représentant par exemple 35 % des financements à destination de l'UEMOA[1].

Ainsi, l'un des défis actuels, pour les financeurs publics, est de mieux répartir géographiquement leurs financements, pour atteindre les zones encore non couvertes.

Diversifier les IMF touchées

Les financements, tant publics que privés, tendent à se concentrer non seulement sur quelques pays, mais aussi sur un groupe de 300 à 400 IMF dites « leaders ». Cette tendance se traduit par un risque de « surfinancement » des institutions leaders, qui peuvent être poussées à une croissance trop rapide. Paradoxalement, alors qu'il y a parfois concurrence entre les financeurs pour appuyer ces IMF leaders, la structuration d'une large majorité d'IMF plus petites ou moins matures n'est pas assurée.

Le secteur de la microfinance, constitué principalement de ces IMF moins matures, pourrait donc être fragilisé si les financeurs publics ne parviennent pas à mieux se coordonner à l'avenir. Renforcer les capacités de ces IMF plus faibles, tout en maintenant un appui aux leaders et aux créations d'IMF, est un enjeu essentiel.

Ne pas évincer l'investissement privé

Plusieurs spécialistes[2] considèrent qu'en finançant les IMF les moins risquées, les fonds publics contribuent à évincer les investisseurs privés, pourtant prêts à prendre le relais. Dans cette optique, ils estiment que la priorité des financeurs publics devrait être accordée aux segments non servis par les capitaux privés, plus innovants ou plus risqués, constitués moins matures et/ou de taille plus modeste.

---

1. Étude régionale du CGAP sur les bailleurs de fonds, 2007 : http://www.cgap.org/p/site/c/template.note/1.26.440.pdf
2. On pourra consulter à ce sujet l'étude de Microrate « Role Reversal », J.Abrams et D. Von Stauffenberg, février 2007 (http://www.microrate.com/pdf/rolereversal.pdf), et le débat qui a suivi en mars 2007 (http://www.microfinancegateway.org/files/41071_file_Summary_of_IFI_Debate.pdf).

Améliorer la coordination entre financeurs

Face à l'apparition de nouveaux financeurs et de nouveaux modes de financement plus complexes, la transparence et la coordination des financements restent encore limités.

La coordination entre les différents financeurs est donc un enjeu très actuel, devant permettre d'éviter la saturation des marchés et une concurrence accrue entre financeurs, alors que certaines IMF et certains secteurs peinent à obtenir des financements.

Éviter un désengagement prématuré

L'illusion d'un développement massif de l'offre par l'arrivée des banques dans le secteur (voir chapitre 18) a contribué à une réduction du montant des subventions allouées. Par ailleurs, la réussite et la notoriété de la microfinance ont créé des attentes très fortes. L'investissement massif que connaît le secteur en témoigne.

Mais ces attentes, trop fortes, risquent d'être déçues. Après une phase d'euphorie, au milieu des années 90, où un impact massif semblait possible pour un investissement faible, certains bailleurs de fonds constatent aujourd'hui que les résultats ne sont pas à la hauteur des espérances. Cette situation pourrait conduire à un désengagement et à un retrait prématuré des financeurs publics, ou encore à une concentration sur les plus grandes IMF au détriment des plus modestes. Cela aurait pour conséquence une fragilisation réelle du secteur.

En effet, la microfinance reste un secteur jeune : on estime que seule une faible part des IMF est aujourd'hui pérenne. De nombreuses IMF ont encore besoin de l'appui des financeurs pour être à terme autonomes.

Le rôle du CGAP

La nécessité de coordonner les interventions d'un nombre croissant de bailleurs actifs en microfinance a été décisive dans la création en 1995 du CGAP (Groupe Consultatif d'Assistance aux Pauvres[1]), un consortium rassemblant les principaux bailleurs du secteur.

---

1. En anglais, *Consultative Group to Assist the Poor*. Voir : http://www.cgap.org

Le CGAP regroupe 33 organisations membres, de plusieurs types :

▶ des financeurs publics bilatéraux (parmi lesquels les pays européens, les États-Unis, le Canada et le Japon) ;

▶ des financeurs multilatéraux (banques régionales de développement ou institutions internationales : la Commission Européenne, la Banque Mondiale, le PNUD par exemple) ;

▶ des fondations privées, de plus en plus présentes au sein du CGAP (comme la fondation Michael and Susan Dell, la fondation Ford, la fondation Bill et Melinda Gates, la fondation Omydiar, la fondation Argidius).

Alors que la microfinance connaît une multiplication des intervenants et des acteurs, le rôle de coordination joué par le CGAP est plus nécessaire que jamais. Cependant, le consortium ne réunit pas la totalité des financeurs : les investisseurs commerciaux ou les fonds spécialisés, par exemple, n'en sont pas membres, alors qu'ils occupent désormais une place importante dans le secteur.

La stratégie du CGAP est définie par ses bailleurs membres et sa mise en œuvre s'appuie sur une équipe de spécialistes (47 personnes en 2008) basée à Washington et Paris.

Le CGAP a joué un rôle fondamental dans l'émergence du secteur par deux types d'actions : la professionnalisation et la coordination.

La professionnalisation du secteur

Le CGAP a été un catalyseur de la professionnalisation des acteurs de la microfinance. Il s'est appuyé pour cela sur l'expérience d'experts et de praticiens reconnus, mais aussi des bailleurs membres, qui ont contribué à définir les orientations du CGAP dans les premières années de son existence.

Le CGAP a d'abord permis une définition et une diffusion large des « bonnes pratiques ». Il a contribué à créer des normes, définir les termes et les concepts de la microfinance, aujourd'hui acceptés par la majorité des acteurs du secteur, par la diffusion de notes techniques sur des sujets transversaux (la réglementation, le niveau des taux d'intérêts, la commercialisation…). L'encadré ci-dessous reprend par exemple onze principes essentiels de la microfinance, préparés par le CGAP et adoptés par les chefs d'État des huit pays les plus industrialisés (G8) en 2004. Ses apports ont été largement diffusés dans la plupart des pays *via* le relais de conférences, de session de formation, et la création de sites Internet de référence sur la microfinance, dans plusieurs langues.

Déclaration des chefs d'État du G8 en 2004 : les onze principes de la microfinance

1. Les pauvres ont besoin de toute une gamme de services financiers et non pas seulement de prêts. Outre le crédit, ils désirent disposer de produits d'épargne, d'assurance et de transferts.

2. La microfinance est un instrument puissant de lutte contre la pauvreté.

3. La microfinance ne pourra accomplir tout son potentiel que si elle est intégrée au cœur du système financier général d'un pays.

4. Il est possible et nécessaire d'assurer la viabilité financière des opérations pour pouvoir toucher un grand nombre de pauvres. […]

5. La microfinance implique la mise en place d'institutions financières locales permanentes capables d'attirer des dépôts locaux, de les recycler en prêts et de fournir d'autres services financiers.

6. Le microcrédit n'est pas toujours la solution. D'autres types d'assistance peuvent être plus appropriés. […]

7. Le plafonnement des taux d'intérêt est néfaste pour les pauvres à qui il rend plus ardu l'accès au crédit. […]

8. Les pouvoirs publics doivent faciliter la prestation de services financiers, mais non les fournir directement. […]

9. Les financements des bailleurs de fonds doivent compléter les capitaux du secteur privé, ils ne doivent pas les remplacer. Ils devraient être une assistance temporaire au démarrage d'une institution jusqu'au moment où elle peut faire appel à des sources privées de financement, telles que les dépôts.

10. Le manque de capacités institutionnelles et humaines constitue le principal obstacle. Les bailleurs de fonds devraient consacrer leur assistance au renforcement des capacités.

11. [...] Il est nécessaire que les IMF publient des rapports exacts et comparables au sujet de leur performance financière (taux de remboursement des prêts et de recouvrement des coûts) et au sujet de leurs résultats sur le plan social (importance et niveau de pauvreté de la clientèle pauvre desservie).

La coordination des bailleurs, le rôle de conseil

La revue croisée : La coordination de ses membres, les bailleurs de fonds, est au cœur de l'action du CGAP, qui joue aussi vis-à-vis d'eux un rôle de conseil. La revue croisée des bailleurs a été le premier exemple marquant de cette action en 2003 : dix sept financeurs publics bilatéraux et multilatéraux du consortium ont accepté de faire analyser leur politique d'action en faveur de la microfinance par des équipes mixtes composées de professionnels du CGAP et de financeurs participant à l'opération. Les rapports, présentant les faiblesses et les avantages comparatifs de chacun des financeurs ont été rendus publics au fur et à mesure du déroulement de l'opération. À la fin du processus, un rapport de synthèse a été rédigé et publié[1].

Smart Aid : Le CGAP se consacre en grande partie aux questions d'efficacité de l'aide. Une initiative comparable à la revue croisée a été lancé en 2008 : « Smart Aid », un processus d'évaluation et de notation des financeurs par des experts en microfinance. Les résultats et les enseignements de cette opération doivent être publiés mi-2009.

Par son rôle de conseil auprès des praticiens et des financeurs, le CGAP a donc joué, et joue encore, un rôle déterminant dans le développement et la formalisation du secteur.

En retour, il a lui été parfois reproché de diffuser une vision trop « normative » de la microfinance, ne prenant pas assez en compte les spécificités régionales ou les exemples atypiques. Le caractère forcément général des « 11 principes clés de la microfinance » (voir encadré ci-dessus) en est une illustration.

---

1. L'ensemble des revues et les documents de synthèse, sont disponibles à l'adresse suivante : http://www.cgap.org/p/site/c/template.rc/1.11.1918.

Il est certain que le CGAP porte également *une certaine vision* du secteur de la microfinance et de son évolution. Celle-ci inclut notamment l'atteinte par les IMF de la rentabilité financière et l'intervention de capitaux privés pour prendre le relais des bailleurs de fonds et massifier les services. Cette vision n'est pas partagée par tous, en particulier par ceux qui opposent les dérives possibles de la microfinance dite « commerciale » à l'enjeu social de la microfinance.

Le CGAP s'est investi dans de nouveaux chantiers, pour faire face tant à ces critiques qu'aux exigences du secteur - notamment en appui aux réflexions sur la question de la performance sociale des IMF. Il a tenté de définir ce terme, appuyé le développement d'outils de mesure de la pauvreté relative des clients, d'outils de mesure de l'efficacité sociale des IMF, permettant des comparaisons entre régions et entre IMF (définition d'indicateurs standards, diffusés sur le MIX market)[1]. Le CGAP a aussi appuyé la réflexion du secteur sur la protection du consommateur[2]. Il est enfin très actif dans la promotion des nouvelles technologies en microfinance : avec l'aide la fondation Gates, il soutient l'utilisation du *mobile banking* et du *branchless banking*, qui constituent un nouveau défi pour le secteur.

---

1. Le CGAP résume son approche dans un document accessible à cette adresse : http://www.cgap.org/gm/document-1.9.2739/brief_spbottomline.pdf ; voir aussi le MIX market : www.themix.org.
2. Le réseau SEEP et le CGAP, avec le soutien du réseau ACCION, ont lancé en janvier 2009 la Campagne pour la Protection des Clients, visant à l'adoption et l'application, par le plus grand nombre possible d'IMF et d'investisseurs, des six principes clés, adoptés déjà par 50 investisseurs : voir http://www.accion.org/Page.aspx?pid=1371.

Chapitre 18

Les banques commerciales

L'implication et l'intérêt des banques commerciales pour la microfinance restent un phénomène assez récent. Historiquement, les premiers liens entre le monde bancaire classique et la microfinance se sont tissés sur le terrain, dans les pays d'implantation de la microfinance, lorsque les premières IMF financièrement viables ont commencé à solliciter différents services auprès des **banques locales**. Ces dernières ont alors développé diverses stratégies d'intervention auprès des IMF.

Avec le développement considérable de la microfinance et sa médiatisation, les **groupes bancaires internationaux** ont ensuite commencé à intervenir de manière plus systématique et à concevoir des stratégies spécifiques à la microfinance.

Mais **cette implication récente et visible des banques doit être relativisée**, car elle présente parfois des limites, au développement du secteur de la microfinance.

L'intervention des banques au niveau local

Les banques commerciales sont intervenues dans la microfinance d'abord au niveau local. L'intérêt initial des banques pour les IMF s'est fondé sur deux constats :

▶ Certaines institutions de microfinance ont démontré maintenant depuis plusieurs années qu'elles pouvaient avoir des performances financières équivalentes, voire supérieures aux banques elles-mêmes ;

▶ On considère généralement qu'en moyenne, 20 % des entreprises des PED sont bancarisées… ce qui signifie que 80 % ne le sont pas ! La concurrence est donc forte entre les banques sur le segment des grandes entreprises. Ouvrir un nouveau marché, comme les petites et micro-entreprises non bancarisées, au travers des IMF, devient une véritable opportunité stratégique pour les acteurs bancaires.

Tous les établissements bancaires ne s'intéressent pas au secteur de la microfinance au même titre. De la mise en place d'un département interne de microfinance au simple financement d'IMF, le spectre d'intervention est large. Nous avons identifié six types d'intervention possibles qui sont détaillés ci-dessous, par ordre croissant d'implication pour la banque.[1]

La banque accorde un prêt à une IMF

Dans cette approche, l'IMF devient un client de la banque commerciale locale qui lui octroie un prêt. L'IMF utilise les ressources obtenues en les prêtant à ses clients à un taux d'intérêt plus élevé.

Le simple fait que des banques commerciales prêtent à des IMF est une évolution encore assez récente. Dans un grand nombre de pays, les banques locales ont longtemps refusé de refinancer les institutions de microfinance, par méconnaissance du secteur le plus souvent. Pour débloquer la situation, les premières opérations de ce type se sont souvent réalisées avec le soutien de financeurs publics garantissant les prêts octroyés par les banques aux IMF.

Dans un nombre croissant de pays, les quelques IMF pérennes et matures sont aujourd'hui considérées par les banques de la place comme des clients à part entière.

Les filiales locales de BNP Paribas refinancent des IMF

Depuis 2002, la banque BNP Paribas prête aux institutions de microfinance par le biais de ses filiales dans les pays du sud. En juin 2008, BNP Paribas était partenaire de 23 IMF dans 12 pays (Maroc, Guinée, Mali,

---

1. Isern J., Porteous D., Commercial Banks and Microfinance: Evolving Models of Success, Focus Note n° 28, CGAP, juin 2005 (http://www.cgap.org/docs/FocusNote_28.html).

Egypte, Madagascar, Inde, Philippines, Argentine, Mexique, Sénégal, Tunisie, Brésil), avec un encours supérieur à 50 millions d'euros. Ces refinancements sont faits la plupart du temps en monnaie locale. Depuis 2007, ces crédits sont appuyés par une garantie de l'Agence Française de Développement (AFD, bailleur bilatéral français).

En Inde, BNP Paribas a approuvé 13,5 millions d'euros de crédit pour 8 institutions parmi les plus performantes.

Au Mali, la BICIM, (Banque Internationale pour le Commerce et l'Industrie au Mali, filiale de BNP Paribas), a signé un accord de prêt avec l'IMF Miselini, d'un montant de 150 millions de FCFA, soit l'équivalent de 230 000 euros. Miselini (« petite aiguille » en bambara) est une institution créée en 1999 qui s'est développée dans les quartiers défavorisés de Bamako. Elle compte plus de 16 000 emprunteurs actifs et cible essentiellement des groupes de femmes afin de soutenir leurs activités de commerce ou d'artisanat.

La banque accorde un prêt direct à un groupe d'emprunteurs

La banque peut apporter un financement direct à un groupe d'emprunteurs, sans passer par une IMF à proprement parler. Le groupe d'emprunteurs est constitué de quelques dizaines de personnes qui se connaissent, parce qu'elles viennent du même village ou du même quartier, ou parce qu'elles exercent la même profession. Le groupe prend la responsabilité du remboursement à la banque et redistribue lui-même les montants à ses membres. Le groupe assume donc une partie du travail de gestion à la place de la banque, ce qui permet à ses membres d'accéder au crédit à un prix acceptable. Le groupe est créé et organisé par un promoteur, c'est-à-dire un responsable, qui peut être soit un membre du groupe, soit une personne d'une ONG ou de la banque elle-même. Ce système s'appelle le *bank linkage*. Il est particulièrement répandu en Inde, avec l'exemple des Self Help Group (SHG) (voir l'encadré p. 140).

On distingue habituellement trois modèles de *linkage* entre la banque et le groupe d'emprunteurs :

▶ La banque prête à un groupe après évaluation de son activité, de sa maturité, de sa capacité de remboursement. Le groupe peut éventuellement bénéficier de l'appui d'une autre organisation (par exemple une ONG lui apportant un appui), mais celle-ci ne prend pas part au financement. C'est le cas de la majorité des *linkages* en Inde. Le coût de création et de formation du groupe est assumé par son promoteur initial, qu'il s'agisse d'une ONG ou d'un responsable du groupe.

▶ La banque prête à un promoteur (membre du groupe ou ONG externe), qui refinance lui-même le groupe. Le promoteur appuie le groupe, se porte garant du crédit et il peut mutualiser le risque s'il prête à plusieurs groupes. C'est le cas des fédérations de SHG en Inde, de plus en plus répandues. Le coût du suivi du groupe est là aussi assuré par le promoteur.

▶ La banque est elle-même le promoteur d'un groupe : elle le constitue, le forme et lui octroie un crédit. C'est le cas d'environ 20% des linkages en Inde.

Le Self Help Group Bank Linkage Program

Le SHG Bank Linkage Program lancé en Inde en 1992 par la NABARD (National Bank for Agriculture and Rural Development) a stimulé la création des SHG. Le programme vise à intégrer les groupes au circuit classique de crédit. La NABARD accorde aux banques commerciales des prêts à un taux inférieur à celui du marché (6 % en 2006) afin que ces banques prêtent aux SHG à un taux situé entre 8 % et 12 %. Ce sont les banques qui assument le risque commercial de leur prêt. Les groupes prêtent à leurs membres à un taux de 24 %, soit une marge d'intérêt de 12 % à 16 % qui leur permet de couvrir le fonctionnement du groupe et les pertes sur crédits non recouvrés. Le niveau des remboursements des emprunts bancaires dans le cadre du programme est de 95 %. Fin 2007, ce programme concernait 600 banques indiennes, 50 000 succursales et 3 millions de groupes.

Pour prendre un exemple, La Chitradurga Gramin Bank (CGB), une banque rurale régionale (publique) de l'État du Karnataka, a été sélectionnée en 1992 par la NABARD dans le cadre de son programme pour promouvoir les SHG. La CGB constitue un groupe de quelques dizaines de personnes, lui accorde un crédit et offre un suivi et des formations à ses membres. L'octroi moyen à un groupe est de 1200 USD et l'encours moyen par groupe est de 1800 USD. La CGB suivait 360 groupes en 2007[1].

---

1. Occasional paper n° 12, août 2007, CGAP, Sustainability of self help groups in India.

La banque investit dans une IMF

Une banque commerciale peut également choisir d'investir dans une IMF déjà créée. Cela permet à la banque de prendre pied dans le secteur et d'appréhender le métier sans prendre le risque de lancer une activité *ex nihilo*. C'est une stratégie particulièrement adaptée au contexte actuel d'institutionnalisation de programmes de microfinance en sociétés à capitaux privés (voir chapitre 2.5.2 sur ces « transformations »). L'entrée au capital d'une banque est souvent considérée comme un avantage important par les autres investisseurs privés potentiels et par les bailleurs de fonds publics.

La BICEC et ACEP Cameroun

ACEP Cameroun a démarré ses activités en 1999 avec un financement de l'Agence française de développement et l'assistance technique de l'opérateur ACEP Développement. L'IMF vise une clientèle de petits entrepreneurs à Yaoundé et Douala par l'octroi de crédits individuels. Elle avait développé à la fin de l'année 2007 un portefeuille de plus de 5,4 millions d'euros.

L'IMF a démarré ses activités sous la forme de projet, et son institutionnalisation sous forme de société anonyme était prévue dès le départ.

La BICEC, filiale du groupe Natexis Banque Populaire, est la principale banque commerciale privée du Cameroun. Elle a été impliquée dès l'origine du projet ACEP Cameroun en faisant partie du comité de suivi du projet et en louant des guichets à l'IMF, quelques jours par mois, pour la collecte des échéances. Cette implication rentrait dans le cadre d'un intérêt réel de la banque pour le secteur de la microfinance et pour le marché des petits entrepreneurs informels qu'elle ne savait pas toucher.

En 2005, ACEP Cameroun a été transformé en société anonyme. Lors de la constitution de son tour de table, une participation au capital a été proposée à la BICEC. La banque a pris 33% du capital de 600 millions de FCFA, devenant le principal actionnaire de la société, aux côtés notamment d'Investisseur et Partenaire pour le Développement, un fonds de financement spécialisé (voir encadré page 319).

La banque distribue ses produits par l'intermédiaire d'une société de service ou d'une IMF partenaire

Dans ce cas, la banque développe un portefeuille microcrédits qu'elle porte et inscrit à son bilan ; mais elle délègue l'instruction des dossiers de prêts et la gestion du portefeuille du crédit à un partenaire expérimenté en microfinance.

Ce partenaire peut être soit une société de service, créée *ad hoc* avec l'assistance technique de professionnels de la microfinance (voir encadré ci-après), soit une IMF qui distribue alors les produits de la banque en plus de ses propres produits. L'IMF partenaire (ou la société de services) est rémunérée par des commissions sur les crédits gérés, et intéressée à la qualité des taux de remboursement.

Concrètement, le client n'est jamais en contact direct avec la banque locale : il s'adresse à des équipes qui ne sont pas salariées de la banque et qui travaillent dans des locaux différents, pour une entreprise ayant un nom distinct.

L'intérêt d'un tel schéma est de permettre :

 D'utiliser l'agrément bancaire et la capacité de refinancement de la banque. Pour l'IMF partenaire ou la société de services, il n'y a pas de contraintes de financement de l'encours ;

 De maintenir une indépendance opérationnelle entre la banque et les activités de microfinance. La culture des équipes de microfinance étant, sur bien des aspects, à l'opposé de la culture bancaire, cette indépendance opérationnelle est capitale.

Banco del Pichincha et CREDI FE[1]

Banco del Pichincha est la première banque privée d'Équateur. Elle s'est associée à l'opérateur ACCION pour lancer en 1999 une activité de microfinance lui permettant notamment d'utiliser et rentabiliser son réseau d'agences, réparti dans tout le pays.

---

1. Cesar Lopez et Elizabeth Rhyne, "The Service Company Model : A New Strategy for Commercial Banks in Microfinance", septembre 2003, ACCION, *InSight*, n° 6 (http://www.accion.org/insight/).

Banco del Pichincha et ACCION ont choisi de créer une société de services – CREDI FE – car cette solution demandait un capital peu élevé, avec une structure légère. ACCION a pris une participation minoritaire dans la société créée, pour notamment participer à sa gouvernance.

L'accord entre Banco del Pichincha et la société de services confère à CREDI FE l'entière responsabilité de l'évaluation et de l'approbation des demandes de crédit. Les crédits sont décaissés par Banco del Pichincha et figurent dans les registres comptables de la banque, tandis que CREDI FE, qui assure l'interface avec les clients, est responsable de la gestion des impayés et du recouvrement des prêts en retard. CREDI FE perçoit une commission sous la forme d'un pourcentage fixe du portefeuille de prêts qui peut être réduit si les impayés augmentent au-delà d'un certain niveau.

Les clients de CREDI FE utilisent Banco del Pichincha pour effectuer les remboursements de leur prêt, ainsi que pour ouvrir des comptes d'épargne et autres transactions bancaires. Dans la plupart des cas, les agences de CREDI FE se trouvent dans le même bâtiment ou à proximité des agences de la banque, mais elles ne procèdent à aucune transaction physique (décaissement de prêt, encaissement d'épargne). CREDI FE a ses propres politiques de recrutement et de rémunération. Elle développe ses propres manuels opérationnels, ses politiques et procédures de crédit.

À la fin de l'année 2007, CREDI FE avait développé un portefeuille de plus de 180 millions de dollars auprès de 80 000 clients.

La banque crée une IMF ex nihilo

Dans cette approche, la banque crée une entité légale séparée, qui met en place et développe les activités de microfinance. Dans la plupart des cas, cette création se fait avec l'assistance technique de professionnels de la microfinance.

Cette formule garantit une certaine indépendance entre la partie microfinance et la partie banque classique : la nouvelle institution développe sa propre gouvernance, son propre management et des équipes et systèmes indépendants de la banque qui l'a créée. Elle doit obtenir un agrément de la banque centrale et est supervisée de façon autonome.

Bien entendu, cette indépendance est d'autant plus forte que le capital de l'IMF n'est pas détenu à 100 % par la banque.

En général, les synergies opérationnelles entre la banque et l'entité de microfinance sont assez faibles. C'est un schéma assez peu répandu.

FINADEV et le groupe FINANCIAL Bank au Bénin

FINANCIAL Bank Group est un groupe bancaire privé présent au Bénin et au Tchad.

FINANCIAL s'est intéressé au marché du microcrédit dès 1995, avec le lancement au Bénin d'un produit de prêt de groupe, le « prêt social », s'adressant à des individus qui ne pouvaient pas avoir accès à des prêts bancaires à titre individuel. Parallèlement, FINANCIAL décidait de soutenir le secteur de la microfinance par le financement de quelques IMF et la participation à la gouvernance de PADME, l'une des principales IMF du pays, de statut associatif.

Cette phase a permis au management de FINANCIAL de mieux comprendre le marché de la microfinance, et, en 1998, la banque a décidé de s'impliquer plus directement dans le secteur. FINADEV, guichet microfinance de la banque FINANCIAL, a alors été créé. Dès l'origine, l'objectif était de transférer l'activité de ce guichet microfinance à une entité légale séparée, filiale de la banque. Il a fallu dès lors près de trois années de travail pour finaliser le tour de table de la future société, et surtout pour obtenir l'agrément du ministère des Finances (comme le prévoit la loi Parmec, voir p. 274).

Finalement, en 2001, FINADEV SA était formellement créée avec un capital d'un milliard de FCFA (1,5 million d'euros) dont FINANCIAL détient 25 %.

Au départ, les deux principaux dirigeants de FINADEV étaient d'anciens employés de FINANCIAL, mais le reste de l'équipe a été recruté spécifiquement. Si au début de son histoire, beaucoup de procédures de FINADEV étaient inspirées de FINANCIAL, FINADEV a, depuis, développé ses propres modes de fonctionnement. Aujourd'hui l'IMF est véritablement autonome.

Au 30 juin 2004, l'institution avait développé un portefeuille de crédit de 6,8 millions d'euros, avec plus de 11 000 clients actifs.

La banque développe en son sein des activités de microfinance

Dans ce cas, la banque peut créer, en son sein, un département spécialisé en microfinance ou développer des produits et des approches spécifiquement destinés à la population généralement non touchées par les banques. Cette activité microfinance s'appuie sur les structures de la banque avec un niveau d'indépendance forcément limité.

Cette approche, souvent appelée *downscaling* est séduisante par sa simplicité et parce qu'elle permet d'utiliser les structures de la banque classique pour les activités de microfinance. Elle est néanmoins difficile à mettre en place : la faible autonomie institutionnelle, et donc opérationnelle et culturelle, que laisse ce type de solution, rend délicate la « greffe » d'une activité de microfinance.

Le schéma ci-dessous, inspiré d'un document réalisé par le CGAP[1], synthétise ces différents types d'intervention.

Faible niveau d'implication de la banque	La banque prête à une IMF	La banque prête directement à un groupe d'emprunteurs	La banque investit dans une IMF	La banque fait distribuer ses produits par une IMF ou une société spécialisée	La banque crée une IMF	La banque lance un département interne de microfinance	Fort niveau d'implication de la banque
	BNP Paribas prête 230 000 € à Miselini au Mali	La Chitragurda Gramin Bank prête 1 800 USD à un Self Help Group de 10 personnes en Inde	La BICEC prend 33 % du capital d'ACEP Cameroun	Banco del Pichincha et ACCION créent CREDI FE	FINANCIAL crée l'IMF FINADEV au Bénin	La Banque du Caire en Égypte lance des activités de microfinance	

L'intervention des groupes bancaires internationaux

Parallèlement au rôle des banques locales sur le terrain, de plus en plus de groupes bancaires internationaux (dont les banques locales sont, dans certains cas, des filiales) adoptent des stratégies globales d'intervention en microfinance. Ce phénomène encore récent s'explique par deux principaux facteurs :

▶ Une médiatisation croissante de la microfinance, encore accentuée par le prix Nobel de la Paix décerné à Muhammad Yunus et à la Grameen Bank en 2006. L'implication dans la microfinance est

1. Elizabeth Littlefield et Richard Rosenberg, Microfinance and the Poor : *Breaking Down the Walls between Microfinance and Formal Finance*, juin 2004, *Finance & Development 41*, n° 2, juin 2004.

conçue comme un des principaux éléments de la politique de responsabilité sociale des groupes bancaires. Pour ces groupes, la microfinance est tout autant un moyen de communication externe qu'un outil de motivation interne : l'impact social de la microfinance suscite une forte adhésion de la part des clients et des employés.

▶ Le développement commercial de la microfinance : avec l'émergence d'IMF et d'acteurs spécialisés sophistiqués ayant d'importants besoins de financement, la microfinance peut devenir une ligne de métier à part entière, gérée par les groupes bancaires comme une activité quasiment classique.

Les stratégies développées par les banques internationales impliquées dans la microfinance découlent d'une combinaison de ces deux facteurs, chacun prenant une importance plus ou moins grande selon les banques.

Typologie des stratégies d'intervention des groupes bancaires en microfinance

Les groupes bancaires internationaux ont développé différentes stratégies d'intervention. Nous décrivons les principales ci-dessous. Il faut noter que ces types d'intervention ne sont pas exclusifs les uns des autres et peuvent se mêler.

La banque met en place une cellule dédiée à la microfinance au sein du groupe

Dans cette approche la banque crée au niveau de son siège une cellule chargée de superviser et de coordonner les interventions des filiales locales en microfinance. C'est une équipe technique spécialisée en microfinance au sein du groupe bancaire. Elle doit :

▶ évaluer l'intérêt et le niveau de risque des opportunités d'investissement qui lui sont remontées par les filiales ;

▶ évaluer le risque pris globalement par la banque sur le secteur (exposition au risque) ;

▶ suivre les prêts et les prises de participations des filiales locales dans les IMF.

Cette configuration s'est répandue rapidement ces dernières années. Le montant total des fonds gérés par les cellules microfinance des grandes banques internationales a au moins doublé entre 2005 et 2007[1].

Un département de microfinance : le cas de la Société Générale

La Société Générale est une des premières banques européennes à avoir formulé une stratégie de microfinance pour l'ensemble du Groupe. La banque privilégie principalement deux types d'intervention :

- le financement d'IMF au niveau local par des filiales du Groupe présentes dans des pays d'implantation de la microfinance (Afrique et Maghreb principalement)

- la prise de participation minoritaire au capital d'IMF. La Société Générale est notamment actionnaire d'institutions au Cameroun, à Madagascar et au Ghana.

Cette activité en microfinance est coordonnée par un département Développement Durable et Microfinance au sein de la direction de la Banque de détail à l'international du siège parisien du Groupe. Cette équipe joue un rôle de veille, d'appui et d'animation auprès de son réseau de correspondants sensibilisés aux spécificités de la microfinance dans les filiales locales. Elle a également pour fonction de centraliser les informations liées à toutes les initiatives prises localement pour permettre au Groupe d'avoir une vision globale de l'action de la banque dans le secteur de la microfinance.

En ligne avec la politique du Groupe, l'équipe instruit les dossiers de prise de participation. En revanche, elle n'a pas de fonction dans l'évaluation du risque de crédit. Les dossiers liés à la microfinance suivent les circuits normaux de prise de décision. Cependant l'avis technique du département peut être sollicité par les personnes chargées d'approuver les dossiers de crédit.

La banque crée une structure spécifique de refinancement

Dans cette approche, le groupe bancaire crée une structure *ad hoc* de financement spécialisée en microfinance, dans laquelle il investit éven-

© Groupe Eyrolles

---

1. M. Boùùaert, *A billion to gain, The next phase*, mars 2008 pour ING.

tuellement. Cette structure est un fonds de financement spécialisé (Voir Chapitre 19). Dans cette optique les banques jouent un double rôle :

▶ Elles peuvent apporter de l'argent en tant qu'investisseurs institutionnels au même titre que d'autres investisseurs privés dans ces fonds de financement ;

▶ Elles jouent surtout un rôle très important en apportant leur expertise dans le montage et la structuration de fonds de financement. Elles peuvent également contribuer à les commercialiser sur les marchés financiers et dans leur réseau bancaire

Les fonds spécialisés de la Deutsche Bank[1]

En 1997, la Deutsche Bank a été l'une des premières banques internationales à intervenir en microfinance. Aujourd'hui, elle apporte des financements aux IMF par le biais de quatre fonds spécialisés adaptés aux différents besoins du secteur. À travers ces fonds, elle met sa technicité financière au service de la microfinance.

• Le fonds Start Up (1 million de dollars) prête à des IMF jeunes mais pas encore rentables, les capitaux nécessaires pour financer leur croissance, selon des modalités adaptées (taux faibles et durée longues).

• Le fonds Microcredit Development Fund (4 millions de dollars) permet à de jeunes IMF de lever des fonds auprès des banques locales en apportant une garantie à ces dernières. L'objectif est de renforcer les liens avec le secteur bancaire et la pérennité financière des IMF.

Ces deux premiers fonds ont une forte composante sociale.

• Le Global Commercial Microfinance Consortium (80 millions de dollars) propose des prêts en monnaie locale à maturité longue à des IMF pérennes et rentables. Ce fonds regroupe à la fois des bailleurs (investisseurs publics, institutionnels ou fondations) et des investisseurs privés. Il offre d'une part les garanties des bailleurs et d'autre part les capitaux du secteur privé. Sa gamme d'instruments financiers est très large.

• Le Microfinance Invest No.1 (60 millions de dollars) est un fonds de dette subordonnée souscrit par des investisseurs allemands de divers horizons (investisseurs patrimoniaux, fonds de pension, fondations, investisseurs publics ou privés, y compris la Deutsche Bank). Ce fonds

1. http://www.community.db.com/htm/db_microcredit_dev_fund.html

> propose aux IMF des quasi fonds propres leur permettant de se rapprocher des ratios prudentiels et de rester attractives auprès des investisseurs.
>
> Les capitaux investis dans ces deux derniers fonds sont principalement d'origine privée et attendent des niveaux de rémunération proches de ceux du marché financier classique.

Les appuis non financiers

Au cours de leur développement, les IMF font face à un fort besoin de compétences techniques dans tous les métiers de leur activité (marketing, systèmes d'information, moyens de paiement…). Certaines banques mettent en place des programmes d'assistance technique et de renforcement des capacités des IMF. Il s'agit d'appuis non financiers : la banque n'apporte pas d'argent mais des compétences. Ces programmes peuvent prendre plusieurs formes :

▶ Des experts mis à disposition par les banques auprès des IMF sur certains sujets pendant des durées déterminées ;

▶ Des formations ou des missions de conseil, dont le coût est assumé par les banques ;

▶ Des programmes d'échange entre les IMF et les banques.

Ces appuis non financiers peuvent s'adresser à des IMF dans lesquelles la banque a investi, mais ce n'est pas systématique. C'est aussi un facteur important de motivation en interne pour la banque.

Le programme ING Microfinance Support

En 2004, la banque néerlandaise ING a créé un programme d'assistance technique aux IMF, basé aux Pays-Bas. Elle met à disposition les spécialistes des métiers du groupe ING auprès des IMF, à travers les banques locales ou les fonds qui financent ces IMF. Ce programme a créé des partenariats avec les filiales d'ING (ING Vysya en Inde) mais aussi avec les grands acteurs financiers de la microfinance (Oikocredit, Opportunity, Women's World Banking entre autres).

Ce programme a donc une double ambition :

- Renforcer les capacités des IMF, dans lesquelles ING a investi dans certains cas, par le transfert des compétences techniques du groupe bancaire ING.

- Permettre aux employés d'ING de contribuer au développement du secteur de la microfinance, ce qui renforce leur motivation et leur adhésion aux valeurs du groupe bancaire.

Le réseau de spécialistes fondé par ING regroupe 3 500 employés (sur les 120 000 que compte le groupe dans le monde). Depuis 2004, 70 IMF ont été appuyées par ce programme. ING prévoit d'appuyer à terme une trentaine d'IMF par an.

Les appuis mixtes

Ces stratégies d'intervention ne sont pas exclusives les unes des autres et peuvent se combiner. Certains groupes bancaires peuvent décider de cumuler plusieurs types d'appuis et de les regrouper au sein d'une fondation qui a l'avantage de donner plus de visibilité à leur implication dans la microfinance. C'est le cas par exemple du Crédit Agricole et de la fondation que le groupe a créée avec la Grameen Bank.

La Fondation Grameen Crédit Agricole

Début 2008, Grameen Trust, l'ONG de soutien à la microfinance issue de la Grameen Bank, et le Crédit Agricole SA ont créé conjointement une fondation dotée de 50 millions d'euros destinée à soutenir l'autonomisation des IMF. La Fondation apporte aux IMF un soutien à la fois financier et technique. Elle vise la pérennité financière nécessaire à la poursuite de sa mission et de son activité, mais elle ne vise pas de profit supplémentaire.

La fondation mène trois activités principales :

- Elle dispose d'un ensemble d'instruments financiers, dont la rémunération attendue doit être proche de celle attendue sur le marché financier « classique » : lignes de crédit, prises de participation, garanties ;

- Elle apporte aussi une assistance technique : appuis, conseils et formations aux IMF dans tous les métiers de la banque (communication, marketing, procédures, recouvrement...). Ces services sont eux aussi facturés, mais là encore à un coût limité et supportable par les IMF, le cas échéant inférieur au coût de revient ;

- Enfin, elle réserve 20% de ses ressources à une activité de capital risque sur des projets innovants ou engagés (de type commerce équitable, « social business ») dans les secteurs agricole, industriel, ou technologique.

La Fondation a l'ambition de lever 100 millions d'euros en 2009 et 150 millions d'euros en 2010 auprès d'investisseurs institutionnels et de grandes entreprises, d'une part pour accroître son activité et d'autre part pour créer un fonds spécialisé d'investissement en microfinance.

En conclusion, on peut résumer ainsi l'activité des principaux groupes bancaires internationaux actifs en microfinance en 2007[1] :

	Financement d'IMF par des filiales locales	Investissement au capital d'IMF	Assistance technique	Fonds de financement spécialisés
Société Générale	110 millions d'euros en 2007	Participations minoritaires		
BNP Paribas	100 millions d'euros en 2007			Un fonds en préparation
Crédit Agricole	En fonction des pays	Plusieurs participations	Forte composante d'appui	
Deutsche Bank				Plusieurs fonds pour un total de 500 millions de dollars
Standard Chartered	500 millions de dollars prévus d'ici 2010 (200 millions de dollars déjà investis)	Plusieurs participations	Forte composante d'assistance technique	
Citigroup	Instruments financiers complexes		Nombreux programmes depuis 7 ans	
Groupe ING	Notamment en Inde		Important programme d'appui	Prêts par le biais de fonds

---

1. M. Boùùaert, *A billion to gain, The next phase*, mars 2008 pour ING.

Morgan Stanley			Conseil de nature commerciale	Investissements par le biais de fonds
Rabobank	Par le biais de banques partenaires	Participations minoritaires	Fondation et appui non financier	
Crédit Suisse	Environ 200 millions de dollars			Fonds Responsability

Le cas des groupes bancaires internationaux du sud

Un nombre croissant de groupes bancaires basés dans les pays du sud s'intéresse à la microfinance. En effet, dans les pays où ils sont présents, les IMF sont à la fois des concurrents potentiels et des portes d'entrée sur un marché dont ils sont absents, puisque les banques formelles ne s'adressant qu'à une partie très restreinte de la population. On assiste donc à un double phénomène :

▶ La microfinance présente clairement pour ces acteurs des opportunités de partenariat stratégique et de synergie, comme la distribution des produits bancaires par les IMF, qui disposent d'une plus grande présence de terrain et d'une meilleure connaissance de la clientèle.

▶ Cependant, avec la montée en gamme des IMF (vers des prêts de montants supérieurs) et le souhait simultané de certaines grandes banques d'élargir leur clientèle (vers une clientèle plus populaire), la concurrence peut s'en trouver accrue : les banques et les IMF vont être amenées à viser en partie les mêmes segments du marché.

La microfinance est donc pour ces groupes un véritable enjeu stratégique et certains mettent en œuvre des stratégies d'intervention volontaristes.

Les limites de l'intervention des banques

L'implication des banques en microfinance est un phénomène quasiment paradoxal : à beaucoup d'égards le métier de la microfinance s'est construit par opposition à celui de la banque (souplesse administrative, services de proximité, vocation sociale…). De fait, il est en réalité difficile pour une banque de prendre pied directement sur le marché de la microfinance : de nombreux échecs en témoignent.

Par ailleurs, l'implication croissante des banques dans le secteur de la microfinance peut donner l'impression qu'à court terme, celles-ci pourraient prendre le relais des IMF ; grâce à leur puissance financière et à leur accès aux marchés de capitaux, elles pourraient alors étendre de façon massive l'accès aux services financiers des populations aujourd'hui exclues.

S'il est vrai que l'utilisation de la puissance financière des banques peut permettre d'étendre le champ de la microfinance, il n'en reste pas moins que l'idée qu'elles puissent en être le principal vecteur de développement est trompeuse. Les banques s'impliquent dans le secteur :

▸ soit avec une logique de responsabilité sociale, auquel cas leurs actions, s'inscrivant dans une démarche de communication interne et/ou externe, reste par nature limitée.

▸ soit avec une logique commerciale. Dans ce cas elles s'intéressent donc aux marchés connus, à fort potentiel de rentabilité, tels que le financement de petits commerçants en milieu urbain. Ce sont des marchés déjà partiellement couverts par les IMF et sur lesquels la concurrence générée par l'implication récente des banques est plutôt une bonne nouvelle pour les clients (pression à la baisse sur les taux d'intérêt, diversification des produits…).

En revanche, les banques commerciales ne sont pas prêtes à servir les marchés moins rentables ou plus risqués (zones rurales, populations marginalisées, financement d'activités artisanales) qui rassemblent le plus grand nombre d'exclus des services financiers.

Enfin, l'intérêt des banques pour le secteur de la microfinance est nouveau et restera fragile même à moyen terme. Le risque là encore d'un « effet de mode » et d'un retrait ultérieur des banques – pour des questions d'image, de stratégie ou de rentabilité insuffisante – ne doit pas être négligé. Le soutien continu des financeurs publics et l'engagement des acteurs pionniers tels que les ONG restent donc essentiels.

Chapitre 19

Les fonds de financement spécialisés et l'émergence de nouveaux acteurs privés

Si les banques ont été les premiers intervenants privés à s'impliquer dans le secteur de la microfinance, elles ont été rejointes depuis par de nouveaux types d'acteurs. Les *fonds de financement spécialisés*, destinés à canaliser des capitaux privés pour les investir dans des IMF ont émergé à la fin des années 90. Par la suite, l'accroissement des besoins de financement des IMF conjugué à l'arrivée de compétences financières pointues et d'investisseurs privés dans le secteur de la microfinance ont suscité *l'émergence d'instruments financiers sophistiqués et de nouveaux types d'acteurs* (agences de notation, intermédiaires financiers) destinés à accompagner cette « financiarisation » du secteur.

Les fonds de financement spécialisés

Les sociétés de financement spécialisées dans la microfinance sont apparues dans la deuxième partie des années 90, avec l'avènement d'IMF rentables et la volonté des financeurs publics d'attirer des capitaux privés dans le secteur.

Le principe de ces sociétés de financement spécialisées consiste à lever de l'argent dans les pays du Nord pour l'investir dans des institutions de microfinance situées dans des pays du Sud. L'investissement dans les IMF prend différentes formes (octroi de prêt ou investissement en capital). Il génère pour les sociétés de financement un revenu soit d'intérêt (dans le cas des prêts), soit de dividendes et de plus-value de cession (dans le cas du capital). Ces revenus permettent de couvrir les coûts de l'investissement et *in fine* de rémunérer l'argent investi dans la société d'investissement.

Le schéma ci-dessous[1] illustre ce mécanisme pour un fonds spécialisé octroyant un prêt à une IMF.

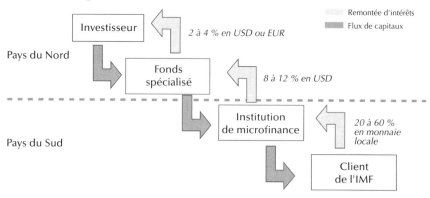

L'investissement dans le capital d'une IMF privée est en pratique très différent du simple octroi de prêt : l'investisseur en capital, en devenant actionnaire, a un droit de regard sur le développement et la stratégie de l'IMF. Un fonds d'investissement en capital est en général membre du conseil d'administration et joue un rôle important dans la gouvernance de l'institution. Son objectif est de contribuer au développement de l'IMF, de « créer de la valeur » puis de céder ses actions au bout d'une période donnée (de cinq à dix ans en général) en réalisant une plus-value. C'est le mécanisme de ce qu'on appelle couramment le « capital risque » ou le « capital développement ».

La rémunération de l'argent investi dans une société de financement spécialisée est théoriquement centrale pour attirer des investisseurs : il faut que cette rémunération soit proportionnelle au risque perçu de l'activité et du pays. Pourtant, en microfinance, l'utilité sociale des investissements est souvent un élément primordial de la décision d'investir dans des sociétés spécialisées dans le financement de cette activité. Cette volonté de concilier utilité sociale et rentabilité d'un investissement est souvent désignée sous le terme d'*investissement*

---

1. Tiré d'un prospectus de la Compagnie Financière Edmond de Rothschild Banque.

éthique ou *investissement socialement responsable (ISR)*. Concrètement un investisseur socialement responsable renonce à une partie de la rémunération de son investissement car il sait que celui-ci a une utilité sociale directe.

La plupart des sociétés de financement fonctionnent sous la forme de fonds (structures légales crées *ad hoc,* gérées selon des procédures de gestion connues à l'avance). Même si certaines adoptent une autre forme légale, nous utiliserons le mot « fonds » pour désigner l'ensemble des sociétés de financement.

On dénombrait à fin 2007 plus de 80 fonds spécialisés en microfinance, dont la moitié avait moins de trois ans d'existence. Ces fonds ont connu une très forte croissance depuis trois ans, passant de 500 millions de dollars d'actifs à plus 2 milliards de dollars. Ils canalisent aujourd'hui 60 % des investissements étrangers en microfinance[1].

Typologie des fonds de financement spécialisés[2]

On peut regrouper les fonds de financement spécialisés en microfinance en quatre catégories :

Les fonds commerciaux de dette

Ils représentent la plus grosse partie des capitaux investis dans les fonds de financement spécialisés. Ils sont abondés par des investisseurs privés – soit des personnes privées soit des investisseurs institutionnels comme des fonds de pension ou des compagnies d'assurance – et ont pour objectif d'offrir une rémunération très proche de celle du marché. Cette contrainte de rentabilité les amène à faire surtout des prêts de montants importants à des IMF matures et rentables, et à concentrer leurs investissements en Amérique Latine et en Europe de l'Est, zones où le secteur de la microfinance est le plus viable commercialement. Il faut noter qu'une partie parfois importante de leur portefeuille peut

---

1. Reille X., Forster S., *Foreign Capital Investment in Microfinance,* CGAP Focus Note n°44, février 2008
2. L'ensemble de cette section s'appuie sur le travail de Patrick Goodman, consultant pour ADA, en particulier : Patrick Goodman, "International Investment Funds, Mobilising Investors towards Microfinance", novembre 2003, ADA.

être investie également dans d'autres fonds de financement spécialisés. Ils sont de taille relativement importante avec en 2006 des fonds gérés de l'ordre de 50 millions d'euros en moyenne.

Dexia Micro-Credit Fund[1]

Dexia Micro-Credit Fund a été créé en 1998 sous l'impulsion de la CNUCED (Commission des Nations Unies pour le commerce et le développement) pour financer des prêts à destination de la microfinance grâce à l'investissement privé.

Le groupe bancaire Dexia a été le premier investisseur de ce fonds et en assure la gestion technique et financière. Il en a délégué la gestion opérationnelle (sélection des IMF à financer, négociation, recouvrement...) à Blue Orchard, une société basée en Suisse spécialisée dans les prêts aux institutions de microfinance.

D'un point de vue technique, Dexia Micro-Credit Fund est une SICAV. La valeur du fonds est par conséquent évaluée chaque mois et les investisseurs sont libres de liquider à tout moment tout ou partie de leur investissement dans la SICAV à la valeur déterminée par l'évaluation du mois.

Dexia Micro-Credit Fund gérait en mai 2008 plus de 300 millions de dollars d'actifs, investis dans 100 IMF réparties dans 30 pays (soit un prêt moyen par institution de l'ordre de 1,8 millions de dollars). Les premiers prêts réalisés à une IMF sont généralement réalisés sur des durées assez courtes (autour de 20 mois). Ils sont en général renouvelés sur la base de montants et de durées croissants.

Dexia Micro-Credit Fund ne prête qu'à des institutions matures, ayant un portefeuille de crédit de plus d'un million euros et disposant de comptes audités et d'évaluation externe par des agences. En mai 2008, le portefeuille investi était surtout concentré en Amérique Latine (35 %) et en Europe de l'Est et Centrale (45 %).

Les fonds mixtes

Les fonds mixtes recherchent à la fois une utilité sociale forte et une rémunération financière, bien qu'inférieure au niveau du marché. En 2007, 85 % des investisseurs dans ce type de fonds étaient soit des

---

1. Cf. site internet : www.blueorchard.ch

personnes privées soit des ONG ou fondations. Leurs interventions peuvent prendre la forme de prêt ou de prise de participation au capital d'IMF. Ils investissent généralement dans des IMF de taille moyenne et sont, comparativement aux fonds commerciaux de dette, plus actifs en Afrique et en Asie du sud-est.

Oikocredit[1]

Oikocredit est une société de financement basée aux Pays-Bas (pays très actif dans le domaine du financement de la microfinance en général). Elle a été créée en 1975, il y a plus de 30 ans par le Conseil œcuménique des Eglises[2] avec, dès l'origine, l'objectif de soutenir l'accès aux services financiers pour les pauvres et les exclus.

En mars 2008, Oikocredit gérait plus de 320 millions d'euros, investis soit directement par des églises, soit par des associations de sympathisants qui regroupent à travers le monde 24 000 personnes ou organisations privées.

Oikocredit investit plus de 60% de ses actifs dans le secteur de la microfinance. En mars 2008, près de 200 millions d'euros étaient ainsi investis dans 420 IMF dans le monde, dont 60 % sous forme de prêts. Le prêt moyen par IMF est de l'ordre 300 000 euros. Pour gérer ce portefeuille, l'institution s'appuie sur une équipe d'une centaine de personnes réparties dans 11 bureaux régionaux sur tous les continents.

Depuis 1989, Oikocredit distribue chaque année un dividende annuel correspondant à 2 % de son capital (sauf en 1998/99, en raison de la crise asiatique). Les investisseurs au sein d'Oikocredit peuvent, sous certaines conditions, revendre leurs actions à la valeur d'entrée.

Les fonds Holding

Suivant l'exemple de l'opérateur allemand IPC, qui en 1998 a créé IMI/Procredit, un fonds d'investissement spécialisé (voir encadré ci-dessous), certaines organisations spécialisées en microfinance (qui sont présentées au chapitre 15) ont développé des structures d'investissement qui leur

---

1. Cf. site Internet : www.oikocredit.org
2. Organisation regroupant 340 Églises orthodoxes et protestantes représentant 400 millions de chrétiens.

sont associées. L'avantage pour ces organisations spécialisées est de disposer d'un outil permettant de garder un contrôle direct sur les IMF qu'elles gèrent en tant qu'opérateur.

En général, ces fonds holding sont capitalisés par les grands financeurs publics internationaux, pour qui ils constituent un outil pour créer de nouvelles IMF dans des zones considérées comme encore insuffisamment développées en matière de microfinance. De fait, en 2006, plus de 30 % des investissements réalisés par ces fonds Holding étaient concentrés en Afrique.

IPC / Procredit Holding[1]

IPC (Internationale Projekt Consult) est une organisation spécialisée en microfinance basée en Allemagne. Dans les années 90, IPC est intervenu dans la transformation de quelques ONG de microfinance en institutions privées régulées. Devant les difficultés et les lourdeurs de ce type de processus, IPC est arrivé à la conclusion qu'il serait plus rapide et efficace de créer *ex nihilo* de nouvelles institutions de microfinance régulées. Pour pouvoir démarrer plus facilement et contrôler directement les institutions créées, IPC a créé un fonds d'investissement en capital qui pourrait prendre des positions d'actionnaire principal dans des IMF à créer.

En 1998 le fonds d'investissement IMI (devenu depuis Procredit Holding) était lancé par IPC et quelques salariés qui y ont investi à titre privé. Ils furent très vite rejoints par des bailleurs de fonds publics internationaux (SFI, agences de coopération allemande et néerlandaise...). Les premières institutions étaient lancées en 1998 d'abord en Bosnie, puis en Géorgie, en Albanie et au Kosovo.

À chaque lancement d'IMF, Procredit Holding constitue un tour de table avec quelques partenaires privilégiés, dont beaucoup sont actionnaires de Procredit Holding. Procredit réunit aussi des subventions, également octroyées, en général, par les bailleurs publics actionnaires du fonds, pour financer l'intervention de IPC en tant qu'opérateur.

En mars 2008, le réseau Procredit comptait 22 institutions réparties dans le monde entier (7 en Amérique Latine, 4 en Afrique et 11 en Europe Centrale). Ces institutions gèrent près de 972 000 prêts et 3 milliards d'euros de portefeuille de microcrédits. Procredit Holding, dont le capital est aujourd'hui de 83 millions d'euros, apporté en majorité par des bailleurs de fonds internationaux, est le principal actionnaire de ces 22 institutions.

---

1. From charity to business, The Economist, 3 novembre 2005. Voir également le site Internet : www.procredit-holding.com

Les fonds d'investissement ou de Private Equity

Les fonds d'investissement interviennent sous forme de prise de participation au capital, le plus souvent d'IMF existantes, déjà rentables et en croissance. Ces fonds ont souvent été soutenus par des bailleurs de fonds à leur démarrage mais leur actionnariat est de plus en plus privé. S'ils sont « socialement responsables », ces fonds sont cependant très attentifs à leur niveau de rémunération, qui doit s'approcher de celui du marché. Ils sont très présents en Asie et en Afrique. Encore peu nombreux et de taille modeste (10 millions d'euros en moyenne en 2006), les fonds d'investissement connaissent la plus forte croissance parmi les fonds spécialisés.

Investisseur et Partenaire pour le Développement (I&P)[1]

I&P est une société d'investissement et de financement créée en avril 2002 par un groupe d'entrepreneurs issus du milieu du capital-risque et de l'investissement en Europe. En 2008, elle disposait d'un capital de 19 millions d'euros apportés par 19 investisseurs privés, deux fondations et deux bailleurs de fonds publics : Proparco (groupe AFD) et la Banque Européenne d'Investissement.

I&P intervient à la fois dans le domaine de la microfinance (qui représente environ 50 % de ses investissements) et dans des sociétés de taille moyenne en Afrique francophone.

Dans les deux cas, I&P apporte des financements en fonds propres (éventuellement complétés par de la dette), permettant, au delà des ressources apportées, de créer de véritables partenariats stratégiques. I&P revendique un rôle d'actionnaire actif, participant à la gouvernance des IMF dans lesquelles il investit.

En 2009, I&P avait développé un portefeuille d'engagement de plus de 13,5 millions d'euros, dont plus de 9 millions dans le domaine de la microfinance. I&P est administrateur de quatre IMF, au Mexique, au Cameroun, en Côte d'Ivoire et en Ouganda.

Les principaux fonds de financement

Le dynamisme du secteur des fonds de financement spécialisés et le nombre croissant des acteurs présents sur ce secteur rendent difficile un

---

1. Cf. site Internet : www.ip-dev.com

inventaire exhaustif de ces fonds. Nous renvoyons donc le lecteur vers le site internet du Mix Market[1], qui listait en 2008 plus de 100 fonds de financement spécialisés.

Le tableau ci-dessous regroupe quelques uns des principaux fonds :

Nom du fonds	Pays d'origine[a]	Type de fonds	Site Internet
Principaux acteurs basés en France			
Advans	France	Fonds Holding	www.advansgroup.com
Investisseur et Partenaire pour le Développement	France	Fonds Private Equity	www.ip-dev.com
MicroCred	France	Fonds Holding	www.microcred.org
Pamiga	France	Fonds Private Equity	www.pamiga.org
SIDI	France	Fonds mixte	www.sidi.fr
Principaux acteurs internationaux			
ACCION Investments	USA	Fonds Private Equity	www.accion.org/services_accion_investments.asp
Africap	Afrique du Sud	Fonds Private Equity	www.agricapfund.com
Dexia Micro-Credit Fund	Suisse	Fonds commercial de dette	www.blueorchard.ch/
Global Microfinance Facility (GMF)	Pérou	Fonds commercial de dette	
Inconfin	Belgique	Fonds mixte	www.incofin.be
Latin America Challenge Investment Fund (LACIF)	Pérou	Fonds commercial de dette	www.cyrano-management.com/lacif/english/lacif.htm
Microvest	USA	Fonds commercial de dette	www.microvestfund.com
Oikocredit	Pays-Bas	Fonds mixte	www.oikocredit.org
Procredit Holding	Allemagne	Fonds Holding	www.procredit-holding.com/
Responsability	Suisse	Fonds commercial de dette	www.responsability.ch/fr/index.html
ShoreCap International	USA	Fonds Private Equity	www.shorecap.net
Triodos-Doen Foundation	Pays-Bas	Fonds commercial de dette	www.triodos.com/com/international_funds/micro_finance_and_fair_trade/general/triodos_doen_foundation/

a. Pays où les équipes de gestion du fonds spécialisé sont basées.

---

1. http://www.mixmarket.org/en/supply/supply.quick.search.asp.

Le rôle des financeurs publics et l'afflux de capitaux privés

Les financeurs publics (voir chapitre 17) ont joué un rôle historique dans l'émergence des fonds de financement spécialisés :

▸ L'émergence d'institutions de microfinance rentables à statut privé a rendu les modes d'interventions classiques de financeurs publics (subvention, prêt à taux concessionnels) peu adaptés à la nouvelle réalité du secteur.

▸ L'investissement direct dans des sociétés privées est un mode d'intervention pour lequel peu de donateurs publics sont équipés.

La création de fonds d'investissement spécialisés dans la microfinance, gérés par des sociétés ayant développé une véritable expertise dans ce métier, est apparue au début des années 2000 comme un mode d'intervention adapté pour les financeurs publics, ou plus précisément pour les investisseurs publics (voir définition en page 285). L'hypothèse de départ était que ce type d'instrument devait également permettre d'attirer vers le secteur des partenaires privés susceptibles de prendre la relève à terme.

Les investisseurs publics ont donc joué un rôle prépondérant dans le démarrage de ces fonds de financement spécialisés. En 2003 encore 75 % des montants investis dans les fonds de financements spécialisés provenaient ainsi de ces investisseurs publics.

Depuis, l'hypothèse que les fonds de financement spécialisés pouvaient servir de catalyseur à l'investissement privé en microfinance s'est avérée exacte. Les capitaux privés investis dans la microfinance ont ainsi été multipliés quasiment par 10 entre 2004 et 2006 et plus de 85 % de cet afflux de capitaux est dirigé vers les fonds de financement spécialisés.

Cet afflux de capital alimente une croissance très importante des fonds de financement dont les fonds disponibles pour être investis dans des IMF sont passés d'environ 500 millions USD en 2004 à plus 3 milliards USD en 2006.

Répartition de l'investissement direct de source étrangère dans les IMF en 2006

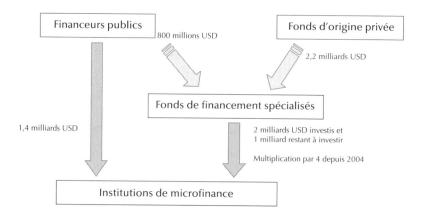

Cet afflux de capitaux privés s'explique par plusieurs facteurs :

❯ L'apparition d'IMF capables de rémunérer les capitaux investis chez elles à des conditions attractives ;

❯ Le développement des fonds de financement spécialisés, qui jouent le rôle d'intermédiaire entre IMF et investisseurs privés ;

❯ La médiatisation croissante de la microfinance qui a eu pour effet de mettre clairement le secteur sur le radar des investisseurs socialement responsables ;

❯ L'arrivée récente d'investisseurs « classiques » pour qui l'aspect social de la microfinance est secondaire mais qui voient dans le secteur une opportunité d'investissement profitable.

Il faut cependant relativiser cette croissance de l'investissement privé dans la microfinance. Tout d'abord, si cet afflux de capitaux permet aux meilleures IMF de financer leur croissance, 75 % du financement de la microfinance est local[1], auprès de banques et surtout auprès des clients de la microfinance grâce à l'épargne captée par les IMF. D'autre part, l'intérêt du secteur privé pour la microfinance reste récent et fragile. Si « l'effet de mode » s'essouffle ou si l'image positive dont bénéficie la microfinance vient à s'éroder, ces capitaux privés seront probablement les premiers à se retirer du secteur. Enfin la crise financière qui a éclaté

---

1. Reille X., Forster S., *Foreign Capital Investment in Microfinance,* CGAP Focus Note n° 44, février 2008.

en 2008 touche bien sûr également l'investissement privé en microfinance et on constate dès à présent un ralentissement de la croissance des capitaux privés en microfinance (même si globalement le secteur est pour le moment moins touché que d'autres).

Il faut enfin noter que l'intérêt croissant du secteur privé pour la microfinance crée une situation paradoxale de concurrence naissante entre bailleurs de fonds et investisseurs privés (voir page 289).

Quelles sont les institutions financées par les fonds de financement spécialisés ?

Par nature, les fonds de financement spécialisés se concentrent sur les IMF rentables et matures, à même de rembourser leur dette ou de rémunérer leur capital.

Les fonds spécialisés ont ainsi tendance à effectuer des investissements aux caractéristiques suivantes :

▶ des IMF privées et réglementées par l'autorité de supervision locale (plus de 80 % de l'investissement direct de source étrangère en juin 2004) ;

▶ des IMF située en Amérique Latine (plus de 42 % des investissements par les fonds spécialisés) et en Europe Centrale (39 % des investissements) [1] ;

▶ des investissements réalisés sous la forme de dette (75 % des investissements réalisés).

Le développement des fonds spécialisés n'a donc profité en réalité qu'à une petite frange des IMF : en 2006, 10 IMF avaient capté à elles seules plus du quart de l'investissement réalisé par l'ensemble des fonds spécialisés.

Les enjeux de la croissance

La croissance très forte des montants investis par les fonds de financements spécialisés comporte des risques :

1. http://www.microfinancegateway.org/files/40679_file_43.pdf

▶ d'une part, les IMF disposant d'un accès pléthorique à des ressources pour financer leur croissance peuvent connaitre des crises liées à une croissance trop rapide et mal maitrisée ;

▶ d'autre part, les fonds de financement spécialisés peuvent être tentés, pour placer les capitaux qu'on leur a confiés, de prendre eux mêmes plus de risques en finançant des institutions moins matures ou en endettant de manière exagérée des IMF encore fragiles.

Dans tous les cas, il en résulte un risque croissant de voir certaines IMF faire faillite et ne pas être en mesure de rembourser leurs dettes. Ces cas de défauts, s'ils venaient à se multiplier, pourraient à terme remettre en cause l'engouement des investisseurs privés pour le secteur.

Cette croissance comporte également des avantages notamment pour les IMF :

▶ D'une part, le fait que les fonds spécialisés soient obligés de prendre des risques permet à un plus grand nombre d'IMF d'accéder à des financements. Ce ne sont plus seulement les IMF les plus matures qui sont financées et le spectre d'intervention des fonds spécialisé à tendance s'élargir ;

▶ D'autre part, la concurrence accrue entre fonds spécialisés place les IMF dans une position plus favorable pour négocier de meilleurs taux, des maturités plus longues et des montants plus importants.

Les financements en devises fortes, un risque pour les IMF

La quasi-totalité de l'argent investi dans les fonds spécialisés vient d'Europe ou des États-Unis. Ces fonds gèrent des sommes libellées en euros ou en dollars mais investissent dans des IMF qui travaillent en monnaie locale, souvent dans des devises dites « exotiques », pour lesquelles les mécanismes de couverture du risque de change n'existent pas.

Le financement des IMF par les fonds spécialisés comporte donc un risque de change structurel. Ce risque se matérialise quand la monnaie locale se déprécie (ce qui se produit de façon parfois brutale). Dans ce cas :

▶ Si le prêt est libellé en devise locale, le fonds spécialisé enregistrera une perte de change ;

▶ À l'inverse, si le prêt est réalisé en devise forte, c'est l'IMF qui supportera la perte de change.

Dans les faits, les fonds spécialisés refusent presque toujours d'assumer le risque de change. Ainsi, en 2006, 85% de la dette provenant de sources étrangères finançant les IMF était libellée en devises fortes (euro ou dollar). Le risque de change est donc reporté de fait sur les IMF, qui prennent le risque de ne pouvoir faire face à leurs obligations en cas de dépréciation de la devise de leur pays.

D'un point de vue économique, il est plus sain et plus efficace de se financer en devise locale, mais devant les difficultés pour lever des ressources locales (restriction sur la collecte de l'épargne, méfiance des banques, faiblesse des marchés locaux de capitaux) la tentation est forte de se tourner vers ces ressources, qui impliquent pourtant un risque parfois trop important.

C'est un problème auquel les principaux acteurs du secteur sont sensibilisés :

▶ Dans un certain nombre de pays l'État limite la possibilité pour les IMF de s'endetter en devise étrangère ;

▶ Beaucoup d'IMF préfèrent limiter d'elles-mêmes leur recours aux prêts en devises fortes, quitte à croître moins vite ;

▶ Enfin, les fonds spécialisés travaillent sur cette question. Plusieurs possibilités sont explorées :

– Une solution de plus en plus utilisée consiste à s'appuyer sur des banques locales qui peuvent prêter aux IMF sans prendre de risque de change. Dans ce cas, le fonds spécialisé garantit auprès de la banque locale le remboursement du prêt par l'IMF ;

– Certains acteurs évoquent aussi la possibilité de lever de l'argent directement dans les devises des pays où ils vont investir ;

– Des instruments complexes permettant de couvrir le risque de change même sur des monnaies « exotiques » commencent à émerger[1].

---

1. Voir notamment le Currency Exchange Fund sur le site www.tcxfund.com.

De nouveaux acteurs, de nouveaux instruments financiers

L'implication croissante des banques puis des capitaux privés dans le secteur de la microfinance a entraîné l'émergence de nouveaux types d'acteurs, comme des agences de notation spécialisées ou des intermédiaires financiers, destinés à accompagner cette évolution.

Les agences de notation

Une agence de notation émet des avis sur la solvabilité, les risques de défaillances ou les risques financiers de toute organisation endettée : entreprise, État, banque… . Son intervention est généralement financée par l'organisation notée et l'information qu'elle produit est le plus souvent publique.

Les notes données conditionnent fortement les taux d'intérêts auxquels les organisations notées empruntent. Ainsi, une très bonne note (AAA pour Standard &Poor's) indique un risque faible : l'organisation ayant obtenu cette note paiera des taux d'intérêt faibles.

Standard &Poor's, Moody's et Fitch sont les trois principales agences de notation au niveau mondial.

Plusieurs agences de notation spécialisées en microfinance ont émergé dès la fin des années 90, au même moment que les premiers fonds de financement spécialisés. En effet, beaucoup de ces fonds ont exigé systématiquement des IMF une évaluation par une agence reconnue avant de les financer.

Les agences de notation ont bénéficié à l'origine d'un soutien important des bailleurs publics, dans le but d'améliorer la transparence du secteur et de renforcer les liens avec les partenaires financiers privés. L'émergence d'acteurs spécialisés sur le secteur spécifique de la microfinance est liée à plusieurs facteurs :

▸ Le manque d'intérêt initial des agences généralistes de type Standard & Poor's, pour qui les missions d'évaluation d'IMF étaient de taille trop limitée ;

▸ Les spécificités du secteur de la microfinance : les attentes en termes d'évaluation des acteurs du secteur ne portent pas simplement sur le risque de défaillance de l'IMF sur une période de temps donnée. Les évaluations d'IMF mesurent une performance globale qui inclut également la qualité de la gouvernance, des systèmes d'information ou du portefeuille. C'est plus une évaluation institutionnelle qu'une simple évaluation du risque de crédit.

Il faut noter que les agences de notation classiques sont de plus en plus actives dans le secteur de la microfinance et concurrencent aujourd'hui les agences spécialisées, notamment pour les IMF les plus importantes. L'agence Fitch est particulièrement en pointe sur ce secteur.

L'encadré ci-dessous reprend les principaux points de la méthodologie utilisée par Planet Rating, une des principales agences spécialisées dans la notation des IMF :

La méthodologie GIRAFE de Planet Rating

Planet Rating a été créé en 1999 comme un département de l'ONG Planet Finance, avec pour objectif de développer une activité d'évaluation d'institutions de microfinance. À la fin de l'année 2005, Planet Rating avait réalisé 145 missions dans plus de 35 pays.

Dès l'origine, Planet Rating s'est appuyé sur une méthodologie d'évaluation développée spécifiquement pour le secteur de la microfinance. Baptisée GIRAFE, elle repose sur six domaines d'évaluation.

- *Gouvernance* : vérification de l'exercice de la propriété de l'institution, de la pertinence de la stratégie, de l'équilibre entre les réalités opérationnelles et la vision stratégique ; évaluation des compétences de l'équipe de direction et du personnel, ainsi que du système de gestion des ressources humaines.

- *Information :* qualité des informations produites par l'IMF, sécurité et fluidité du système de production des informations.

- *Risques : indications et contrôle* : qualité de la gestion du risque dans l'institution : les dirigeants et chaque membre du personnel ont-ils bien identifié les risques afférents à leurs tâches ? Des contrôles sont-ils mis en place pour les couvrir ?

- *Activités :* qualité de la gestion des activités et qualité du portefeuille.

- *Financement et liquidité* : analyse du financement de l'institution, de sa correspondance avec les actifs (risques de taux, de devise et de maturité), et de sa stratégie de financement pour l'avenir.

- *Efficacité et rentabilité :* analyse de la pérennité financière de l'IMF.

Les missions d'évaluation des équipes de Planet Rating durent de 5 à 7 jours. Au terme d'une mission, un rapport d'une quinzaine de pages, détaillant la performance de l'IMF dans chacun des domaines, est rédigé et une note synthétique (allant de « E » pour les moins bons à « A+ » pour les meilleurs) est attribuée.

Les sociétés de management de fonds

Les fonds spécialisés (cf page 315) sont généralement gérés par des sociétés de management de fonds spécialisées en microfinance. Le rôle principal de ces sociétés de management de fonds consiste à placer et à prêter auprès d'IMF les capitaux levés chez les investisseurs. Ces sociétés sont rémunérées par un pourcentage des revenus des fonds qu'elles gèrent.

Ce travail d'intermédiaire exige de la part des sociétés de management de fonds de disposer d'un réseau très étendu de contacts, mais aussi d'avoir une connaissance fine des IMF. Il faut savoir analyser le risque spécifique de chaque IMF, savoir assurer un suivi de chacune d'elle.

Ces sociétés de management de fonds sont également chargées d'assurer le *reporting* auprès des investisseurs. Elles jouent bien sûr un rôle essentiel dans la levée de nouveaux fonds. Les principales sont listées dans le tableau en page 331.

Les sociétés de brokerage

Un autre type d'acteurs, proche du précédent, a émergé récemment : les sociétés de brokerage. Ces sociétés ne gèrent pas de fonds en particulier, mais font le travail inverse. Elles négocient par avance avec des IMF les conditions de prêt correspondant à leurs besoins de financement, et elles proposent ensuite à des fonds ces opportunités d'investissement.

En effet, les fonds ne disposent pas toujours d'une connaissance suffisamment fine des IMF ni du réseau nécessaire pour investir. Les intermédiaires apportent ainsi leur analyse et leur expérience d'un très grand nombre d'IMF dans le monde entier. Ils sont rémunérés par une commission sur la transaction effectuée.

Ces métiers requièrent une grande maîtrise du terrain et des visites fréquentes dans les IMF. Les sociétés de brokerage sont pourtant situées la plupart du temps dans les pays du nord (voir tableau page 331).

Les plateformes de microcrédit en ligne[1]

Des sites web sur le modèle du « peer to peer » permettent aujourd'hui à des particuliers de prêter directement sur Internet de petits montants (de 20 à 1 000 euros) à des microentrepreneurs. Il en existe plusieurs types :

▸ Des sites de microprêts en faveur des entrepreneurs des pays du sud, sur lesquels le prêteur n'est pas rémunéré : Kiva (créé aux États-Unis) et Babyloan (créé en France) ;

▸ Des sites de microprêts commerciaux en faveur des entrepreneurs des pays du sud, sur lesquels le prêteur est rémunéré : MyC4 ou Microplace.

Ces sites diffèrent légèrement, mais leur principe est le même : des IMF partenaires du site web sélectionnent des entrepreneurs. Elles publient sur le site toutes les informations les concernant (nom, photo, description du projet, montant et objet du crédit).

L'internaute peut ensuite choisir le projet qu'il souhaite financer ainsi que le montant de sa contribution : il peut apporter le montant total demandé par l'emprunteur, ou seulement une partie. Le prêt est alors accordé par l'IMF partenaire, qui suit son remboursement et transmet régulièrement à l'internaute des informations sur la réalisation du projet. En fin de période, l'internaute peut récupérer son argent, ou bien le prêter à nouveau. Si l'emprunteur ne rembourse pas, c'est le plus souvent l'IMF qui rembourse l'internaute.

Dans le cas de Kiva et de Babyloan, l'internaute ne perçoit pas d'intérêt, mais l'entrepreneur, lui, en paie : ils servent à couvrir les coûts assumés par l'IMF (sélection, transmission des informations, recouvrement). En revanche, dans le cas de MyC4 ou de Microplace, l'internaute perçoit des intérêts.

---

1. Voir en particulier sur ces sujets :
http://microfinancement.cirad.fr/fr/frame3.html
http://www.lamicrofinance.org/content/article/detail/21646
http://www.microfinancegateway.org/content/article/detail/48284

Le microprêt en ligne connaît un réel succès : en 2008, après 3 ans d'activité, Kiva a permis à 430 000 prêteurs dans le monde d'accorder environ 60 millions USD de prêt à 80 000 entrepreneurs, par le biais d'une centaine d'IMF. Le taux de remboursement est très bon (97 %) et le nombre de rotations à partir d'une somme prêtée par un internaute est supérieure à 3. Kiva prévoit même d'atteindre 130 millions de dollars de crédit octroyé d'ici deux ans.

Le microprêt en ligne pourrait donc devenir une nouvelle opportunité de financement pour les IMF. Il permet de lever des fonds, plus ou moins bon marché ; il contribue aussi à la visibilité des IMF et de l'ensemble du secteur de la microfinance.

Ce type de financement n'est cependant pas dénué de contraintes pour les IMF :

▸ La transmission des informations promises aux internautes est une charge supplémentaire qui pèse sur les IMF. Si le succès de ces sites se confirme, les IMF devront consacrer de plus en plus de temps à collecter et envoyer l'information. Cela pourrait modifier le coût réel de ce type de financement pour les IMF.

▸ Les microprêts sont accordés en monnaie locale. Ce sont donc les IMF qui assument un risque de change élevé, contre lequel il est difficile et coûteux de se protéger.

Tableau récapitulatif des principaux acteurs

Les acteurs	Pays d'implantation	Site Web
Agences de notations		
Microrate	États-Unis	http://www.microrate.com/
Planet Rating	France	http://www.planetrating.com/
M-CRIL	Inde	http://www.m-cril.com
Fitch	États-Unis/Angleterre	http://www.fitchratings.com
Management de fonds		
Blue Orchard	Suisse	http://www.blueorchard.org/
Cyrano Management	Pérou	http://www.cyrano-management.com/
Incofin	Belgique	http://www.incofin.be/

Brokers		
PlaNis	France	http://www.planetfinance.org/
Symbiotics	Suisse	http://www.symbiotics.ch/
Microcrédit en ligne		
Kiva	États-Unis	http://www.kiva.org/
Babyloan	France	http://www.babyloan.org/
MyC4	Danemark	http://www.myc4.com/
Microplace	États-Unis	http://www.microplace.com/

De nouveaux instruments de financement (émissions obligataires et introductions en bourse)

Les techniques de financement utilisées en microfinance sont de plus en plus complexes. Certaines IMF font désormais directement appel aux marchés financiers pour trouver des capitaux. Elles réduisent ainsi le nombre d'intermédiaires et font baisser le coût du refinancement, par comparaison avec les modes de refinancement habituels auprès des banques.

Il ne s'agit pas ici de détailler ces mécanismes de financement complexes[1] mais de présenter succinctement deux cas particuliers d'appel aux marchés financiers : les émissions d'obligations et les introductions en bourse.

▶ Une émission d'obligations est une opération par laquelle une société privée propose à des personnes physiques ou privées de lui prêter des fonds, en contrepartie de la remise d'obligations, c'est-à-dire de titres par lesquels elle s'engage à rembourser ces fonds selon un échéancier donné et à les rémunérer selon un taux d'intérêt défini. Les investisseurs peuvent revendre ces titres à tout moment s'ils trouvent un acheteur.

Par ce mécanisme, la société qui émet les obligations (dans notre cas, une IMF) a accès à des ressources financières moins chères que les prêts bancaires (car la banque elle-même se finance sur les marchés financiers et prend une marge), de plus long terme et en monnaie locale.

---

1. http://lamicrofinance.org/resource_centers/outilsfinancement

Cela suppose que les investisseurs acceptent de souscrire ses obligations, et donc qu'ils jugent la société pérenne. Les IMF qui réalisent
cette condition peuvent, par ce mécanisme, attirer vers la microfinance des investisseurs plus classiques que les acteurs spécialisés du
secteur.

L'émission obligataire de l'IMF kényane FAULU[1]

FAULU, qui signifie « réussir » en swahili, est l'une des IMF les plus
importantes au Kenya. Créé en 1992 comme le volet microfinance d'un
programme de l'ONG internationale FHI (Food for the Hungry International), FAULU a pour principale activité l'octroi de prêts à des groupes
solidaires. Avec l'aide de bailleurs américains (USAID) et anglais
(DFID), le programme a été étendu et a connu un véritable succès.

En 1999, pour donner à FAULU tous les moyens de se développer, FHI
transforme le projet en société à responsabilité limitée de droit kenyan.
Aujourd'hui encore FHI est l'unique actionnaire de la société. Fin 2002,
FAULU avait 24 000 emprunteurs et représentait 20 % du marché.

FAULU a alors pu financer la croissance de son activité grâce à des
financements commerciaux et privés : d'abord avec des lignes de crédit
de deux banques commerciales en 2002 (garanties par un bailleur international), puis grâce à un prêt en dollars du Dexia Microfinance Fund
dès 2003.

Mais FAULU avait besoin de financements de plus long terme, moins
coûteux et en monnaie locale.

En 2005, FAULU décide de réaliser une émission obligataire à cinq ans,
avec l'appui d'un bailleur français, l'Agence Française de Développement, garantissant le montant de l'émission à hauteur de 75 %. Une
banque kényane se charge des aspects techniques de l'opération. Réalisée en mars 2005 pour un montant de 500 millions de shillings kényans
(7 millions USD), l'émission est un succès. Les premiers investisseurs
sont des fonds de pensions, des banques commerciales, ou des fonds
spécialisés en microfinance. Les titres FAULU s'échangent désormais sur
le marché obligataire du Nairobi Stock Exchange.

---

1. www.uncdf.org/english/microfinance/pubs/newsletter/pages/2005_04/news_faulu.php

Aujourd'hui FAULU a plus de 90 000 emprunteurs. Les capitaux levés ont effectivement permis à l'IMF d'accroître son activité de manière optimale. Cette émission pourra être répétée lorsqu'elle sera de nouveau nécessaire.

▶ Les introductions en bourse : elles permettent aux IMF d'augmenter leurs fonds propres en proposant à de multiples investisseurs de détenir des actions (c'est-à-dire une partie de leur capital, voir page 194 sur le statut de société privée pour les IMF). Ce mécanisme a lui aussi deux types d'avantages : (i) il accroît le capital de l'IMF en l'ouvrant à de nouveaux investisseurs « classiques », (ii) il assure plus de liquidité aux actions de l'IMF, qui sont facilement cessibles et donc plus attractives pour tout investisseur.

L'introduction en bourse de l'IMF kényane Equity Bank[1]

Equity Bank est la première IMF du Kenya par le nombre de clients. Sa première activité a été l'épargne. Elle regroupe à elle seule 30% des comptes courants du pays. Elle a longtemps financé son portefeuille de crédits grâce à cette épargne. Mais à partir de 2002, elle a dû trouver d'autres sources de financement pour financer la croissance de son activité de prêt. En avril 2004 le fonds AfriCap Microfinance Fund a pris une participation au capital de l'IMF. Puis des investisseurs privés kényans ont apporté 10 millions USD de capital de plus. Mais cela ne suffisait toujours pas.

En 2006, la société Equity Bank a été introduite en bourse au Nairobi Stock Exchange. Elle est la première IMF africaine à avoir été cotée en bourse. Cette introduction avait quatre objectifs principaux :

- Faciliter l'accès au capital ;

- Accroître la liquidité des participations des actionnaires ;

- Renforcer la notoriété de l'IMF et sa position stratégique ;

- Promouvoir la transparence et la gouvernance de l'IMF;

---

1. Source : Microfinance Cracking the Capital Markets II, InSight ACCION n° 22, mai 2007.

Avant l'introduction en bourse, les investisseurs privés comme AfriCap étaient des actionnaires dominants dans la société. Avec cette introduction, des actionnaires plus "spéculatifs" et des petits porteurs ont fait leur entrée au capital, suivis par des investisseurs institutionnels et des managers de fonds.

Le prix d'introduction était initialement de 1 dollar US par action. Huit mois plus tard ce prix s'élevait à 3,40 dollars et Equity avait augmenté sa valorisation boursière initiale de 91,5 millions de dollars US pour atteindre environ 315 millions de dollars US.

Des instruments encore peu répandus

Ces mécanismes financiers sont encore réservés à des IMF suffisamment importantes, opérant dans des environnements où les marchés financiers ont acquis une certaine maturité technologique et juridique, mais aussi une profondeur (une masse critique d'investisseurs) suffisante. Les IMF qui peuvent y avoir recours sont pour l'instant peu nombreuses car elles doivent avoir des structures financière et de gouvernance très solides.

En outre ces opérations ont un coût élevé pour plusieurs raisons :

▶ L'intervention d'une banque d'affaires est nécessaire ;

▶ Les coûts juridiques sont importants ;

▶ Des coûts liés à la communication financière apparaissent : cette transparence est indispensable pour s'adresser aux marchés financiers. Au lieu d'avoir un seul créancier ou investisseur à convaincre (comme dans le cas d'une banque), l'IMF doit réussir à rassurer le marché en général.

Il faut donc avoir conscience de ces difficultés et de ces coûts avant de faire appel à ce type de mécanismes.

Les fondations privées

Les fondations privées sont un autre type d'acteur privé qui a recemment émergé et joue un rôle croissant dans le secteur. Bien qu'elles soient d'origine privée, ces fondations utilisent des instruments généralement réservés aux financeurs publics : subventions, prêts concessionnels… Elles peuvent être soit des fondations d'entreprises, soit des fondations issues de donations individuelles (Fondation Ford, Fondation Gates, Fondation Argidius par exemple). Elles disposent de montants considérables et jouent un rôle de plus en plus important dans le secteur : quatre fondations privées[1] sont devenues récemment membres du CGAP, le consortium des financeurs les plus actifs en microfinance (voir page 290). On recense une quarantaine de fondations privées intervenant dans la microfinance.

L'implication récente de la fondation Bill & Melinda Gates[2]

Créée en 2000 par le fondateur de Microsoft et son épouse, la fondation Gates vise à réduire les inégalités et à améliorer les conditions de vie des êtres humains à travers le monde. Elle dispose de plus de 40 milliards de dollars d'actifs, auxquels le milliardaire Warren Buffet a promis en 2006 d'ajouter progressivement sa propre fortune de plus de 30 milliards de dollars. Les ressources financières générées par ces actifs financent des actions sociales ou de développement.

La fondation accorde chaque année près de 2 milliards de dollars de subvention à travers trois programmes : un programme santé (le principal, 60% des subventions), un programme destiné aux États-Unis (environ 25%), et le programme de développement global (15%) recouvrant plusieurs secteurs de l'aide aux pays du sud, dont l'accès des pauvres aux services financiers. Ces montants sont bien supérieurs à ceux octroyés par la plupart des organisations publiques, nationales ou internationales.

Depuis 2000, une quarantaine de subventions ont été accordées par le guichet « Accès des pauvres aux services financiers », pour un montant total d'environ 250 millions de dollars US. Les bénéficiaires sont des structures publiques ou privées, mais le plus souvent des IMF, des fonds d'investissement en microfinance, ou encore des centres de recherche sur la microfinance.

Ces appuis financiers sont de montant variable (de moins de 1 million à plus de 30 millions de dollars) et s'échelonnent sur plusieurs années. Les subventions sont accordées à des organisations très structurées

---

1. Ford Fondation, Michael and Susan Dell Fondation, Bill and Melinda Gates Fondation et Omidyar Network
2. http://www.gatesfoundation.org/topics/Pages/financial-services-for-the-poor.aspx

(financeurs de la microfinance, fonds d'investissement, organisations d'appui à des réseaux d'IMF) présentes en Asie et en Afrique.

Il s'agit de financer des initiatives innovantes permettant de réduire les coûts d'accès aux services de transactions financières, mais aussi d'accroître l'accès pour le plus grand nombre aux services financiers de tous ordres (épargne, microassurance). Plusieurs projets emblématiques sont en cours :

- Un appui à la microassurance avec l'Organisation Internationale du Travail (OIT) : une subvention de la fondation Gates de 34 millions de dollars à l'OIT va permettre de créer un Fonds pour l'Innovation dans la Microassurance.

- Un appui aux transferts de fonds en association avec Développement International Desjardins (DID) : la subvention de 9 millions de dollars de la fondation Gates doit renforcer les services de transfert de fonds dans plus de 250 coopératives et IMF.

- Le programme Nouvelles Technologies du CGAP : la fondation Gates apporte un soutien de 24 millions de dollars à cette initiative du CGAP qui finance des expériences pilotes alliant nouvelles technologies et services financiers, dans les régions les plus enclavées et les plus pauvres.

Chapitre 20

Le débat sur la « commercialisation » de la microfinance

On désigne généralement par le terme de « commercialisation » l'évolution de la microfinance d'un secteur à forte vocation sociale et dépendant du soutien d'acteurs publics vers un secteur où l'accent est mis sur la viabilité financière, où les IMF adoptent des logiques d'entreprises plus classiques.

L'évolution vers la commercialisation à partir des années 90

Cette évolution a démarré à la fin des années 90 avec l'apparition des premières IMF adoptant un statut de société commerciale et affichant des rentabilités s'apparentant au secteur privé classique. Elle s'est poursuivie et amplifiée dans les années 2000 avant de s'accélérer encore avec l'arrivée récente et massive de capitaux privés dans le secteur de la microfinance (voir chapitre 19).

Concrètement, un nombre croissant d'IMF ayant démarré leurs activités sous forme d'ONG, voire de coopérative, ont changé de statut juridique en se « transformant » en société à capitaux privés, généralement régulées. Dans le même temps, une nouvelle génération d'IMF créées directement sous forme privée a vu le jour, notamment sous l'impulsion des fonds holding (voir page 317).

Dans le sillage de cette évolution, un nombre croissant d'acteurs privés – fonds d'investissement, banque commerciales, intermédiaires financiers spécialisés – que nous venons de décrire dans ce chapitre ont émergé et se sont impliqués dans le secteur.

À de nombreux égards, cette évolution constitue une opportunité pour le secteur de la microfinance et pour ses clients actuels ou futurs. L'organisation américaine SEEP estimait en effet en 2006 que pour simplement répondre à la demande potentielle (estimée à 280 milliards de dollars), il faudrait encore multiplier par 10 les montants investis en microfinance. Ces fonds ne pourront pas être apportés par des acteurs publics ou des fondations, et il sera nécessaire pour atteindre cet objectif d'attirer de façon importante et durable des capitaux privés dans le secteur.

Par ailleurs, cette commercialisation conduit un nombre croissant d'IMF à se placer dans une logique de concurrence avec d'autres institutions. Or comme nous l'avons vu dans le chapitre 13 (page 246), la concurrence est le véritable moteur de la baisse de taux d'intérêts payés par les clients. Cette concurrence amène également les IMF à diversifier leur offre de produits, et à chercher à satisfaire au mieux leurs clients.

Des risques à prendre en compte

La commercialisation comporte néanmoins des risques importants pour le secteur. Nous avons déjà évoqué en page 324 les risques de surchauffe liés à l'afflux massif et soudain de capitaux privés ainsi que les risques potentiels en cas de retrait rapide de ces capitaux. À cet égard la crise financière qui a éclaté en 2008 a eu un impact sur l'investissement privé en microfinance (même si pour le moment la microfinance semble nettement moins touchée que d'autres secteurs par un retrait de capitaux[1]). Au-delà de ces aspects, les fonds privés investis dans le secteur peuvent entrer en conflit avec des principes essentiels de la microfinance. En effet, les capitaux privés investis dans le secteur attendent une rémunération. Il

---

1. Reille X. et Glisovic-Mezieres J, *Microfinance Funds Continue to Grow Despite the Crisis,* mai 2009

convient de noter sur cette question que les profils des investisseurs dans le secteur restent encore très diversifiés. Les investisseurs sociaux à la recherche à la fois d'un retour financier et d'un impact social, furent les premiers à s'intéresser au secteur, et restent majoritaires. Mais de façon croissante, des investisseurs purement privés et commerciaux (fonds de pension, hedge funds, etc.) s'intéressent au secteur. Or, ces derniers cherchent une rentabilité maximale, sans se soucier de l'aspect social.

D'autres évolutions sont inéluctables

Dans tous les cas, ces attentes de rémunération ne sont pas sans conséquences pour la microfinance et les IMF.

Tout d'abord les fonds privés sont avant tout dirigés vers les IMF, déjà matures, présentes dans des pays et des types de clientèle moins risquées et plus rentables (zones urbaines, clients peu vulnérables)

Ensuite, pour continuer à croître, la nécessité d'attirer et rémunérer ces capitaux privés peut pousser des IMF à changer leur stratégie, et à abandonner ou, du moins, donner moins d'importance à leur mission sociale. Cela est particulièrement le cas des IMF adoptant un statut privé, avec une gouvernance accordant la responsabilité d'élaborer la stratégie de l'institution à ses actionnaires. Ceux-ci, dans une logique de rentabilisation de leur investissement peuvent changer ou affaiblir la mission sociale de l'IMF. On parle alors de « dérive de mission ». Celle-ci peut se manifester comme évoqué dans le chapitre 12 sur la stratégie d'une IMF par une augmentation du prêt moyen alimenté par l'abandon des clients plus pauvres et le développement vers des clientèles moins vulnérables. Un autre exemple de conflit direct entre la mission sociale d'une IMF et le souci de rentabilité de ses actionnaires est le niveau d'intérêt pratiqué par l'IMF. Plus les taux sont hauts, plus l'institution est rentable, ce qui bénéficie d'un point de vue financier aux actionnaires. Plus ils sont bas, plus les coûts des services sont abordables, ce qui bénéficie aux clients.

L'exemple de l'IMF mexicaine Compartamos, même s'il reste un cas extrême peu représentatif de l'ensemble du secteur de la microfinance, illustre parfaitement les dérives liées à la commercialisation et les conflits qui peuvent exister entre clients et actionnaires privés.

L'introduction en bourse de Compartamos Banco

La commercialisation et la financiarisation de la microfinance risquent-elles de conduire à des dérives ? La polémique suscitée par l'introduction en bourse de l'IMF Compartamos pourrait le laisser penser. Cette opération controversée a permis à des actionnaires – privés et institutionnels – d'engranger des plus-values très importantes en prêtant à des emprunteurs pauvres. Cet événement a fait l'objet de nombreux débats dans le monde de la microfinance.

En avril 2007, Compartamos Banco, une IMF mexicaine, est introduite en bourse. La vente de 30% des actions rapporte 450 millions de dollars aux actionnaires. S'agit-il d'une *success story* ou d'une dérive financière, voire d'un abus ? Cet événement soulève en tout cas des questions essentielles, comme par exemple :

• Y a-t-il un niveau de profits « acceptable » en microfinance, à ne pas dépasser ?

• Y a-t-il un équilibre à atteindre entre rentabilité commerciale et objectifs sociaux et où le situer ?

• Des subventions publiques peuvent-elles enrichir des actionnaires privés ?

L'introduction en bourse de Compartamos n'était pas la première : celle de la BRI en Indonésie en 2003 et d'Equity Bank au Kenya en 2006 avaient déjà eu lieu. Mais le cas de Compartamos se distingue (i) par l'ampleur des profits réalisés par les actionnaires et (ii) par le niveau des taux d'intérêts assumés par les clients.

Le succès de Compartamos

D'abord créée sous forme d'ONG en 1990, Compartamos atteint 60 000 clients en 2000 et décide de se transformer en société privée. Un tour de table est constitué alors regroupant des actionnaires institutionnels ayant une vocation sociale (Banque mondiale, l'ONG américaine ACCION et l'ONG Compartamos) qui détiennent 60% du capital de l'IMF et des actionnaires privés dont les 2 principaux dirigeants de Compartamos. Entre-temps, elle a bénéficié de 6 millions de dollars de subventions et de 30 millions de dollars de prêts à taux subventionnés. En 2006, Compartamos atteint 600 000 clients et obtient une licence bancaire complète, permettant notamment de recevoir les dépôts des épargnants. La société est très rentable et réalise des profits extrêmement élevés (retour sur fonds propres 4 fois supérieur à celui des banques commerciales classiques du pays). La valeur comptable de la société en 2006 est de 126 millions de dollars, soit une rentabilité annuelle sur fonds propres supérieure à 50% depuis 2000, ce qui est exceptionnel.

La décision d'entrer en bourse intervient donc dans un contexte très favorable. Cette introduction en bourse de 2007 n'est pas une augmentation de capital (aucun argent frais n'est réinjecté dans la société) mais une cession de 30 % des parts des actionnaires.. Le cours de l'action croît de plus de 20 % dès la première journée. Les actionnaires retirent de cette vente 450 millions de dollars, ce qui représente par rapport à l'argent investi en 2000 un gain de 100% par an pendant 8 ans d'affilée. L'IMF est valorisée lors de cette opération à 1,5 milliard de dollars. Il s'agit donc de montants gigantesques.

Des plus-values très importantes

Sur ces 450 millions de dollars de liquidités dégagés, les deux tiers ont profité aux actionnaires institutionnels de Compartamos : des ONG, comme le réseau Accion et la Société Financière Internationale (SFI, issue de la Banque Mondiale). Ces fonds devaient être réinvestis dans des activités de développement.

En revanche, un tiers, soit 150 millions de dollars sont revenus à des actionnaires privés, comme le management de l'IMF. Les actions que détiennent encore ces actionnaires valent à l'heure actuelle près de 300 millions de dollars. Elles avaient été acquises à la valeur initiale par ces actionnaires privés sur leurs fonds personnels, ce qui représentait à l'époque un investissement risqué.

L'origine des profits de l'IMF : les taux d'intérêt

Si l'objectif de rentabilité commerciale est bien une garantie de pérennité pour l'IMF, un tel niveau de profit pose problème pour deux raisons :

- Il provient d'une activité de prêt à des clients pauvres ;
- Il n'est pas utilisé pour améliorer le service : il a au contraire été capté par les investisseurs.

Les profits de Compartamos proviennent des taux d'intérêt exorbitants pratiqués, supérieurs à 100 % par an. Ces taux sont bien supérieurs à la moyenne des IMF, située autour de 30 % par an. Compartamos explique ce niveau de taux par plusieurs facteurs :

- La clientèle de Compartamos est très pauvre, et le prêt moyen pratiqué est très faible, ce qui augmente la part des coûts administratifs, qu'il faut bien couvrir ;

- Ce niveau de profit a permis de financer une croissance très rapide de l'IMF entre 1995 et 2000, et donc de toucher plus de clients pauvres ;

- Ce niveau reste inférieur au taux pratiqués par les prêteurs informels. Les clients sont gagnants.

Si les profits ont effectivement servi à accroître la portée de l'IMF, ce sont les clients qui en ont supporté le prix : les taux élevés ont financé le développement et l'extension de Compartamos dans de nombreuses régions.

Les choix stratégiques de l'IMF

En effet, ces profits élevés n'ont pas servi à diminuer les taux d'intérêt. Ils auraient pourtant pu permettre de réduire le coût du crédit et la pression sur les clients, pour les ramener à un niveau plus acceptable. Compartamos n'a pas fait ce choix : l'IMF n'avait pas de concurrence et était en situation quasi monopolistique. Cette absence de concurrence n'a pas incité Compartamos à réduire ses taux.

Par ailleurs, Compartamos aurait pu croître tout aussi vite tout en pratiquant des taux moins élevés. D'autres stratégies de financement étaient possibles, équivalentes en termes de croissance et beaucoup moins chères pour les clients. Compartamos aurait par exemple pu emprunter, ou augmenter son capital. Les capitaux des investisseurs éthiques, exigeant des rémunérations peu élevées, étaient abondants et disponibles. L'IMF aurait pu avoir recours à ces types de financements très facilement. Mais ces choix auraient aussi diminué les profits et la valeur de l'action, et donc le gain potentiel des actionnaires.

Le lien entre structure et gouvernance des IMF

L'exemple de Compartamos démontre que les décisions en matière de financement dépendent fortement de la structure de l'IMF : dans certains cas, il peut exister des contradictions entre les objectifs de rentabilité d'une société et les objectifs sociaux de la microfinance, c'est-à-dire entre les intérêts des actionnaires et ceux des clients.

Tant que l'IMF est une ONG, les taux élevés se justifient puisque les profits élevés sont mis au service des pauvres. Mais dès lors que l'IMF devient une société, des conflits entre actionnaires privés et clients peuvent apparaitre.

La polémique soulevée par Compartamos dans le secteur

L'introduction en bourse de Compartamos a suscité l'intérêt pour la microfinance d'acteurs financiers nouveaux : des acteurs de la finance classique, très exigeants en terme de rémunération. 60 % des investisseurs boursiers de Compartamos lors de l'introduction étaient des fonds de pension et de *hedge funds* (fonds à risque ayant des objectifs de rentabilité très élevés). Cette mise en avant de la profitabilité de la microfinance risque d'exacerber les tensions entre objectifs sociaux et objectifs commerciaux.

Cette opération a aussi attiré l'attention du public et des responsables politiques et sociaux sur la question des taux d'intérêt en microfinance. Ce sujet a été traité de manière très démagogique, voire populiste dans certains cas, ce qui peut desservir le secteur. L'opération de Compartamos a peut-être contribué à jeter un doute injustifié sur l'ensemble d'un secteur aux pratiques très variées.

Lors de cette polémique, Muhammad Yunus lui-même s'est fortement opposé à Compartamos dans la presse. Il a vivement critiqué ce qu'il considère comme une dérive inacceptable de Compartamos. Il a publiquement réfuté « l'inversion des priorités » opérée d'après lui par Compartamos (Business Week du 13 décembre 2007). La microfinance doit selon lui « concurrencer les prêteurs informels, et non les remplacer ».

Cette opération très médiatique représente un risque réel de détournement de la mission fondamentale de la microfinance et un risque pour la réputation du secteur dans son ensemble.

Les risques liés à la commercialisation et l'arrivée de capitaux privés ne remet pas en cause la nécessité, pour le secteur, de faire appel à des capitaux privés pour assurer et financer sa croissance. Il faut néanmoins encadrer attentivement les risques de dérives et cela demande une implication de tous les acteurs du secteur :

▶ Il est tout d'abord essentiel que les IMF qui se « commercialisent » soient régulées et que les États mettent en place des régulations adaptées au secteur (voir chapitre 16).

▶ La concurrence, lorsqu'elle est transparente et encadrée, peut être un puissant moteur pour éviter des dérives, notamment en matière de taux d'intérêt. Il faut pour cela que les États et régulateurs imposent la plus grande transparence possible aux IMF sur les conditions de leurs services. En revanche, la mise en place de plafonds sur les taux d'intérêt doit être évitée car elle peut conduire à exclure les plus pauvres de l'accès au crédit. (cf. page 275)

▶ Pour que cette concurrence soit saine et ne mène pas au surendettement de certains clients, les régulateurs doivent pouvoir aider à la mise en place de centrales de risques permettant aux IMF de connaître de façon transparente le niveau d'endettement de leurs clients. En matière de surendettement, les financeurs publics et le CGAP doivent également promouvoir les comportements responsables au sein des IMF. À ce titre, le CGAP et ACCION ont lancé une initiative pour l'adoption des principes de protection du consommateur par les investisseurs du secteur, déjà signée par plusieurs acteurs du secteur[1].

▶ Attirer un maximum d'investisseurs privés « socialement responsables » est capital pour le secteur : ces actionnaires, dont les attentes ne sont pas purement financières, sont généralement attachés au maintien de la mission sociale des IMF. Un des facteurs fondamentaux pour pouvoir attirer ces capitaux consiste à mettre en place des outils de suivi des performances sociales des IMF. En effet ces investisseurs souhaitent désormais pouvoir mesurer de façon aussi précise que possible la rentabilité de leurs investissements et leur impact social.

---

1. http://www.accion.org/Document.Doc?id=443

Tableau synthétique

En guise de conclusion, le tableau qui suit synthétise, dans une perspective historique, l'évolution du rôle de chacun des acteurs décrits dans cette troisième partie.

Ce tableau distingue, dans l'historique du secteur de la microfinance, les trois grandes périodes présentées en introduction de ce livre.

	1976-1992 : les pionniers de la microfinance	1992-2000 : une période d'euphorie	2000… : l'intégration dans le secteur financier
L'État	Rôle plus souvent passif (parfois intervention directe avec des programmes crédits subventionnés dans le cadre de politiques de développement agricole). Sauf au Bangladesh, pas de cadre réglementaire spécifique.	Les premières réglementations spécifiques à la microfinance voient le jour. Dans certains pays, mise en place de politiques sectorielles en microfinance.	Les réglementations spécifiques sur la microfinance se multiplient. Dans de nombreux pays, les États commencent à jouer un rôle de tutelle du secteur, sans toujours en avoir les moyens.
Les financeurs publics	Rôle central dans les initiatives qui sont lancées. Le secteur reste encore néanmoins peu connu. Encore beaucoup de programmes multisectoriels, dans lesquels des composantes « financements » sont expérimentées.	Leur rôle continue à être primordial : • En tant que financeurs, des IMF directement, mais aussi des organisations spécialisées ; • Leur poids dans le financement du secteur leur donne une influence réelle dans les orientations. Ils contribuent à faire de la pérennité financière l'enjeu central du secteur ; • Le CGAP est créé, jouant un rôle de définition de « bonnes pratiques » et de coordination des bailleurs.	Si leur rôle reste fondamental, leur importance relative dans le financement du secteur décroît. De plus en plus de financeurs privilégient des interventions indirectes (appui à la réglementation, investissement dans des fonds de financement). Les subventions se font rares, alors que de nouveaux outils d'intervention émergent (garanties, investissement).

Les banques commerciales	La cible touchée par les IMF ne les intéresse pas. Les IMF sont souvent des ONG subventionnées, donc elles ne sont pas susceptibles d'être financées par les banques locales.	Globalement, les banques locales restent assez indifférentes au développement de la microfinance. Les quelques tentatives de *downscaling* mises en œuvre sont peu concluantes. Le refinancement des IMF reste une perspective lointaine. Quelques exemples existent néanmoins.	L'intérêt des banques locales est croissant : • En tant que financeurs des IMF dans certains pays ; • En tant qu'acteurs directs (quelques exemples réussis de *downscaling*) ; • En tant qu'investisseurs dans des IMF privées.
Les fonds de financement spécialisés	N'existent pas.	Les premiers fonds internationaux sont créés à la fin de cette période. Ils interviennent uniquement en prêt à court terme.	Ils se développent. Proposent en général tous des financements courts en devise forte, à des taux non concessionnels. Ils ont tendance à se concentrer sur les 100 meilleures IMF, dans les pays où la législation est favorable.
Organisations spécialisées	Rôle central. Ce sont eux qui « inventent » la microfinance et les méthodologies de crédit.	Leur rôle reste central. Les acteurs dont les modèles sont reconnus comme efficaces multiplient les interventions. Fédération de « réseaux » d'IMF par certaines ONG (Accion, IPC...). Leur implication dans les IMF dure au-delà de l'institutionnalisation.	Face au retrait progressif du financement des financeurs publics, leur rôle est en train de se redéfinir (rôle couplé d'opérateur/investisseur, par exemple). Apparition d'organisations spécialisées au Sud, également.
Les agences de notation	N'existent pas.	Se développent à la fin des années quatre-vingt-dix. Leur rôle reste marginal.	De nombreux *ratings*, encouragés par les bailleurs et les fonds privés.
Les réseaux d'IMF	Embryonnaires. Rôle encore très marginal.	Apparition d'associations professionnelles au niveau national, et de premiers réseaux régionaux, souvent appuyés par des subventions.	La pérennisation de ces associations professionnelles et réseaux devient un enjeu.

Conclusion

Que nous apprend la microfinance sur la pensée et la pratique du « travail de développement » ?

Il a fallu une trentaine d'années à la microfinance pour atteindre son échelle actuelle et la reconnaissance large qui l'accompagne. Pendant ces trente années, ce secteur n'est pas resté isolé. Son évolution s'est inscrite dans le contexte plus global de la coopération internationale, marqué sur cette période par d'importants changements : débat sur la dette des pays les moins avancés, définition de stratégies de lutte contre la pauvreté, fixation d'objectifs du millénaire, remise en cause du rôle des institutions financières internationales après plusieurs crises financières.

L'émergence du secteur de la microfinance témoigne de l'évolution de la pensée et de la pratique du développement ; sur certains plans, on peut même considérer que la microfinance a joué un rôle pionnier.

Que nous apprend la microfinance sur l'évolution de la coopération internationale ? Huit points majeurs au moins peuvent être retenus.

Le thème de l'autonomie, le rôle des femmes dans le développement

Les recherches récentes sur le phénomène de la pauvreté insistent beaucoup sur le fait qu'il ne s'agit pas uniquement d'un état économique, mais que la pauvreté est liée plus généralement au manque de capacité à maîtriser sa propre vie, au fait de ne pas avoir accès à des services essentiels. La pauvreté n'est pas uniquement opposée à la richesse, mais aussi à l'autonomie. Un terme anglophone est devenu central pour beaucoup d'acteurs du développement : celui d'*empowerment* ; il désigne le processus par lequel une personne développe ses capacités à maîtriser sa propre vie et à participer à celle de la collectivité. La microfinance reflète cette tendance : elle n'a pas uniquement un rôle dans l'amélioration du statut économique des clients ; son impact porte aussi sur leur autonomie au sein de la collectivité ou même de leur famille. On peut penser particulièrement aux femmes, qui sont souvent la cible privilégiée des IMF. Sans que cela signifie automatiquement qu'elles en bénéficient plus que les hommes, on ne peut qu'être frappé par la simultanéité de la diffusion de la microfinance auprès des femmes et de l'émergence du thème du rôle des femmes dans la réflexion sur le développement.

De nouveaux modes de partenariats entre acteurs du Nord et du Sud

L'objectif de la microfinance est de mettre en place des structures durables. Chaque fois qu'une IMF est initiée ou accompagnée par une équipe étrangère, ceci suppose un grand effort de transmission à des acteurs locaux de l'expertise technique. Il y a donc une redéfinition des rapports entre acteurs du développement du Nord et du Sud, entre ONG Nord et ONG Sud notamment. Dans les pays du Sud, on voit émerger, dans la « société civile », des leaders désireux de mettre en place des organisations sociales durables. Ils peuvent s'appuyer pour cela sur des financements et sur l'expertise d'acteurs de pays industrialisés, tout en conservant le contrôle de la destinée de leur organisation. Face à cette évolution, les ONG du Nord sont appelées à repenser leur rôle, à rechercher des partenaires locaux dès l'origine de leurs projets ou, en l'absence de tels partenaires, à imaginer très tôt les modes d'autonomisation des structures qu'elles dirigent, de fait, pendant les premières années.

Partir d'interventions à la base, pour influer à plus grande échelle

La microfinance a rompu avec la pratique qui consistait à mobiliser en priorité des financements pour des projets industriels de grande échelle – usines, barrages, infrastructures… Souvent, ces investissements résultaient en des installations, appelées « éléphants blancs », inadaptées aux conditions locales, mal utilisées et rapidement abandonnées, dans un grand gâchis de ressources. Au passage, une partie des fonds était détournée et venait enrichir les gouvernants ou les rares familles industrielles à l'origine de ces projets. Les prêts internationaux permettant ces investissements, souvent, n'étaient pas remboursés.

À l'inverse, la microfinance est partie de la base : elle apporte des ressources directement à des individus exclus du système bancaire, et dans des montants limités, adaptés à leurs capacités de gestion et de remboursement. En cela, elle reflète l'importance accordée aujourd'hui à un développement économique endogène, appuyé sur des entrepreneurs locaux, qui s'approprient les processus de production. Cela ne signifie évidemment pas que des investissements de plus grande échelle ne soient pas nécessaires au développement – ils sont bien entendu complémentaires.

La microfinance part d'un niveau « micro » ; néanmoins, dans certains contextes, ce secteur a fait la preuve d'une réelle montée en échelle, l'ensemble des IMF d'un pays donné pouvant couvrir une part significative des besoins financiers de la population. La microfinance montre également que pour influer à un niveau « macro », une approche « du bas vers le haut » est souvent pertinente : dans de très nombreux pays, comme au Cambodge, la multiplication d'expériences de microfinance a permis la mise en place d'un cadre réglementaire et de politiques publiques adaptés, à un niveau national et même régional.

La durabilité comme condition du développement

Longtemps, on a considéré que les pauvres ne pouvaient avoir accès à des services essentiels, comme le crédit, que par une politique de gratuité, de charité. La microfinance, en opposition à une logique d'assistanat, montre au contraire que pour une famille pauvre, la durabilité du service offert – avoir accès à des crédits renouvelés, par exemple – est plus importante que son coût. La microfinance, avec pragmatisme, part du principe qu'en matière d'aide au développement, la viabilisation des programmes est une notion essentielle. Et que pour pérenniser les IMF, il ne faut pas compter uniquement sur les ressources des financeurs publics mais mobiliser plusieurs sources de financement complémentaires : gouvernements ou collectivités locales, subventions ou prêts des bailleurs, contribution des bénéficiaires, investissements privés… La microfinance rejoint en cela des débats très actuels sur la nécessité de fédérer plusieurs sources pour financer le développement des pays du Sud.

Les atouts d'une approche plus pragmatique qu'idéologique

L'essor de la microfinance s'est appuyé sur des exemples concrets de réussite : la Grameen Bank, puis bien d'autres institutions ont montré de façon pratique qu'il était possible, et financièrement viable, de servir une clientèle pauvre. Si ces succès ont ensuite été « théorisés », il n'en reste pas moins que l'approche de la microfinance, depuis ses débuts, est avant tout pragmatique. Les quelques « querelles de clocher » qui ont animé le secteur à ses débuts – épargne préalable au crédit, ou le contraire ; IMF participatives ou IMF gérées par les salariés – ont, dans la réalité, montré leurs limites. Le constat aujourd'hui est qu'il n'existe pas de « modèle » standard en microfinance, comme il n'en existe sans doute dans aucun secteur de l'aide au développement.

La microfinance offre une voie pragmatique distincte des débats idéologiques, par exemple sur les bien-fondés de l'économie de marché. Le marché étant une réalité qui s'impose, l'apport de la microfinance est de permettre à chaque ménage de mieux gérer son budget, à chaque personne qui désire entreprendre une activité, de le faire. De ce point de vue, la microfinance n'est ni un outil de droite, ni un outil de gauche. Elle combine la mobilisation de ressources publiques dans un but de solidarité (financements pour la création d'IMF) et la priorité donnée à l'initiative individuelle (celle des micro-entrepreneurs). La microfinance reflète la tendance au pragmatisme du travail de développement par rapport au contexte des années soixante à soixante-dix.

Une nouvelle articulation entre secteurs public et privé

Diriger les fonds directement vers les clients, à la faveur d'actions privées, peut-être interprété comme une façon de contourner l'État, ses lenteurs et sa corruption. Pour être pragmatique, cette démarche n'en est pas moins dangereuse. En effet, la faiblesse de l'État est aussi l'une des causes de la difficulté de bien des pays à progresser dans la voie du développement. Les initiatives de microfinance n'atteindraient pas leur objectif si elles ignoraient le rôle de la puissance publique.

Or, on l'a vu, dans de nombreux pays, des partenariats originaux apparaissent entre les autorités publiques et les IMF. Certains gouvernements ont arrêté de véritables stratégies nationales de microfinance. Une part croissante d'ente eux ont compris que leur rôle n'est pas de se substituer aux IMF mais de créer un cadre légal encadrant les activités de microfinance, dont ils reconnaissent l'utilité d'intérêt général. Certains gouvernements ont créé des agences spécialisées dans le refinancement des IMF, ou investi dans la formation des dirigeants d'IMF. Par ailleurs, le secteur privé est également appelé à se positionner. De ce point de vue, l'émergence de fonds de financement de la microfinance, mobilisant en partie des ressources financières privées qui viennent s'investir dans des IMF, est emblématique d'un nouveau regard porté sur les PED. Souvent, les fonds privés arrivent dans un second temps, après que des financeurs publics ont d'abord montré l'exemple en prenant le risque d'investir dans des IMF encore jeunes ou de les subventionner. Après quelques années, ils recherchent des investisseurs privés capables de prendre le relais. Au total, la microfinance reflète ainsi une nouvelle articulation des rôles entre secteur privé (associations, entreprises) et secteur public, ces acteurs devant apprendre à travailler ensemble sur des objectifs communs, malgré leurs différences.

Une exigence d'impact et de transparence

De nombreux acteurs, au Nord comme au Sud, s'interrogent aujourd'hui sur l'efficacité de l'aide au développement. La microfinance se trouve être l'un des rares secteurs du développement où l'on dispose d'outils concrets permettant d'estimer la viabilité des programmes et, dans une certaine mesure, l'impact économique et social des projets menés. Les acteurs de la microfinance se sont engagés en faveur d'une plus grande transparence des résultats obtenus. Les « notations » permettant d'estimer la viabilité et la solidité des IMF se sont multipliées, et leurs résultats sont pour la grande majorité publiés et accessibles. Sur ce plan, la microfinance joue clairement un rôle pionnier.

Paradoxalement, c'est l'existence même d'indicateurs clairs de réussite qui rend les échecs visibles – bien plus visibles que dans d'autres secteurs de l'aide au développement, dont les résultats sont plus qualitatifs, donc moins mesurables. La microfinance est donc aujourd'hui pénalisée par cet effort – certains financeurs publics craignant de s'investir dans ce « secteur à sanction rapide ».

La microfinance est enfin l'un des tout premiers domaines du développement où l'on peut parler de coordination des bailleurs de fonds, ces derniers allant jusqu'à accepter une « revue » de leurs activités de microfinance par leurs pairs.

L'importance de la documentation et des échanges d'expériences

Enfin, les intervenants de la microfinance, comme tous les acteurs du développement, ont pris conscience de l'importance de partager entre eux, par-delà les continents d'ailleurs, les leçons apprises des expériences passées : organisation de rencontres, usage intensif des technologies modernes et en particulier d'Internet, production d'information et d'outils, etc. La microfinance illustre l'effort très important de capitalisation des savoirs entrepris, souvent dans une démarche de recherche-action particulièrement fructueuse. Cette documentation doit éviter de répéter les erreurs et de gâcher les ressources. Elle a rendu possible la diffusion de « bonnes pratiques » qui ont beaucoup fait pour la consolidation de très nombreuses IMF de par le monde – même si ces pratiques standards ont parfois pour effet pervers de limiter l'adaptation aux contextes locaux.

L'abondance de documents passionnants sur les multiples expériences de microfinance a, enfin, rendu possible ce livre qui s'est très largement appuyé sur ces travaux antérieurs.

Ainsi, la microfinance est un kaléidoscope qui donne à voir bien des évolutions en cours dans le travail de développement. Son étude nous apprend que c'est une pratique en évolution constante. Pour poursuivre son essor, la microfinance aura besoin de moyens financiers mais aussi de l'engagement de professionnels dédiés, qui trouveront dans ce secteur des métiers et des parcours passionnants.

Bibliographie synthétique

Cette bibliographie synthétique n'est délibérément pas exhaustive : elle reprend les ouvrages les plus fréquemment cités, qui font référence pour l'étude de la microfinance, les principaux dossiers parus dans des revues et des ressources en ligne.

Livres de référence

CERISE/IRAM, *Guide opérationnel de l'analyse de la gouvernance d'une IMF,* 2005.

COHEN, Monique, *Connaître la clientèle des IMF. Outils d'analyse pour les praticiens de la microfinance*, USAID/AIMS, septembre 2001[1].

DAUBERT, Pierre, *Une aventure en microfinance : Amret au Cambodge*, Karthala, 2008.

ARMENDARIZ DE AGHION, Beatriz, & MORDUCH, Jonathan, *The economics of microfinance*, MIT Press, 2005.

FOURNIER, Yves, et GENTIL, Dominique, *Les paysans peuvent-ils devenir banquiers ?* Syros, 1993.

GENTIL, Dominique, et *al., Microfinance. Orientations méthodologiques*, Commission européenne, 2000 (2ᵉ édition).

HELMS, Bridgit, *La création de secteurs financiers accessibles à tous*, CGAP, 2006.

HULME, David, & MOSLEY, Paul, *Finance against Poverty*, Routledge, 1996.

---

1. Téléchargeable (http://www.lamicrofinance.org/files/14589_Connaitreclienteledes_IMF.pdf).

LEDGERWOOD, Joanna, *Manuel de microfinance*, Banque mondiale, 1998.

NOWAK, Maria, *On ne prête (pas) qu'aux riches*, Jean-Claude Lattès, 2005.

ROBINSON, Marguerite, *The Microfinance Revolution : Sustainable Finance for the Poor*, Banque mondiale, 2001.

RUTHERFORD, Stuart, *Comment les pauvres gèrent leur argent*, GRET/Karthala, 2002.

SERVET, Jean-Michel, *Banquiers aux pieds-nus*, Odile Jacob, 2006.

YUNUS, Muhamad, *Vers un monde sans pauvreté*, Jean-Claude Lattès, 1997.

Revues (numéros consacrés à la microfinance)

Exclusions et Liens Financiers, Rapport du centre Walras, Editions Economica (numéro de 2003 en particulier).

Revue Mondes en Développement, 2004/2, n° 126 ; n° 197 (2009), la microfinance est-elle socialement responsable ?

Revue Tiers-Monde, n° 172 (2002) et n° 197 (2009) : *La microfinance est-elle socialement responsable ?*

The Economist, Dossier From charity to business, 3 novembre 2005. Et *Microfinance : sub-par but not subprime*, 19 mars 2009.

Techniques financières et développement, Épargne Sans Frontières (un grand nombre de numéros contiennent des articles sur la microfinance, notamment le n° 78 en mars 2005).

Microbanking Bulletin (MBB), publication semestrielle accesible à www.mixmbb.org.

Zoom Microfinance, publication de SOS Faim Belgique.

Problèmes économiques, dossier *La microfinance, un outil de lutte contre la pauvreté ?*, 18 juillet 2007.

La lettre Vernimmen.net, n° 53, décembre 2006.

Principaux sites d'information sur le secteur[1]

http://www.themicrofinancegateway.com et www.cgap.org	Les sites de référence (en anglais), créés par le CGAP
http://www.lamicrofinance.org	Le portail francophone de la microfinance, à l'initiative du GRET, de l'ONG luxembourgeoise ADA et du CGAP
http://www.microfinance.lu	Site créé et animé par ADA
http://www.cerise-microfinance.org	Le site de CERISE
http://www.themixmarket.org	Site créé par le CGAP
http://www.microcapital.org	L'actualité de la microfinance (investissements, publications…)

Forums virtuels

Il existe de multiples forums de discussion et d'échange sur la microfinance sur Internet :

Le plus important forum francophone est Espace Finance[2], animée par le GRET et le CIRAD. Cette « liste de diffusion » publie notamment une fois par semaine le *Bulletin d'Information du Mardi* (BIM) – court article hebdomadaire de synthèse.

Parmi les forums anglophones, le plus important est Devfinance[3].

1. Pour plus de détails sur le contenu de ces sites, voir p. 239.
2. « http://microfinancement.cirad.fr/fr/frame3.html ».
3. « http://www.enterweb.org/devfin.htm ».

Sigles et acronymes

ADA	Appui au Développement Autonome
AdéFI	Association pour le Développement et le Financement des micro-entreprises
ADEMI	Asociación para el Desarrollo de Microempresas
AFD	Agence Française de Développement
AG	Assemblée Générale
AIG	American International Group
BCEAO	Banque Centrale des États d'Afrique de l'Ouest
BICEC	Banque Internationale du Cameroun pour l'Epargne et le Crédit
BIM	Bulletin d'Information du Mardi
BIT	Bureau International du Travail
BRAC	Bangladesh Rural Advancement Committee
BRI	Bank Rakyat Indonesia
CA	Conseil d'Administration
CARD	Center for Agriculture and Rural Development
CERISE	Comité d'échanges, de réflexion et d'information sur les systèmes d'épargne-crédit
CGAP	Groupe Consultatif d'Assistance aux Pauvres (Consultative Group to Assist the Poor)
CICM	Centre International du Crédit Mutuel
CIDR	Centre international de développement et de recherche
CIRAD	Centre de coopération internationale en recherche agronomique pour le développement

CNUCED	Commission des Nations Unies pour le Commerce et le Développement
CRG	Crédit rural de Guinée
CRS	Catholic Relief Services
CVECA	Caisse villageoise d'épargne et de crédit autogérée
DID	Développement International Desjardins
EDM	Entrepreneurs du Monde
EMT	Ennatien Moulethan Tchonnehat
FENU	Fonds d'Equipement des Nations Unies
FIDA	Fonds International de Développement Agricole
FIDES	Finances pour de le Développement Economique et Social
GMF	Global Microfinance Facility
GRET	Groupe de recherche et d'échanges technologiques
GTZ	Gesellschaft für Technische Zusammenarbeit
I&P	Investisseur et Partenaire pour le Développement
ID	Initiative Développement
IFPRI	International Food Policy Research Institute
IMF	Institution de Microfinance
IMI	International Micro Investitionen
IPC	Internationale Projekt Consult
IRAM	Institut de Recherches et d'Applications des Méthodes de Développement
LACIF	Latin America Challenge Investment fund
M-CRIL	Micro-Credit Ratings International Ltd
ONG	Organisation Non Gouvernementale
OTIV	Ombona Tahiry Ifampisamborana Vola
PADME	Association pour la Promotion et l'Appui au Développement des Micro-Entreprises
PAM	Programme Alimentaire Mondial
PAPME	Agence pour la Promotion et l'Appui aux Petites et Moyennes Entreprises
PAR	Portefeuille à Risque

PED	Pays en Développement
PME	Petites et Moyennes Entreprises
PNUD	Programme des Nations-Unies pour le Développement
PPPCR	Projet de Promotion du Petit Crédit Rural
SA	Société Anonyme
SARL	Société anonyme à responsabilité limitée
SEEP	Small Enterprise Education and Promotion
SFI	Société Financière Internationale
SHG	Self Help Group
SICAV	Société d'Investissement à Capital Variable
SIDI	Société Internationale pour le Développement et l'Investissement
SIG	Système d'Information de Gestion
SPI	Social Performance Indicators
TPE	Très Petite Entreprise
TVA	Taxe sur la Valeur Ajoutée
UEMOA	Union Economique et Monétaire d'Afrique de l'Ouest
UFT	Uganda Finance Trust
UM-PAMECAS	Union des Mutuelles du Partenariat pour la Promotion de l'Epargne et du Crédit au Sénégal
USAID	United States Agency for International Development
UFT	Uganda Finance Trust
UWFT	Uganda Women Finance Trust
WWB	Women's World Banking

Index des organisations

Index

© Groupe Eyrolles

Composé par Nathalie Bernick

Sources Mixtes
Groupe de produits issu de forêts
bien gérées, de sources contrôlées
et de bois ou fibres recyclés.
www.fsc.org Cert no. BV-COC-070701
© 1996 Forest Stewardship Council

Achevé d'imprimer : EMD S.A.S.
N° d'éditeur : 3905
N° d'imprimeur : 22015
Dépôt légal : septembre 2009
Imprimé en France

Cet ouvrage est imprimé - pour l'intérieur - sur papier Ambergraphic 90 g des papeteries Artic Paper,
dont les usines ont obtenu la certification environnementale ISO 14001 et opèrent conformément aux normes ECF et EMAS